INTRODUCTION

A LA

THÉORIE GÉNÉRALE DU DROIT

PAR

F. FÉRON (de Mayenne).

PUBLIÉ EN 1868.

LAVAL

TYPOGRAPHIE MARY-BEAUCHÊNE, IMPR.-LIBRAIRE,

Place des Arts et rue des Béliers, 2.

1868.

DÉDIÉ A M. SAINTE-BEUVE.

Membre de l'Académie française, Sénateur.

INTRODUCTION

A LA

THÉORIE GÉNÉRALE DU DROIT.

INTRODUCTION

A LA

THÉORIE GÉNÉRALE DU DROIT

Première Partie.

Raris verum amantibus.

Considérée d'une manière générale, la PHILOSOPHIE est la recherche du *vrai sens*, c'est-à-dire, du *meilleur sens* des choses, lequel se tire du point de vue le plus haut ou le plus large sous lequel elles puissent être appréciées.

Lorsqu'elle a l'homme pour objet, la PHILOSOPHIE est l'application du raisonnement à l'étude de ses mouvements pour en fixer la convenance et arriver ainsi à en établir la meilleure direction. Elle conduit à l'empire sur ses passions par l'intelligence des conséquences mauvaises de tout ce qu'elle qualifie d'excès.

Circonscrite dans ces matières qui constituent réellement son vrai domaine, la PHILOSOPHIE peut se diviser en deux grandes branches, suivant qu'elle cherche à déterminer l'économie des mouvements de l'homme — soit d'après les considérations tirées de la seule nature humaine — soit d'après les indications logiques sortant de la stricte disposition des intérêts.

— Lorsque la PHILOSOPHIE ne demande ses lois qu'aux considérations tirées de la seule nature humaine, on l'appelle PHILOSOPHIE *morale,* parce qu'elle ne s'attache qu'à la formation des mœurs, sans le secours d'aucune coërcition et en partant de ce principe que tous les hommes sont semblables dans une même espèce, qu'en conséquence ils se doivent tous les mêmes égards réciproques.

Ne voyant que l'homme partout, la PHILOSOPHIE *morale* ne peut s'arrêter devant aucune distinction de croyance, de classe ou de nationalité. C'est par cette voie qu'elle conduit à la *morale indépendante.*

Sa règle est le *bien* (BONUM) et elle place le *bien* — pour l'individu vis-à-vis de lui-même, à n'user de toute chose que dans la mesure où elle ne lui devient pas funeste, — pour l'individu vis-à-vis des autres, à ne rien leur faire de ce qu'il ne voudrait pas qu'ils lui fissent : car c'est une vérité de sens commun que ce qu'on ne trouverait pas *bien* pour soi dans une occasion, on ne devra pas le trouver *bien* envers son semblable dans une occasion pareille.

Pour des hommes qui suivraient exactement les préceptes de la PHILOSOPHIE *morale*, il n'y aurait pas besoin d'autres lois.

— Lorsque la PHILOSOPHIE s'applique à fixer les mouvements de l'homme conformément aux indications logiques sortant de la stricte disposition des intérêts, on l'appelle PHILOSOPHIE *sociale*, parce que, ayant à intervenir dans toute circonstance où des intérêts se rencontrent, elle devient la base nécessaire de toute association passagère ou permanente entre les individus.

La règle de la PHILOSOPHIE *sociale* est le *droit* (RECTUM.)

I.

Considéré dans son objet, le *droit* est la mesure des intérêts d'après l'interprétation rigoureuse de toutes les circonstances qui les entourent.

La différence entre le *bien* et le *droit*, (BONUM *et* RECTUM), peut se démontrer en deux mots par un exemple : Si un homme me doit une somme et ne peut me rembourser sans se précipiter dans la ruine, j'agirai *bien* en lui remettant sa dette, parce que si j'étais dans sa position, je trouverais évidemment *mal* qu'un créancier me mît sans ressource ; — toutefois, dès lors que la somme m'est due, je suis, d'après l'interprétation rigoureuse des circonstances, fondé à en exiger le paiement; c'est mon *droit* : = et l'on voit déjà comment le *bien* et le *droit*, — comment la PHILOSOPHIE *morale* et la PHILOSOPHIE *sociale* peuvent n'être pas toujours d'accord au point de vue purement humain.

Voué à la mesure des intérêts, le *droit* aura donc sa place partout où deux intérêts se toucheront et cette rencontre de deux intérêts est ce que nous appellerons une *conjoncture*.

Or, dans toute conjoncture où il s'agit de prononcer entre deux intérêts, la somme générale des circonstances se divise spontanément en deux parts : celles qui militent en faveur de l'un et celles qui militent en faveur de l'autre.

La somme des circonstances favorables à un intérêt dans une conjoncture forme à son égard ce qu'on qualifie de *juste* et le *juste* est pour l'autre intérêt dans la somme des circonstances qu'il peut opposer logiquement.

Dans toute conjoncture, l'office mécanique du *droit* sera donc d'exprimer ce qui est *juste (rectum)* envers un intérêt, en observant ce qui sera *juste* envers l'intérêt contendant et c'est cette double expression du *juste* qui lui a valu le nom si exact qu'il porte en français. (1)

En conséquence, la mission caractéristique du *droit* sera de donner la *vraie mesure* entre deux intérêts, c'est-à-dire, celle suivant laquelle ils ne seront lésés ni l'un ni l'autre, d'après les lumières de la raison et c'est par ce point que le *droit* se rattache positivement à la PHILOSOPHIE qui, comme nous l'avons vu, est en toute matière *la recherche de la vérité*. Il est facile du reste de comprendre qu'une rigoureuse exactitude est indispensable au *droit* : car si j'ai le *droit* de réclamer 20 fr.

(1) Le mot *droit* vient de *di-rectus* qui représente étymologiquement le fait d'être deux fois *juste*, c'est-à-dire, de l'être envers deux points en même temps.

parce qu'ils me sont réellement dus, je n'aurai plus le *droit* de réclamer vingt francs et *un centime* parce qu'il m'est dû moins que cette somme.

Quant à l'effet théorique du *droit*, il se devine maintenant au premier coup d'œil : il apparaît évidemment que le propre du *droit* est de donner aux conjonctures des *solutions raisonnées*, c'est-à-dire, tirées des rapports logiques, par opposition aux *solutions arbitraires*, c'est-à-dire, tirées du seul caprice des individus.

On peut dire en résumé que le *juste* et le *droit* sont une même chose prise sous deux aspects différents et que le *droit* exprime spécialement le *juste* pris dans un sens *relatif*.

Lorsqu'une chose est *juste* en elle-même, sans présomption d'aucun rapport, on dit simplement qu'elle est *juste* en *faveur* de l'intérêt qui s'en prévaut ; quand on la qualifie de *droit*, c'est non-seulement pour dire qu'elle est *juste* en elle-même, c'est encore pour exprimer que, dans la mesure indiquée, elle est *juste* en faveur de tel intérêt, eu égard aux exigences possibles d'un autre intérêt.

II.

Ce que le *droit* attribue à un intérêt comme *juste*, constitue en sa faveur une *prérogative* par rapport à tout intérêt contendant.

Dans le langage usuel, toute attribution réclamée comme *juste*, forme un *droit* dans la mesure où elle est *juste*; et dans toute situation comportant plusieurs attributions, la somme des attributions *justes* incombant à un intérêt y forme la somme du *droit* en faveur de cet intérêt.

Réclamer un *droit* dans une conjoncture, c'est y réclamer une faculté dont on tient la jouissance pour *juste;* réclamer son *droit* dans une situation, c'est y réclamer la somme des facultés dont on y estime la jouissance *juste.*

C'est ici le lieu d'observer que le seul nom du *droit* exerce un ascendant immense sur le cœur des hommes: si l'on résiste au *droit* d'autrui, en en ayant conscience, on ne le fera jamais sans remords; d'autre part, lorsqu'on invoquera le sien propre, on le formulera toujours avec une autorité et une foi qui ne semblent pas même admettre la possibilité d'une contestation.

Quelle peut être la cause de ce double phénomène ?

Le prestige du *droit* n'a besoin d'aucune attache surnaturelle pour s'expliquer.

Son empire sur l'individu vient du respect inné de l'homme pour tout ce qu'il sent être *juste* et la foi qu'il inspire vient précisément de ce que chacun sait combien le respect du *juste* est universel : d'une part, on a l'âme naturellement saisie et de l'autre, on espère qu'on ne s'exposera pas légèrement à la réprobation de tous pour recueillir un avantage passager.

III.

Suivons maintenant le *droit* dans ses manifestations ordinaires et essayons de les classer d'après les caractères qui les distinguent.

On peut d'abord classer ces manifestations en trois catégories d'après la nature de la cause justifiante qui y apparaît.

Il y aura, par exemple, des conjonctures où le *droit* naîtra d'une condition à l'accomplissement de laquelle une *faculté* aura été subordonnée. Par l'accomplissement de la condition, la jouissance de la faculté indiquée deviendra un *droit*, parcequ'elle sera *juste*. — On m'accorde une place *à la condition* de la payer ; je la paie, dès-lors j'y ai *droit*, parce que j'ai satisfait à la *condition* stipulée.

Ce genre de droit peut être appelé *droit par condition*.

Il y aura d'autres conjonctures où le *droit* naîtra de la position déjà occupée par l'intérêt réclamant. Telle faculté afférente à telle position deviendra un *droit* pour l'intérêt qui s'y trouvera. — Un dégré est appelé à l'ouverture d'une succession ; quiconque sera parent au dégré voulu, aura le *droit* d'hériter, parceque ce sera *juste*.

Ce genre de *droit* peut être appelé *droit par position*.

Nous signalerons un troisième cas où le nom du *droit* est employé dans le sens purement *négatif:* c'est celui où nul *droit* étranger ne pouvant s'inscrire *justement* contre la faculté qu'on revendique, on en conclut qu'on peut *justement* s'en attribuer la jouissance.

A cette espèce de *droit,* on peut donner le nom de *droit par absence de droit contraire.*

IV.

On peut classer le *droit* en trois autres catégories d'après l'époque de la compensation sur laquelle il s'appuie.

Ainsi, il y aura des conjonctures où chaque intérêt recevra une part *actuelle* comme contrepoids normal de la part faite aux autres sur le même plan, ce qui a lieu dans le partage d'un objet commun entre plusieurs individus.

Chaque part reçue représentera un *droit* par compensation aux autres parts données simultanément et le *droit* dans ce cas pourra être appelé *droit par compensation actuelle.*

Il y aura d'autres conjonctures où un intérêt pourra recevoir une prérogative à l'exclusion et même aux dépens d'un autre; ou du moins, cela paraîtra ainsi pour le moment. Mais pour qui regardera les choses de la hauteur voulue, une compensation ne manquera jamais de se présenter.

En effet, comme tout intérêt se reporte inévitablement à une individualité quelconque et que tous les intérêts afférents à une même individualité se solidarisent en elle, on concevra aisément qu'une attribution puisse être faite sans injustice à tel intérêt par préférence à tel autre ou à ses dépens, s'il existe quelque part une compensation qui dédommage ce dernier.

Or, la compensation justifiante d'une prérogative onéreuse pour autrui pourra se présenter à deux époques, — soit avant, soit après l'exercice qui en sera fait.

Lors donc qu'une prérogative onéreuse pour un autre intérêt s'appuiera sur une compensation qui l'aura précédée, elle deviendra un *droit* par *compensation antérieure*.

Lorsque au contraire une prérogative de cette nature s'appuiera sur une compensation qui devra la suivre, elle devienda un *droit* par *compensation postérieure*.

Par exemple, dans la répartition de la jouissance d'un ruisseau commun, mon voisin sera autorisé à user de l'eau toute une semaine sans que j'y puisse toucher ; mais la même jouissance me sera attribuée pendant toute la semaine suivante : le droit de mon voisin résultera pour sa semaine de la prérogative qui me sera reconnue à moi-même pour la seconde semaine et ce sera là du *droit par compensation postérieure*.

D'autre part, quand mon tour sera venu de jouir, ma prérogative deviendra également un *droit*, en ce qu'elle se trouvera balancée d'avance par la privation que j'aurai subie, pendant que mon voisin jouissait et ce sera alors du *droit par compensation antérieure.*

Ces observations ne sont pas sans objet : elles ont pour but de démontrer que toute prérogative ne peut devenir un *droit* qu'autant qu'elle s'explique par l'octroi d'un équivalent quelconque sur un autre point ou à une autre époque. Ce n'est que par là qu'elle devient *juste,* condition essentielle du *droit.* Celui qui supporterait un privilége sans dédommagement serait évidemment opprimé : car il n'y a pas de différence entre prendre sans rendre et prendre à celui qui ne doit pas ; et l'on ne peut devoir qu'à celui de qui l'on a reçu ou de qui l'on recevra.

Nous résumerons le principe en disant « *qu'il n'y a pas de droit sans cause.* »

V.

Nous venons de voir comment une attribution devient un *droit* en faveur d'un intérêt, sous l'influence d'un équivalent qui la justifie et à cette condition seulement. Il nous reste à constater par quels moyens une attribution, une fois devenue *droit* sous l'influence d'un équivalent d'abord et ensuite par l'exactitude de la mesure qui lui est donnée, peut entrer par la pratique dans le domaine des faits apparents.

L'expérience nous apprend que les moyens éternels

à l'aide desquels l'homme use du *droit* sont les *actes*, les *facultés* et les *situations* : les *actes* par où se traduit l'expression de la volonté, les *facultés* qui représentent la série des *actes* se rapportant rationnellement à un objet, les *situations* qui impliquent une manière d'être plus ou moins étendue et, par suite, l'exercice des *actes* et *facultés* qui se rattachent à leur nature.

Les *actes*, les *facultés* et les *situations* deviennent des *droits* par trois circonstances particulières :

1° Par le caractère de la conjoncture, dans les rapports de laquelle ils se classent naturellement ;

2° Par le caractère des individus, dont la position présume logiquement telles prérogatives ;

3° Par l'absence de *droit contraire*, comme étant ou ne pouvant être l'objet d'aucune prohibition *juste*, ce qu'on exprime en disant qu'ils sont *de droit*.

Un *acte*, une *faculté*, une *situation* sont *de droit*, partout où l'on ne peut se fonder sur aucun équivalent pour les interdire. Si, par exemple, on interdit une *faculté* dans une société organisée, ce ne peut être que parce que l'usage en serait contraire aux fins générales proposées, en y produisant du trouble : en conséquence, la suppression de cette *faculté* se justifiera par l'équivalent d'harmonie auquel elle devra pratiquement correspondre, sans quoi elle ne serait pas *juste* et ne pourrait devenir un *droit*.

VI.

La rapide analyse qui précède nous a montré le *droit* dans les six formes caractéristiques qui embrassent d'une manière générale toutes ses manifestations et elle nous a révélé en même temps les trois moyens entre lesquels on aura toujours à choisir pour le mettre en action.

Or, quelle est l'époque la plus ancienne où la notion du *droit* ait pû s'offrir à l'homme ?

Cette notion lui a-t-elle été apportée par ce que nous appelons improprement la *civilisation*, pour désigner un état social déjà sensiblement développé ou bien est-ce au contraire le sentiment du *droit* qui a précédé les organisations artificielles et a dû lui-même en apporter les lois ?

La notion du *droit* doit évidemment être contemporaine du sentiment du *juste* et le sentiment du *juste* est nécessairement aussi ancien chez l'homme que la *faculté d'appréciation* qui est une des qualités constitutives de son intelligence.

En effet, dès que, mis en face d'une conjoncture, l'homme en a déduit les rapports en disant que ceci revenait plutôt à cet intérêt et cela plutôt à tel autre (et c'est un travail qui se fait spontanément en lui à la seule vue des circonstances), son esprit était ouvert à l'idée du *juste,* tout imparfaitement qu'il pût le déterminer ; et en se jetant à la poursuite de la *vraie mesure* des rapports, il cédait manifestement à la conception du *droit*, puisqu'il cherchait à opérer la répartition du *juste* entre deux ou plusieurs parties.

On ne saurait donc nier que la notion du *droit* n'ait pû se révéler à l'homme, même dans l'*état de nature* ; et nous appelons ainsi celui où il n'est encore placé sous l'empire d'aucune loi de création humaine, *par opposition* à celui où il se trouve en entrant dans un système combiné. Nous ne pouvons entendre par l'*état de nature* celui où l'homme n'aurait encore reçu aucune culture intellectuelle, ni morale, condition qui ne serait autre que l'*état sauvage* ; et il est d'ailleurs facile de supposer la rencontre de deux hommes pourvus d'un jugement heureux, et cependant complètement ignorants de nos organisations factices.

— Pour lors, même antérieurement à toute espèce d'organisation, un homme ayant prêté un objet à un autre homme pourra fort bien se dire que l'objet prêté doit être rendu, que cela est convenable parce que *prêter* implique pour l'emprunteur la *condition* de rendre.

Ce que l'homme de la nature appelle *convenable*, nous l'appelons *juste* et dans la faculté de revendication qu'il se croit fondé à exercer, il sent exactement le *droit par condition*. — (Notons en passant que la condition constituante du *droit* peut être *expresse* ou *implicite*, expresse quand elle est positivement stipulée, implicite quand elle se tire seulement des termes de la conjoncture, comme dans l'hypothèse présente.)

Si, d'autre part, un individu qui aura fait des dettes, laisse une somme insuffisante pour les payer intégralement, chaque créancier estimera convenable, même avant l'établissement d'aucune loi, de n'être point éliminé et d'être désintéressé, comme les autres, proportionnellement au montant de sa créance et à celui de la somme laissée.

Là encore on reconnaîtra le sentiment du *juste* et la perception nette du *droit par position*.

Enfin, si un individu voulant faire ou ne pas faire une chose, croit pouvoir la faire ou ne pas la faire, sans que l'intérêt de quiconque ait lieu d'en être touché, il jugera en toute condition qu'il est convenable que sa liberté lui demeure entière dans ce double cas. et qu'en conséquence il devra pouvoir y agir complètement à sa guise.

C'est comme s'il disait qu'il est *juste* qu'il possède telle faculté, parce que nul ne peut la lui ôter *justement* et qu'il a le *droit* de faire ou de ne pas faire telle chose, parce que nul n'a le *droit* de le contraindre ou de l'empêcher de la faire.

Ce sera donc ici le *droit par absence de droit contraire*.

— Les mêmes instincts s'éveilleront chez tout homme avec une égale sûreté dans les conjonctures où le *droit* reposera sur des *compensations* d'époque diverse.

Avant d'avoir connu l'organisation, tout homme sentira :

1° Que ce qui a été recueilli en commun doit être partagé en commun ;

2° Que celui à qui un sacrifice est d'abord imposé doit en recevoir l'équivalent quelque part ;

3° Que celui qui reçoit un bénéfice, en retour d'une servitude inévitablement fixée dans l'avenir, doit pouvoir jouir au préalable d'une faveur qu'il est convenu de payer.

Les législations ont seulement pu consacrer ces idées que l'homme des sociétés exprime en disant :

Dans le premier cas : « Qu'on a le *droit* de participer là où l'on a coopéré, » *droit* par compensation *actuelle ;*

Dans le second : « Qu'on a le *droit* d'exiger pour soi-même un retour égal à tout ce qu'on a fait pour autrui, » *droit* par compensation *antérieure ;*

Dans le troisième : « Qu'on a le *droit* d'exercer toute faculté dont on accepte pour l'avenir les conséquences onéreuses, une fois connues et fixées, » *droit* par compensation *postérieure.*

— De même, en tout état où il puisse être, un homme quelque peu intelligent, placé par rapport à d'autres hommes en face d'un *acte*, d'une *faculté* ou d'une *situation*, ne pourra jamais manquer de se dire que, d'après les circonstances, il est convenable qu'il puisse exercer cet *acte*, user de cette *faculté*, s'attribuer cette *situation*. Cela signifiera encore, dans le langage ordinaire, que la prérogative qu'il réclame, sous l'un de ces procédés, doit être *juste* à son égard, grâce à la disposition de la conjoncture, et qu'en conséquence elle constitue un *droit* en sa faveur.

Nous tenons donc pour prouvé que le sentiment du *juste* et, par suite, la conception du *droit* sont aussi anciens que l'humanité, ayant dû naître de la première rencontre de deux hommes : car, au premier instant où un individu conçut un acte dont un autre individu pouvait gêner ou empêcher l'exécution, son premier mouvement dut être de se demander si les circonstances autorisaient cet acte en sa faveur (*le juste*) et dans quelle mesure elle l'autorisaient, sans que le voisin fût fondé à se plaindre (*le droit*).

Le *juste* et le *droit* n'ont pas d'autre origine technique que ces considérations raisonnées.

VII.

Présentement, il convient de rechercher quels sont les caractères particuliers du *droit* dans l'*état de nature*, c'est-à-dire, en l'absence de toute organisation sanctionnée par des garanties réelles.

Il est évident que, dans l'*état de nature*, le *droit* n'aura d'autre existence que celle qu'il tirera de la notion instinctive que chaque individu possèdera de lui. En un mot, il sera purement *idéal*, ne vivant que par l'idée de celui qui le conçoit. Il en doit être ainsi, tant qu'aucune institution ne le protège et il sera expliqué plus tard pourquoi nous le qualifions ici d'*idéal*, plutôt que de *naturel*, bien que cette dernière appellation semble mieux se rapporter à l'*état de nature* dont nous étudions les effets.

Les inconvénients les plus sensibles du *droit* réduit à la forme *idéale*, comme il l'est dans l'*état de nature*, et qui s'opposent à ce qu'il puisse entrer dans la pratique, d'une manière stable et suivie, sont au nombre de trois.

D'abord, l'espèce humaine étant aussi imparfaite qu'elle l'est, il se trouvera toujours bien des récalcitrans aux inspirations du *droit* et lorsque chaque individu sera dépourvu de tout moyen régulier, certain de forcer les autres à l'observer envers lui, il est tout simple qu'il se croira moralement dispensé de l'observer envers les autres.

En second lieu, il arrive que le *droit* n'est pas lui-même toujours facile à déterminer. Il y aura ainsi des conjonctures et des matières qui présenteront des rapports ou assez subtils ou assez étendus pour qu'il puisse en être oublié par toutes les parties à la fois.

En troisième lieu, l'inégalité dans la mesnre des intelligences, jointe à l'influence occulte des intérêts, pourra tellement diversifier les opinions sur un même point, que l'un verra le *droit* parfait là où l'autre l'estimera insuffisant et que celui-ci proclamera hautement le *droit* là où celui-là le niera énergiquement.

Voilà plus de preuves qu'il n'en faut pour démontrer que le *droit* n'est pas praticable sous la forme *idéale* et pourtant, dès que l'homme aura senti le *juste* et deviné le *droit*, il ne pourra jamais se résigner définitivement à un état où il les verra sans cesse foulés aux pieds l'un et l'autre.

Mais il est un remède facile aux inconvénients que nous venons de signaler dans le *droit idéal* et dont la nature nous est indiquée par la nature du mal lui-même.

Pour ôter au *droit* l'inconsistance et l'indécision qui le compromettent à l'état *idéal*, il suffira de le déterminer à l'avance, dans chaque conjoncture, par des formules fixes qui préviendront les mal-entendus en l'enlevant aux interprétations individuelles : cela lui vaudra le nom de *droit* DÉFINI.

Ensuite, pour assurer à chaque individu l'observation du *droit* à son égard, on placera les formules régulièrement *définies*, sous la sauve-garde d'une force supérieure à toute résistance, avec mission de venger toutes les forfaitures qu'elle n'aura pu prévenir par la seule crainte de son intervention: cela lui vaudra le nom de *droit* GARANTI.

Grâce à ces formules fixes et aux dispositions protectrices qui les accompagneront, le *droit* se trouvera DÉFINI et GARANTI et lorsqu'il sera ainsi *défini* et *garanti*, on exprimera chez lui ce double caractère en lui donnant le nom de *droit* CONSTITUÉ.

D'où il résulte qu'en résumé le *droit* CONSTITUÉ ne sera pas autre chose au fond que le *droit idéal* lui-même, consacré dans des formules invariables et assuré par des institutions réelles.

VIII.

Or, pour *constituer* le *droit* en le tirant de la forme *idéale*, la seule qu'il puisse avoir dans l'*état de nature*, il faudra nécessairement que les hommes se créent un autre état où les mêmes individus devront demeurer en relation permanente : cette condition est indispensable, tant pour l'adoption que pour l'application de formules fixes, et elle l'est également pour rendre possible l'action normale d'une institution préservatrice.

Cet état d'alliance entre une quantité donnée d'individus, pour vivre sous l'empire d'une loi commune, est celui que l'on appelle l'*état de société.*

L'objet fondamental de l'*état de société* se révèle donc ici d'une manière claire : cet objet est d'offrir la faculté de *constituer* le *droit,* en lui donnant des formules fixes et des garanties efficaces. Ainsi, dans l'*état de société,* le *droit* devra spécialement recevoir le nom de *droit constitué,* par opposition à celui de *droit idéal,* que nous lui donnons dans l'*état de nature,* c'est-à-dire, avant toute organisation factice.

IX.

Mais quel procédé conviendra-t-il d'employer pour *constituer* au milieu d'un groupe le *droit* dans son intégrité, comme l'*état de société* indique qu'on devra le faire ? Il y aura là tout un travail, aussi étendu que varié, qui ne pourra s'accomplir que par le moyen d'une méthode sûre, méthode dont la première loi sera évidemment la division rationnelle des éléments, afin d'éviter toute confusion.

Ainsi, on s'occupera tout d'abord de régler les conjonctures, susceptibles d'être prévues, entre les individus considérés comme particuliers, c'est-à-dire, entre les intérêts purement *privés.* C'est cette œuvre de définition préventive que l'on peut reconnaître dans les divers *Codes* qui déterminent les rapports d'homme à homme et qui, après avoir donné la mesure de ce qui est *juste* en cette matière, vont jusqu'à donner celle de la répression contre les délinquants, afin que le *droit* soit respecté même à l'égard de ceux qui l'auront violé. (1)

Nous donnerons d'une manière générale, bien que prematurément, au travail comprenant la définition des rapports de l'*intérêt privé* le nom de *Constitution civile* parce qu'il est dans l'usage d'appeler *citoyens* les membres actifs d'une *société politique*. L'objet spécial de la *Constitution civile* sera donc la fixation du *droit privé* dans toutes ses manifestations saisissables.

Mais, comme nous l'avons observé, le nom de *Constitution* que nous venons d'employer n'est pas encore exact à l'heure présente. Le *droit* inscrit dans les *codes* n'est encore que *défini ;* l'indication même des termes et des voies de la répression ne change rien à l'état des choses, tant que l'application des dispositions prises n'est pas matériellement assurée. Pour que la *constitution* du *droit*, dans les matières dont il s'agit, soit complète, c'est-à-dire, pour que le *droit* puisse y mériter réellement la qualification de *droit constitué*, il faut que, après avoir été *défini*, il soit *garanti ;* et il ne sera tenu pour *garanti* qu'autant que les mesures qui le protégeront seront finalement appuyées sur une force suffisante, capable de lui assurer le respect en toute situation.

---

(1) Il est rationnel de comprendre dans la matière *civile* les quatre codes *Civil*, proprement dit, *Commercial*, *Pénal* et *de Procédure*

X.

Pour arriver à donner des garanties efficaces à la *Constitution civile*, plusieurs conditions sont rigoureusement nécessaires.

Il faut d'abord que la société qui veut entrer dans la pratique d'un tel pacte soit elle-même certaine de pouvoir vivre. Elle aura pour cet objet à se prémunir contre deux sortes d'attaques, les attaques *du dehors* venant de sociétés rivales dont elle excitera la jalousie ou la convoitise et les attaques *du dedans* venant des mécontens qui voudront renverser ou modifier les institutions adoptées.

Une société sera mise en sûreté contre ces deux sortes d'attaques, au moyen d'une *force effective*, permanente ou non, que l'on appelle *armée* et qui pourra requérir au besoin le concours de tous les citoyens.

Or, cette *force* une fois créée, on n'aura plus qu'à placer en dernier lieu chaque partie de la *Constitution civile* sous sa haute protection, de telle sorte que celui qui se révolterait contre la moindre de ses prescriptions devrait toujours finir par se trouver en face du corps tout entier.

— Cependant le mouvement de cette *force* ne pourra, en aucune circonstance, être laissé aux particuliers qui, en cas de conflit extérieur, ne sauraient tous commander à la fois ; qui, dans les conjonctures privées, pourraient souvent la requérir abusivement ou mal à propos et qui, d'ailleurs, demandent un gouvernement pour se décharger eux-mêmes des soins de cette nature. On sera donc obligé d'établir au sein de la société une *délégation* spéciale qui ait pour mission de diriger l'usage de la *force publique*, tant pour la défense commune que pour la répression individuelle et privée.

Mais cette *délégation* devra aussi être exercée par des hommes non moins sujets aux passions que la foule des autres citoyens; et comme la possibilité de mal faire apporte souvent une tentation funeste, il s'ensuivrait qu'en l'absence de tout frein, cette délégation deviendrait plutôt un danger qu'une garantie, puisqu'elle serait livrée à tous les vices d'agens déjà couverts par une situation privilégiée.

Parallèlement à la *Constitution civile*, portant la définition des *rapports privés*, il conviendra donc d'élever un autre édifice dont les dispositions indiqueront les bornes de l'*action déléguée* et en détermineront le jeu, en combinant partout les nécessités de l'effet à produire avec les exigences des facultés consacrées chez le citoyen.

Cette seconde œuvre aura proprement à définir les rapports *justes*, c'est-à-dire, les rapports de *droit*, non plus entre les *intérêts privés* seulement, mais entre l'*intérêt privé* et *l'intérêt gouvernemental* ou *politique*.

Prise en bloc, elle représentera cette autre *Constitution* que l'on appelle communément *Constitution politique* et qui peut se décomposer en *Constitution purement politique*, dans la partie où elle établit les attributions et la forme de l'élément gouvernant et en *Constitution organique* ou *administrative*, dans la partie où elle établit la distribution des pouvoirs destinés à répandre l'action protectrice sur tous les points, en la tenant éveillée à tout instant.

Dans les Etats où il existerait une *Constitution civile* parfaite à côté d'une *Constitution politique* parfaite également, d'abord en ce qu'elle serait complète et ensuite en ce qu'elle n'anticiperait en aucun point sur le domaine de la première, chacune de ces *Constitutions* pourrait être radicalement modifiée et même momentanément renversée, sans que l'autre en subît nécessairement aucune atteinte grave ; et ce serait là un précieux palliatif de l'effet des révolutions que le génie de l'homme ne pourra jamais prévenir d'une manière absolue.

XI.

Mais la *définition* de la *prérogative politique* dans une *Constitution rationnelle* est un problème qui présente les difficultés les plus sérieuses.

Il est évident que, en pure théorie, l'*élément politique* doit être, en tout point, subordonné aux besoins de l'*élément civil*, puisqu'il n'est créé que pour lui apporter les garanties nécessaires au *droit* pratique. Il est évident aussi que, bien que subordonné aux besoins de l'*intérêt privé*, il doit être assuré lui-même contre les rébellions individuelles, c'est-à-dire appuyé de *garanties* réelles qui rendent son action certaine et son existence inattaquable. Institué par tous et pour tous, il tire du mandat de tous un véritable *droit* contre chacun et pour lui *ga-*

rantir ce *droit d'être* en même temps que le *droit d'agir*, on n'a rien trouvé de plus simple que de lui laisser, pour son propre service, l'usage des forces créées pour la défense commune ou nationale.

Or, l'excès même de la *garantie* offerte au *droit politique* devra bientôt devenir pour les citoyens un important sujet d'alarmes : en effet, avec la possession de fait de toutes les forces communes, l'*élément politique* pourra non-seulement se jouer de toutes les réserves qui lui seront dictées dans sa *constitution* propre, mais encore altérer ou forcer toutes celles qui le gêneront dans la *Constitution civile;* tous les contrôles et revendications stipulés en faveur de l'*élément civil* deviendront illusoires, puisqu'il n'aura aucun moyen de les exercer utilement. Il arrivera même que toute réclamation isolée, si juste qu'elle soit au fond, sera refoulée et punie comme une tentative factieuse, dirigée contre la société tout entière, tant les mauvaises causes mettent d'art à se confondre dans les bonnes.

Cependant la haute disposition des forces communes est un privilège dont l'*élément politique* s'est oujours montré singulièrement jaloux et il ne manquera point de raisons considérables pour justifier ses prétentions.

S'il s'agit de l'extérieur, n'y a-t-il pas sur chaque frontière des armées redoutables qui peuvent tout envahir et se précipiter à chaque heure ? L'élément qui est chargé du salut commun n'aura jamais trop de ressources pour être à la hauteur du danger et il ne pourra jamais en disposer trop librement pour se trouver prêt au moment convenable.

Vis-à-vis de l'intérieur, l'*élément politique* saura présenter en sa faveur des arguments non moins puissants. Il y a toujours quelque faction mécontente et incorrigible qui conspire dans l'ombre le renversement des personnes ou des institutions et dont l'effort peut éclater à l'imprévu. Il est donc utile, indispensable, que la *prérogative*, gardienne de l'ordre établi, soit constamment armée et le soit aussi fortement que possible contre un fléau dont le mystère est un péril de plus.

Une fois entré dans cette voie, l'*élément politique* ne se contiendra plus. Mal à l'aise à la seconde place pour faire tout le bien qu'il rêve, il voudra décidément la première. La société deviendra, pour ainsi dire, sa chose ; il prétendra en réunir tous les ressorts dans une seule main pour qu'ils puissent être plus sûrement dirigés. Tout mouvement pouvant être funeste, il proscrira tout mouvement ; toute faculté pouvant être tournée contre lui, il placera toute faculté sous sa surveillance, aussi inquiet que s'il n'avait aucun moyen de défense ; il ne sera tranquille enfin que quand il aura tout défendu, pour que rien ne puisse se faire sans son autorisation, semblable à un fougueux pilote qui attacherait étroitement tous ses passagers sur le pont, pour mieux s'assurer de n'être point troublé par eux dans sa manœuvre.

Et qui oserait se plaindre des exigences de *l'élément politique*, lorsqu'elles n'ont pour but que d'assurer l'ordre, au maintien duquel chacun déclare aspirer ? Tant de barrières menaçantes ne sont élevées que contre les méchants ; un pouvoir paternel et éclairé les abaissera toujours devant les citoyens honnêtes.

Quoi qu'il en soit, l'*élément civil*, sentant et protestant par l'organe de l'individu, ne se laissera jamais complètement convaincre. Il n'estimera point convenablement *garanti* un *droit* qui sera garanti sans mesure pour l'*élément politique* et qui, conséquemment, ne lui laissera à lui-même aucune garantie. Malgré toutes les constitutions écrites, il ne verra que l'*arbitraire* là où l'une des parties aura toute force pour abuser et l'autre nulle force pour se défendre ; et, selon lui, les *constitutions* sont précisément faites pour éviter l'*arbitraire*, tant dans la confection que dans l'application des lois. Il observera enfin que la soumission à l'*arbitraire* d'un homme n'est pas compatible avec la dignité de l'homme et qu'en acceptant un joug quelconque, on s'expose à se voir escompter comme une faveur ce qu'on peut réclamer comme un *droit*.

Tels sont les tiraillements au milieu desquels doivent se débattre deux *Constitutions* dont l'une n'est pourtant destinée qu'à être le complément de l'autre. La rivalité prendra de telles proportions que les deux éléments en viendront à considérer comme des *conquêtes* tout ce qu'ils pourront s'arracher mutuellement.

— Mais encore cette guerre ne pourra-t-elle avoir lieu que dans l'hypothèse où l'*élément civil* aurait le premier une existence consacrée; et l'expérience nous apprend qu'il n'en est jamais, qu'il n'en peut jamais être ainsi dans les conditions qui régissent actuellement l'éclosion des peuples.

Les peuples nouveaux naissent pour l'ordinaire d'un évènement violent exécuté contre d'autres peuples déjà constitués et qui, en conséquence, devra naturellement, à cause de périls certains, mettre les forces communes aux mains de l'*élément politique*, avant la création possible d'aucun *statut civil.*

Il résultera de cette circonstance que *l'élément politique*, s'établissant en fait, commencera par s'assurer toutes les positions et qu'ayant pu s'y rendre utile tout d'abord, il s'en prévaudra pour prétendre les conserver indéfiniment.

Dès-lors, la *Constitution civile*, longtemps retardée chez quelques nations, éprouvera partout les plus grandes difficultés à se faire jour. Son utilité sera niée. Il faudra peut-être une révolution pour lui ouvrir la carrière et un soulèvement particulier pour faire passer chaque lambeau important.

Tout espace repris par l'*élément civil*, le sera sur les privilèges de l'*élément politique*; il y aura toujours lutte et toute tentative pourra même être qualifiée d'attentat, lorsqu'elle ne se présentera pas appuyée par une unanimité irrésistible.

Quel renversement de toutes choses !

Nous avons vu qu'en bonne logique, c'est l'organisation de l'*élément civil* qui devrait précéder celle de l'*élément politique*, en d'autres termes, qu'il conviendrait que le *droit civil* fût d'abord CONSTITUÉ, ce qui aura lieu lorsqu'il sera *défini* dans un corps de formules fixes et en même temps *garanti* par le concours d'une force efficace, que l'*élément politique* serait seulement chargé de mettre en action.

Cependant nous voyons que, dans les conditions présentes c'est au contraire l'*élément politique* qui, par la force des choses, s'organise toujours le premier et qui, en prenant sans mesure des *garanties* pour lui, rend inutiles, sinon impossibles, celles qui seraient nécessaires à la CONSTITUTION normale du *droit civil*, qu'il se fait même souvent un devoir d'étouffer.

XII.

Les conséquences d'une pareille marche sont funestes sous plus d'un rapport. Nous allons dénoncer les plus frappantes.

D'abord elle rend impossible la constitution normale du *droit politique* lui-même. Dans une situation où il pourra être arbitrairement défini par ceux qui auront mission de l'appliquer, il sera inévitablement mal *défini*, car on lui fera toujours sa part trop grande et en le faisant sortir de sa vraie mesure, on le fera sortir même du *juste idéal*.

En second lieu, en l'entourant de tant de garanties qu'il n'en laissera pas assez ou n'en laissera plus du tout au *droit civil* dont il doit précisément lui-même être la garantie, il ne pourra évidemment être tenu pour utilement *garanti*, car la garantie d'un *droit* qui touche deux intérêts ne saurait-être tenue pour réelle là où, n'existant que d'un côté quand elle doit être réciproque, elle assure l'usage à l'un, sans assurer l'autre contre l'abus.

Enfin lorsque, se livrant à l'empirisme des événements,

un peuple commencera son organisation générale par celle d'un *statut politique* quelconque, il courra toujours au plus pressé, sans s'enquérir des vrais principes. Se laissant conduire par la violence ou par le hasard, il prendra dans les matières les plus importantes, les dispositions les plus diverses, et l'influence de ces dispositions modifiera parfois profondément le *statut civil* sur lequel elle ne manquera point de se reproduire.

De là il arrivera que les procédés *politiques* varieront suivant chaque pays et comme le *droit* est toujours présumé s'attacher à toute *loi* sortant d'une autorité établie, on aura l'étrange phénomène du *droit subordonné à la loi*, lorsqu'il semble au contraire que c'est la *loi* qui devrait être *subordonnée au droit* (1). Or, cette subordination du *droit* à la *loi* variant elle-même selon les besoins de quiconque la fait, conduit directement à la *diversité du droit* qui est la cause première de l'hostilité de tous les peuples.

XIII.

Que faudrait-il donc aux peuples pour qu'ils pussent éviter cette ornière funeste où ils viennent tous tomber et où ils doivent tous s'agiter dans de longues et terribles convulsions ?

(1) En effet l'étude du *droit* consiste en tous pays à le tirer des dispositions *une fois prises;* nulle part, on n'a songé à l'appliquer d'abord à la connaissance du *droit* lui-même, pour en tirer les dispositions *à prendre*, ce qui paraîtrait pourtant bien plus rationnel.

Ne pouvant jamais avoir ni prendre le temps de s'organiser d'après la pure logique, il faudrait que les peuples pussent en naissant trouver toutes faites, dans un cadre raisonné, les deux *Constitutions civile* et *politique* et qu'ils n'eussent plus qu'à les adopter en bloc pour entrer dans la vie normale.

C'est cet exemplaire modèle de l'**ORGANISATION GÉNÉRALE** d'un peuple, suivant le *droit*, que nous nous proposons de créer. En effet, toutes les manifestations du *droit* dans un même corps se tiennent entre elles, c'est-à-dire que le *droit* est solidaire de lui-même, en tous points et à toutes époques, dans toute l'étendue de quelque plan que ce soit où on le considère.

XIV.

Pour mener à fin cette étude, à laquelle nous donnerons le nom de *Théorie générale du droit*, nous laisserons de côté chaque peuple existant et ses erreurs particulières.

Saisissant l'homme dès son premier contact avec son semblable et le conduisant pas à pas au seuil de l'*état de société*, nous essaierons de trouver au *juste* un principe immuable et universel dans la vie collective organisée.

Ce principe supérieur une fois trouvé, — s'il existe dans la nature, comme nous le croyons, (1) — nous le prendrons pour base générale du *droit social*, c'est-à-

(1) Disons-le tout de suite : ce principe est la *liberté individuelle*.

dire, du *droit* de l'individu par rapport à la collectivité et réciproquement ; et il nous servira de contrôle constant pour créer méthodiquement les institutions à mesure que le besoin s'en fera sentir, ainsi que pour en déterminer l'esprit et en fixer la portée.

Les deux CONSTITUTIONS que nous avons jugées nécessaires pourront alors se présenter chacune à son heure et être traitées en dehors de toute entrave résultant de dispositions préétablies et d'une situation déjà faussée.

Dans l'une et dans l'autre, nous nous appliquerons à *définir* le *droit* aussi parfaitement que possible et pour le tirer de la forme *idéale* sous laquelle nous savons que, même *défini*, il demeurerait inefficace, (1) nous essaierons de lui donner en chacune d'elles des *garanties* suffisantes, mais telles qu'elles n'empiètent jamais sur les prérogatives nécessaires de l'autre.

Grâce à la solution de ce double problème, le *droit* sera véritablement CONSTITUÉ dans les deux statuts à la fois et comme il aura partout été pris pour la première source de toute disposition, il nous ramènera au phénomène rationnel de la *loi subordonnée au droit.*

Le *droit humain* en matière d'organisation sociale étant ainsi fixé et affirmé, en un mot CONSTITUÉ, dans ses deux branches les plus importantes, les peuples nouveaux auront désormais un guide sûr pour se jeter tout de suite dans ses voies et les peuples anciens n'auront besoin que d'un regard pour reconnaître le lieu, la nature et la

(1) Voir § VII, 3e alinéa.

mesure des réformes qu'ils auront à opérer pour y revenir.

Il y a lieu d'espérer que la découverte d'un principe unique du *juste*, complétée par la création d'une organisation-type qui montrerait aux peuples la vraie route du *droit*, produirait pour eux les résultats les plus féconds. Tous viendraient inévitablement à un système qui leur offrirait la plus grande somme de justice possible et, sous l'empire de l'identité des constitutions, on verrait se réaliser d'elle-même cette *fédération universelle des peuples*, que tous les peuples doivent désirer, mais qui est un rêve impossible avec la diversité des organisations.

XV.

Dans l'état actuel du monde, il s'en faut bien que le *droit* ait atteint son dernier degré de perfection.

Nous allons en donner quelques preuves qui seront autant d'argumens pour démontrer l'utilité de ce travail et nous choisirons des exemples tels qu'on pourra se demander comment les sociétés, qui prétendent ne vivre que du *droit*, ont pu naître et se maintenir avec de telles lacunes dans l'organisation du *droit*.

1° Nous avons déjà eu l'occasion de remarquer le phénomène de la *diversité du droit* dont nous avons constaté les tristes effets. Nous y reviendrons pour prouver que ce phénomène existe réellement, quoique tous les peuples semblent disposés à admettre que chaque chose n'a qu'une manière d'être *juste*, c'est-à-dire, d'être dans le *droit*. Ils admettent cela en théorie et, dans la pratique, chacun d'eux fait en chaque chose le *droit* à sa manière.

2° Dans leurs rapports mutuels, les sociétés diverses invoquent sans cesse le *droit;* nous prouverons que le *droit international* n'est ni *défini* ni *garanti*, qu'en conséquence il n'est point CONSTITUÉ, ce qui fait qu'il n'a aucune valeur pratique.

3° Les peuples qui ont un territoire s'imaginent le posséder par *droit;* nous prouverons qu'ils n'exercent qu'une possession *de fait* et que cette possession n'a pour elle aucune des qualités que comporte le *droit* CONSTITUÉ qui, pourtant, est seul capable d'obliger les parties.

De même que nous donnerons à la première lacune le nom de NON-CONSTITUTION du *droit international*, nous donnerons à celle-ci le nom de NON-CONSTITUTION du *droit* dans la *possession nationale*.

4° Enfin nous prouverons aux princes qui croient gouverner de par le *droit* qu'aux mains de la plupart d'entre eux, le *droit* qu'ils supposent avoir manque absolument des qualités du DROIT CONSTITUÉ, phénomène auquel nous donnerons le nom de NON-CONSTITUTION du *droit* dans la *possession politique*.

Ainsi, les princes qui doivent faire respecter le *droit* ne l'ont pas pour eux, les sociétés qui distribuent le *droit* ne l'ont pas en elles et les nations qui représentent le *droit* ne l'ont pas entre elles, chacune du reste l'entendant et le pratiquant à sa façon dans son intérieur.

C'en est assez, nous l'espérons, pour démontrer que l'organisation du *droit* a encore de grands progrès à accomplir dans l'économie des sociétés.

RÉSUMÉ.

Le *droit* est la règle obligée de toute conjoncture jugée rigoureusement d'après les circonstances qui la constituent; il est par conséquent la loi de tous les rapports des intérêts et la base de toute organisation sociale.

— Le *droit* procède du *juste;* la somme des circonstances favorables à chaque intérêt dans une conjoncture représente à son égard ce qui est *juste* (I).

Le *droit* est techniquement la mesure exacte du *juste* envers chaque intérêt et chaque intérêt trouve son *droit* dans la mesure qui lui est attribuée (II).

Il y a six manières principales d'être ou d'entrer dans le *droit*, (III et IV) et les procédés pour l'exercer sont au nombre de trois (V).

L'homme sent le *droit* sous toutes ses formes et le reconnaît dans tous ses procédés, *(actes, facultés, situations)*, même dans l'*état de nature* (VI).

Dans l'*état de nature* le *droit* est purement *idéal*, ne vivant que dans l'opinion de chacun. Sous la forme *idéale*, il n'a aucune valeur pratique et, pour devenir véritablement observable, il faut qu'il soit d'abord *défini*, puis *garanti*, moyennant quoi il sera CONSTITUÉ (VIII).

L'*état de société* a été imaginé pour offrir, par la stabilité des éléments, le moyen de donner au *droit idéal* une forme *définie* et de lui assurer des *garanties* certaines, c'est-à-dire, de le CONSTITUER (VIII).

— Pour CONSTITUER le *droit* dans une société, il faut d'abord orgrniser celui des individus entre eux; ce qui fait la matière du *statut civil*, lequel comprend toute la codification spéciale aux rapports des intérêts privés (IX).

Or, pour que la constitution du *droit civil* soit complète, il faudra qu'après avoir été *défini*, il soit *garanti* et la *garantie* nécessaire se tirera de la création d'une force effective, nommée *force publique*, qui sera mise au service de toutes les revendications. Ce *statut* prenda alors le nom de CONSTITUTION CIVILE (X).

Quant à l'exercice de la *force publique*, il aura besoin d'être réglé dans ses attributions comme dans sa mesure ; il représentera un véritable *droit* tiré du mandat de tous et sa réglementation fera la matière d'un second *statut*, le *statut politique* qui fixera les rapports entre l'*intérêt privé* et l'*intérêt collectif* (X).

— Mais pour que le *droit politique* soit à son tour utilement CONSTITUÉ, il ne faudra pas seulement qu'il soit *défini* dans son *statut*; il faudra encore que ce *statut* lui-même soit *garanti*, c'est-à-dire qu'il soit placé sous la sauve-garde d'un contrôle efficace qui puisse prévenir ou punir l'abus que des hommes peccables pourraient en faire. C'est ce qui n'a jamais lieu, l'*élément politique* s'établissant toujours le premier et possédant maintes bonnes raisons de s'attribuer toute force en s'en réservant l'usage arbitraire ; d'où il suit que le *droit politique* n'est pas réellement CONSTITUÉ et que, dans ses mains, la *force publique* devient un danger pour l'*élément civil*, au lieu d'en être la *garantie*. En conséquence, le *statut* qui le contient est bien improprement nommé CONSTITUTION *politique* (XI).

— Cette marche défectueuse conduit aux organisations empiriques où toutes nécessités deviennent *lois*, ce qui fait que le *droit* est forcément subordonné à la *loi* et produit la *diversité du droit* par la diversité des organisations (XII).

— Les faits qui président à l'éclosion des agglomérations humaines s'opposant donc à ce qu'elles puissent s'organiser méthodiquement et empêcher les usurpations de l'*élément politique*, il faudrait qu'il leur fût offert un modèle théorique des deux CONSTITUTIONS dont elles ont besoin, afin qu'elles n'eussent qu'à se les assimiler à l'heure où cela leur conviendrait (XIII).

=C'est cette étude que nous entreprenons sous le nom de *Théorie générale du droit*, parce qu'elle doit en effet suivre le *droit* dans toutes ses manifestations en matière d'organisation sociale et comme on n'y devra demander le *droit* qu'à la raison pour en tirer ensuite la *loi*, on reviendra logiquement à la condition normale de la *loi* subordonnée au *droit* (XIV).

En pesant ainsi en toute liberté les deux *statuts* l'un à côté de l'autre, on pourra exactement les fixer chacun à son tour et, après y avoir *défini* le *droit*, le *garantir* de manière à ce que la *garantie* donnée à un élément ne soit point précisément détruite par l'excès d'action laissé à l'élément chargé de le protéger, ce qui arrive lorsque l'action *politique* n'est pas convenablement mesurée ni efficacement bridée vis-à-vis de l'*élément civil* (Id.).

Suit l'annonce d'un travail où doit être prouvée par des exemples la réalité des imperfections dénoncées dans l'organisation actuelle du *droit*.

. . . .

Deuxième Partie.

§ I.

DE LA DIVERSITÉ DU DROIT. (1)

I.

Pris en particulier, le phénomène de la *diversité du droit* dans chaque société ne saurait être sérieusement contesté par personne. Nous n'avons qu'à choisir entre les mille preuves que nous en fournit le présent tout aussi bien que le passé. De toutes les sociétés qui ne sont plus, il n'en est pas une seule qui n'ait eu sur plusieurs points des lois contradictoires aux lois des autres sociétés;

(1) Par la *diversité du droit*, nous entendons désigner ses variations constantes et souvent contradictoires dans les différentes organisations connues.

entre celles qui existent de nos jours, on peut remarquer les mêmes divergences dans les matières les plus importantes et, ce qui est plus extraordinaire, c'est que dans chaque pays, le *juste* a même varié suivant les époques, de manière que ce qui y aura été le *droit* dans un temps sera le contraire de ce qui y est le *droit* dans un autre.

Chez les Romains, par exemple, les enfants n'héritaient point de *droit*. Ils ne pouvaient être mis en possession des biens de leurs parents qu'en vertu d'un testament de ceux-ci.

Aujourd'hui le *droit* consacre généralement la faculté d'hériter au profit des familles, comme une des préroga tives qui s'offrent le plus naturellement à sa protection.

La faculté d'hériter, une fois reconnue en principe au profit des familles, le *droit* en a encore souvent modifié l'application, suivant le but social qu'il semble avoir eu mission de favoriser.

Ainsi, là où l'on aura voulu maintenir une aristocratie puissante, le *droit* autorisera l'aîné seul à hériter et lui attribuera le patrimoine tout entier.

Là où l'on voudra diviser un peu plus la propriété pour attacher plus d'hommes au sol, le *droit* admettra tous les mâles à l'héritage, se bornant à écarter les filles.

Enfin, là où l'on placera la nature au-dessus de la politique, estimant que celle-ci ne doit avoir d'autre objet que de servir la première, le *droit* d'hériter sera étendu même aux filles, au nom de l'égalité devant la naissance.

Cependant il est encore des pays, comme l'Angleterre,

où l'on peut déshériter un enfant et, par contre, il en est d'autres, comme la France, où un minimum qu'on appelle *la légitime* est expressément réservé à tous, de manière qu'on ne puisse alors complètement en frustrer aucun, qu'en éludant la loi.

Si nous considérons le *mariage* lui-même, nous verrons qu'il est des contrées où le *droit* interdit la *polygamie* et la punit comme un crime. Cependant dans tout l'Orient, la polygamie est un *droit* positivement reconnu et de l'usage duquel l'exemple est donné jusque sur le trône.

Nous rappellerons également que chez les Juifs, les Grecs, les Egyptiens qui nous représentent en quelque sorte la civilisation de l'antiquité, le frère avait le *droit* d'épouser sa sœur : Sarah était la sœur et la femme d'Abraham ; Cléopâtre eut pour premier mari son frère Ptolémée-Denys ; la coutume était commune à presque tous les peuples et, dans toutes les sociétés modernes, ces sortes d'unions sont répudiées comme contraires non seulement au *droit*, mais aux mœurs.

Nous pourrions même dire un mot du *divorce* qui fut toujours un *droit* chez les anciens ; que la plupart des nations actuelles repoussent, préférant que les époux s'assassinent plutôt que de se quitter ; qui fut un *droit* en France pendant quelques jours, à la suite de la loi du 21 mars 1803 ; qui est encore un *droit* se pratiquant très régulièrement en Suisse.

Nous parlions tout à l'heure de la fortune des enfants. S'agit-il de leur vie, l'histoire nous dira que, chez les anciens, les parents avaient *droit* de vie et de mort sur eux ;

là où il répugnait de les tuer, on les *exposait*, ce qui était plus lâche et plus cruel. Les voyageurs nous assurent que, chez les Chinois, le *droit* permet encore de détruire les filles. Chez tous les peuples d'Occident les deux sexes sont également inviolables sous les peines les plus sévères.

Dans un autre ordre d'idées, nous trouverons encore l'*esclavage*, dont le sort a souvent varié. Il fut un *droit* incontesté dans tous les pays avant l'avénement du christianisme. Tout prisonnier de guerre devenait esclave et cette loi s'excusait en ce qu'elle était générale. Le christianisme semblait condamner absolument l'esclavage qu'il avait changé en servage.

Cependant, il y a quelques années, le plus puissant Etat de l'Amérique (1) possédait encore, sous le nom d'*institution*, le plus odieux esclavage qui ait jamais existé, car il ne se recrutait que par un commerce infâme. Il a fallu une guerre formidable pour que l'*institution* perdît les bénéfices du *droit*, et nous devons dire que, dans tous les autres Etats qui se piquent de quelque civilisation, l'esclavage est depuis longtemps condamné comme une monstruosité sociale.

Nous venons de dénoncer les nombreuses variations du *droit* dans le domaine *civil*. Nous pourrons remarquer en lui la même instabilité, les mêmes contradictions dans le domaine *politique*.

Ici, les citoyens revendiqueront comme un *droit* pri-

(1) Les Etats-Unis.

mordial, imprescriptible, la faculté d'intervenir plus ou moins directement et plus ou moins sérieusement dans ce qu'on appelle les *affaires publiques.* Là, toute intervention de cette espèce sera tenue pour absolument attentatoire au *droit* de la prérogative souveraine et le seul fait d'en indiquer la convenance sera qualifié d'acte subversif, de tentative séditieuse (1).

Tel peuple fera un privilège du *service militaire,* refusant avec un soin jaloux et blessant la possession des armes aux classes réputées inférieures. Le plébéien n'aura pas alors le *droit* de s'armer pour défendre ses foyers. Ailleurs, (et il en est ainsi aujourd'hui presque partout) le service militaire ne sera pas seulement un *droit* pour tous : ce sera une *charge* dont nul ne pourra plus s'affranchir, quand même il le voudrait.

Chez telle nation, la *propriété* transformée en instrument politique sera un *droit* de caste, dénié à la multitude du travail matériel ; dans d'autres Etats dont les besoins se seront multipliés, la propriété sera livrée au *droit commun,* afin de multiplier les agens de la production et de les stimuler en les intéressant plus directement.

Enfin, dans les contrées où l'*économie sociale* se flatte d'être une science, le mouvement des valeurs a dû, comme toute chose, subir les fluctuations du *droit.* La *liberté du commerce* est devenue une question d'Etat : tel gouvernement a crû conforme au *droit* de la supprimer ou de la réduire, *prohibition* ou *protectionisme* ; tel autre a proclamé que la seule plénitude de cette liberté, connue

(1) Crime de *lèse-majesté*, attaque à la *Constitution*.

sous le nom de *libre-échange*, pouvait fournir la vraie expression du *droit*.

Or, la *diversité du droit* ne s'arrête pas aux institutions de simple pratique, comme si elle se contentait de permettre à chaque peuple de poursuivre une même fin par des procédés différents suivant les pays et suivant les époques et, par conséquent, souvent d'autant plus convenables. Elle se fait reconnaître jusque dans l'interprétation de la fin même qui doit être préférablement donnée à l'organisation.

Selon les temps et les latitudes, les nations sont faites pour les princes et doivent graviter sans cesse dans le sens de la plus grande gloire de ceux-ci ou bien les nations s'appartiennent sans partage, et ne doivent vivre que pour elles-mêmes.

La première formule a cours dans les lieux où les rois disent *mon peuple ;* elle donne naissance au *droit dynastique* qui lie sans appel, c'est-à-dire, sans contrôle, une société à l'individualité et, par suite, à la famille qui la gouverne.

La seconde formule proclame le *droit national*, c'est-à-dire, place l'intérêt de la nation au-dessus de tout autre intérêt, lui subordonnant même l'intérêt *dynastique* dont elle ne trouve la raison d'être que dans les services qu'il peut rendre à la collectivité.

Et l'on concevra facilement que, dans une société, le système entier du *droit* devra se trouver profondément affecté de ce que le premier principe de l'organisation sera ou l'*intérêt d'un maître* ou l'*intéret de tous*, en d'autres termes, ou l'*intérêt dynastique* ou l'*intérêt national.*

II.

Les inconvénients d'une pareille confusion s'accusent d'eux-mêmes, dès qu'on y arrête son esprit.

Au point de vue purement moral, ce cahos altère singulièrement le prestige si nécessaire du *droit* que l'on est porté à croire immuable. On le voit constamment changer avec le temps et avec les pays, bien qu'il ne doive reposer que sur le *juste* et qu'il semble que ce qui est foncièrement *juste* doive l'être et partout et toujours. Ces contradictions que l'on rencontre sur tous les points à la place de l'*unité* jettent dans l'âme un trouble regrettable qui rend l'obéissance hésitante et amène souvent la résistance à la suite du doute.

La *diversité du droit* ne prépare donc que des orages à l'intérieur et, de peuple à peuple, elle entoure de difficultés des relations qui seraient également profitables à tous.

Grâce à elle, les législations varient et se heurtent dans les matières les plus usuelles. Ce qui est permis ici est défendu là ; ce qui est permis ici à des conditions douces ne l'est ici qu'à des conditions inacceptables et à toutes les frontières, c'est un arsenal de mesures inextricables que chaque subalterne cherche à embrouiller davantage pour se créer quelque profit illicite ou se donner de l'importance.

Or, l'incohérence et la contradiction des législations doivent être un obstacle permanent à l'établissement de ces rapports suivis qui, en liant les intérêts, engagent les peuples à l'indulgence réciproque, et diminuent d'autant les chances de rupture violente. Les esprits les plus solides reculent devant l'étude de tant de codes différents, et les plus entreprenants n'osent pas se jeter dans l'inconnu : en même temps et par cela même qu'elle gêne le développement des rapports commerciaux, la *diversité du droit* est donc une entrave perpétuelle au maintien comme au progrès de la concorde universelle.

Et, comme on doit bien le prévoir, la diversité des législations reportera son influence jusque sur les mœurs, dont la seule opposition créera de ces antipathies de terroir et de race qui seront d'autant plus persistantes qu'elles seront plus insensées. Le mal sera complet, lorsque des sectes odieuses y apporteront le tribut de leur venin, en présentant l'étranger comme un être infâme et impur.

Pour ce qui est de la *diversité du droit* en matière exclusivement politique, c'est celle-là qui produira les résultats les plus manifestement tristes.

Lorsqu'entre Etats voisins, des constitutions importantes se contrediront, il ne sera plus guère possible qu'on se regarde d'un œil bienveillant et tranquille. Chaque peuple demandera toujours ce qu'il verra chez les autres, et il le demandera avec impatience, parce qu'on ne sent que les avantages des lois que l'on ne pratique point. D'autre part, comme l'esprit de l'homme est porté à la propagande, parce qu'il semble qu'on puise une nouvelle foi dans la foi d'autrui, il arrivera que chaque peuple cherchera plus ou moins ostensiblement à introduire ses institutions chez les peuples qui le toucheront. De là, des colères sourdes qui finiront par des attaques ouvertes:

car le despotisme pur ne croira jamais faire trop pour se garantir de la contagion des institutions dites libérales et que l'on qualifie d'*avancées;* et les Etats qui jouissent d'une plus grande liberté repousseront avec la même vigueur toute tentative des gouvernements absolutistes qu'ils qualifient de *rétrogrades.*

L'abîme sera bien plus profond encore, si, au lieu de demeurer dans les institutions de simple pratique, la *diversité du droit* atteint le principe même qui sert de base à l'organisation toute entière. Deux systèmes rivaux, ennemis, seront réduits à se coudoyer en s'anathématisant réciproquement. Des coalitions se formeront entre les adhérents des deux parts, le monde se partagera en deux camps immenses et la lutte deviendra universelle : car la guerre ne pourra manquer de surgir, le principe ancien ne pouvant consentir à perdre du terrain et le principe nouveau ne pouvant pas davantage renoncer ni aux conquêtes faites ni à l'espoir d'en faire d'autres.

Tel est le spectacle que donne depuis quatre-vingts ans la lutte ouverte entre ce qu'on appelle le *droit ancien* ou *divin* ou *dynastique* et cet autre *droit* qu'on appelle *droit nouveau* ou *moderne*, ou *national*, parcequ'il ne tire sa substance que de l'*intérêt public.*

D'énormes hécatombes doivent être périodiquement sacrifiées jusqu'à la destruction définitive de l'un des partis. Des millions d'hommes ont déjà succombé, combattant pour une cause qu'ils ne comprennent pas et croyant tous avec une égale bonne foi combattre pour la justice et pour le *droit.* Or, n'est-il pas triste de songer que, d'un côté ou de l'autre, on doit inévitablement combattre en réalité contre le *droit*, et que, faute de remettre à la raison seule un problème que la seule raison peut résoudre, le sang de tant de victimes se trouve inutilement répandu !

Ajoutons que la lutte des deux principes peut même se déclarer au dedans d'une nation, comme cela se voit déjà sur plusieurs points, et y produire des déchirements désastreux.

Là où le principe nouveau se sera fait des partisans, par suite du mouvement incessant des idées, il sapera nécessairement le vieux principe et le forcera, pour se défendre, à employer des mesures qui achèveront de le rendre odieux.

Là où le vieux principe, mieux connu sous le nom d'*ancien régime*, aura été supplanté, il cherchera nécessairement à reprendre le dessus et, par ses continuelles menées, il forcera aussi le principe nouveau à user de rigueurs qui le compromettront.

Chacun des deux principes mettra tous ses efforts à faire dévoyer le fonctionnement de l'autre. Pour peu que des adeptes de l'un et de l'autre se trouvent en même temps au pouvoir, on verra l'anarchie au sein même de la légalité et ces tiraillements finiront tôt ou tard par l'émeute, la guerre civile et les renversements.

III.

L'*unité du droit* se substituant à sa *diversité* ferait

disparaître immédiatement toutes les calamités que nous venons de signaler.

D'abord elle apporterait à l'homme, sinon la foi absolue, du moins une foi plus grande dans ses institutions, en les lui montrant établies et respectées chez tous les peuples éclairés. Dans bien des cas, cette confiance adoucirait considérablement pour lui le poids de certaines charges inhérentes à l'état de société : il observerait sans hésiter des lois qu'il aurait lieu de croire conformes au *droit* et les rapports entre le pouvoir et les citoyens y acquerraient d'un seul coup plus de facilité et d'honorabilité.

L'*unité du droit* produirait l'*identité des législations*, sinon dans les formules, au moins dans les principes : car la différence des climats et des situations topographiques nécessitera toujours des variations dans les dispositions de détail. Or, l'*identité des législations* effacerait toutes les entraves qui peuvent gêner l'établissement ou arrêter le développement des relations internationales. Dorénavant, on correspondrait de peuple à peuple comme, dans l'intérieur de chaque nation, on correspond de province à province et des contacts répétés détruiraient bien vite tant de préjugés qui portent les hommes à se haïr, lorsqu'il leur serait si bon de s'unir contre tant de fléaux qui leur sont communs.

L'*unité du droit* préviendrait également les défiances et les discordes qu'engendre la différence des institutions entre les Etats voisins, dont chacun craint la vue de dispositions qu'il tient pour funestes, et elle éloignerait ainsi les cas si fréquents de cette espèce de guerre que l'on appelle *guerre de principes*, guerre plus terrible que toute autre, car elle conduit au fanatisme politique.

Enfin l'*unité du droit*, qui suppose forcément l'attribution définitive d'un principe unique au *droit social*, ôterait à jamais tout prétexte à cette *guerre de principes*, particulièrement digne de ce nom, qui peut mettre aux prises les deux moitiés du monde, s'armant l'une pour le *vieux droit* qui s'incarne dans l'*ancien régime*, l'autre pour le *droit nouveau* qui est né de l'*idée révolutionnaire*.

Le *vieux droit*, c'est le *pouvoir quand même et pour lui-même;* le *droit nouveau*, c'est le *pouvoir défini d'après les seuls besoins de la protection commune.*

Et quand l'*unité du droit* aura mis les peuples d'accord entre eux au sujet des principes, il est évident qu'elle ne pourra manquer de ramener la concorde au sein des nations qui ont le malheur d'être intérieurement travaillées par deux courants également actifs et logiquement inconciliables. Une source inépuisable de divisions intestines sera irrévocablement tarie et le principe triomphant pourra, dans ses applications, déployer d'autant plus de mansuétude que la place ne lui sera plus contestée.

Nous ne parlerons point des alliances, dont la sincérité n'est point possible entre peuples organisés d'après des principes qui sont en opposition : c'est seulement sous l'empire de l'*unité du droit* qu'elles pourraient être durables et il est aisé de comprendre que, dans tous les cas, les alliances particulières seront inutiles, lorsque tous les peuples en seront venus à s'entendre par l'adoption de principes identiques.

IV.

Mais comment sortir de la *diversité du droit*?

Chaque peuple tient à ses opinions et n'en changera pas pour complaire à ses voisins, et si un système quelconque était imposé par la force à tous les peuples, l'unité de principe qui en résulterait ne serait pas pour cela l'*unité du droit*, car il se pourrait fort bien que le principe imposé ne représentât nullement le *droit*.

En cette matière, comme en toute autre, il n'y a de procédé honnête que celui qui fait appel aux convictions et ne propose des réformes qu'en les appuyant sur une meilleure ou sur la meilleure interprétation des intérêts.

Nous reconnaissons toutefois qu'une étude purement théorique de l'essence intime du *juste* et du *droit* ne saurait être efficacement faite par les peuples qui sont habitués à ne les tirer que des nécessités de leur situation et ne délibèrent que par le moyen d'assemblées tumultueuses, où viennent se heurter tous les égoïsmes. Cette étude doit être l'œuvre d'esprits spéciaux, particulièrement calmes et qui ne placeront leur gloire que dans le désintéressement et l'impartialité.

Or, nous croyons qu'il n'est pas impossible de remonter, par un effort de raisonnement, jusqu'au vrai principe du *juste* en matière d'organisation sociale, c'est-à-dire, jusqu'au point le plus élevé où le *juste* ait sa place dans l'organisation d'un groupe donné.

Ce vrai principe une fois trouvé, on n'aura plus qu'à le développer dans ses conséquences pratiques et à l'offrir aux peuples, en accompagnant chaque énonciation de démonstrations assez puissantes pour que, mise en face d'elle-même, la raison ne puisse plus conserver aucun doute ; et telle est la force de la vérité que les nations qui auront réellement reconnu qu'elles ne sont pas dans le *juste* et que le *juste* est dans le principe indiqué, ainsi que dans le système proposé comme en étant l'expression fidèle, ne pourront pas longtemps et, pour sûr, ne pourront pas toujours résister à l'influence d'une conviction positive, certaine, stimulée en dernier lieu par le sentiment de l'intérêt bien entendu.

Peu à peu les peuples anciens sortiront inévitablement de leurs erreurs pour revenir au principe consacré par la raison, les peuples nouveaux s'y rallieront dès leurs débuts et, dans un temps plus ou moins proche, l'*unité du droit*, sortant de l'identité du principe supérieur donné au *juste*, se sera substituée à la *diversité du droit* par la seule force des choses.

Nous répèterons que l'objet des présents travaux est la recherche de ce principe. Assurément il ne faut pas se dissimuler que les gouvernements établis se débattront jusqu'à l'extrémité pour maintenir les abus qui leur seront chers ; mais il est impossible qu'ils ne cèdent pas à la fin, sous la constante pression des masses, définitivement éclairées sur ce qui leur est dû au nom de ce *droit*, dont on proclame si haut l'inflexibilité, quand on l'invoque contre elles.

§ II.

DE LA NON-CONSTITUTION DU DROIT INTERNATIONAL.

I.

C'est un fait avéré que le *droit* n'existe pas entre les peuples sous la forme que nous appelons CONSTITUÉE et en dehors de laquelle nous savons qu'il est comme s'il n'existait pas. Il y a longtemps qu'il a été remarqué que, même dans le siècle où nous sommes, ils sont encore absolument dans l'*état de nature*, c'est-à-dire, dans l'état où seraient des individus avant l'introduction d'aucune loi certaine entre eux.

Ils possèdent dans leurs rapports une notion incontestable du *juste* et de l'*injuste*, notion dans laquelle ils s'accorderont le plus souvent : ce qui prouve qu'ils ont bien réellement la perception d'un *droit* quelconque dans les conjonctures où leurs intérêts se rencontrent. Mais le *droit* qu'ils saisissent ainsi par instinct demeure entre eux sous la forme *idéale*, et nous avons démontré que, sous la forme *idéale*, le *droit* n'a aucune valeur pratique, parce que chacun peut l'entendre à sa manière et s'obstiner à ne le voir que dans son interprétation, ensuite parce que chaque individu peut se prévaloir, pour ne point l'observer envers les autres, de ce qu'il n'a aucune assurance certaine que les autres l'observeront envers lui.

Tant qu'il n'existe aucun Code écrit entre les peuples, on peut dire en effet que le *droit international* n'est pas *défini*, et ce sera toujours un inconvénient qu'il ne soit pas expressément *défini*, parce qu'il peut toujours demeurer des solutions sur lesquelles on ne s'entende pas, bien qu'on s'entende sur le plus grand nombre. Plus grave encore est l'inconvénient résultant de ce que le *droit international* n'ait aucun appui permanent, régulier qui ne permette pas qu'on puisse le mépriser impunément, parce que, fût-il d'ailleurs *défini*, il ne serait toujours pas viable, tandis qu'il ne serait point *garanti*.

Le sentiment du *droit international* se retrouve dans une série d'usages plus ou moins généralement approuvés et qui forment comme une sorte de *Code officieux* auquel on a donné le nom de *Droit des gens (jus gentium)*. Mais ce *Droit des gens* n'a jamais cessé d'être purement *idéal*, comme *non défini*, puisqu'il ne se compose point de formules positivement fixées et universellement souscrites dans toute leur teneur ; et il l'est également comme *non garanti*, puisque le respect de ses formules, telles qu'elles sont, n'est assuré au faible comme au fort par aucune force normale et irrésistible.

Or, chaque jour apporte des preuves qu'à l'*état idéal*, le *Droit des gens*, qui est la forme actuelle du *droit international*, n'a véritablement aucune efficacité, qu'il est bien réellement comme s'il n'existait pas, ainsi qu'il en doit toujours être de tout *droit* qui n'est pas CONSTITUÉ, c'est-à-dire, qui n'est pas rationnellement *défini* et matériellement *garanti*.

II.

Commençons par les préceptes concernant spécialement les choses de la guerre.

— De même qu'on ne trouve pas *juste* qu'un individu attaque un autre individu sans motif, de même les nations s'accordent pour trouver *injuste*, c'est-à-dire, contraire au *droit*, qu'une nation en attaque une autre sans raison. Voilà un point de *droit* sur lequel on s'entend parfaitement en principe et qui, à la rigueur, n'aurait pas besoin d'être écrit, et cependant il n'est peut-être pas un seul peuple qui, à son heure, n'en ait attaqué un autre sans motif vraiment justifiable, ne cédant au fond qu'aux suggestions d'une basse jalousie ou d'une audacieuse cupidité, mais encore plus souvent entraîné par la vaine et coupable ambition d'un despote orgueilleux et sanguinaire.

A quoi sert alors le *Droit des gens* réduit à ses seules

inspirations? Le puissant ne manque jamais de prétextes et le faible n'a aucun juge à invoquer contre une agression criminelle.

— Enfin, si l'on veut faire la guerre, le *Droit des gens* prescrit de la déclarer préalablement à l'ennemi. On s'accorde à penser que cette précaution est convenable pour éviter l'effusion du sang, si une heureuse entente pouvait se produire au dernier moment. Mais combien de généraux ont méprisé cette formalité, lorsqu'ils ont dû attendre surtout leur succès d'une surprise ? La sanction prétendue de toute guerre est la *victoire* et en se plaçant à un autre point de vue, on peut regarder comme mesure d'humanité tout procédé qui y conduira le plus promptement, parce qu'il doit abréger le temps de la lutte.

Lorsque les hostilités seront ouvertes, le *Droit des gens* recommandera encore maintes pratiques comme strictement convenables, parce qu'elles répondront à l'intérêt bien entendu de toutes les parties.

— Ainsi, il prescrit de cesser le combat quand on amène le pavillon *parlementaire;* mais qui jugera et punira le vainqueur s'il continue le massacre, afin d'abattre définitivement un ennemi dont il tient à se débarrasser ?

— Dans les pourparlers, il est admis que la personne des *parlementaires* est inviolable. Cela empêche-t-il qu'on ne leur coupe parfois la tête, comme à Jaffa ? (1)

(1) Le 6 mars 1799.

Et si l'assassin a le dessus, qui vengera sur lui le *Droit des gens* méconnu et violé ?

— Dans les capitulations la vie promise aux garnisons, qui se rendent sous cette condition, est sacrée, comme tout ce qui fait l'objet d'une condition consentie : c'est là une question de *droit* élémentaire. Cela n'empêcha pas le vainqueur de Jaffa de faire égorger deux mille prisonniers, ce dont il se justifiait en disant qu'il n'avait pas de quoi les nourrir et que la sage entente de la guerre lui interdisait de les envoyer s'armer de nouveau contre lui. (1)

Beaucoup ont blâmé cet acte, mais l'auteur n'en a jamais été comptable que vis-à-vis de l'opinion.

— Sur mer, le *Droit des gens* proclame le respect des pavillons neutres. Cependant n'a-t-on pas vu cent fois les vaisseaux d'un grand Etat arrêter, fouiller, molester sous le plus futile prétexte les vaisseaux d'un Etat moins puissant. — Si l'on ne trouve rien à reprendre, on s'est trompé et il n'en est plus question.

— On est même allé plus loin. On a violé la simple bonne foi, jusqu'à se couvrir d'un faux pavillon pour approcher plus sûrement un ennemi sans défiance. Dans les guerres de la Révolution, un capitaine anglais prit

(1) « Il restait quelques mille prisonniers qu'on ne pouvait pas « renvoyer en Egypte, parce qu'on ne n'avait pas les moyens « ordinaires de les faire escorter et qu'on ne pouvait pas ren- « voyer à l'ennemi dont ils auraient grossi les rangs. »

(*Hist. de la Révolution*, par M. Thiers, T. X.

par ce procédé deux navires espagnols (1). Assurément, son gouvernement le blâma, mais il n'en garda pas moins les vaisseaux capturés et le gouvernement spolié n'avait aucun juge près de qui appeler d'une telle indignité.

— Enfin le *Droit des gens* condamne aujourd'hui les cruautés inutiles et la destruction sans objet. Il répudie le vol, le pillage, l'incendie ; il interdit de tirer sur les citoyens non armés, qualifiés de *civils*. Pour peu que la guerre dure, il est néanmoins encore rare qu'on manque d'en venir à l'une ou à l'autre de ces extrémités ; (2) et où est l'arbitre qui aura mission de redresser les torts, si la victime n'est pas en état de se venger directement !

— On a même songé à réglementer le choix des armes; on a d'abord proscrit le canon comme un instrument

(1) « A l'entrée de la rade Barcelone se trouvaient deux fré-« gates Espagnoles à l'ancre (en 1800). Les Anglais formèrent « le projet de les enlever... Ils aperçurent en cet endroit une « galiote suédoise, *la Hoffnung*, et résolurent de s'en servir « pour exécuter l'*acte de brigandage* qu'ils avaient médité. Ils « surprirent le capitaine et le forcèrent, le pistolet au poing, de « s'approcher en silence des deux frégates qui, ne se défiant pas « du pavillon suédois, parce qu'il était neutre, se laissèrent « aborder. Alors les Anglais s'élancèrent brusquement à l'a-« bordage, surprirent les deux frégates presque dépourvues d'é-« quipages, s'en emparèrent et sortirent du port de Barcelone « avec cette proie *indignement conquise*. »

(*Hist. du Consulat de l'Empire*, par M. Thiers, T. II).

Cet événement, ajoute M. Thiers, produisit en Europe un éclat extraordinaire, et indigna toutes les nations maritimes. — C'était une bien stérile consolation !

(2) « La division Bon, qui avait été chargée de faire une fausse « attaque sur la droite, monta sur les remparts avec des échelles, « aussitôt que le désordre fut parmi les assiégés. La fureur du « soldat était à son comble; tout fut passé au fil de l'épée. — La « ville, ainsi livrée au pillage, éprouva toutes les horreurs d'une « ville prise d'assaut, pendant trente heures. La nuit survint... »

(*Batailles de Napoléon*, dictées par lui-même).

sacrilège; on a essayé de faire repousser l'emploi des projectiles empoisonnés; on a essayé de faire repousser l'emploi de la baïonnette, comme d'une arme barbare et tout dernièrement encore on a voulu susciter un accord (1) pour faire rejeter la balle explosible. Or, les canons ont fait leur chemin malgré les déclamations ; les projectiles empoisonnés ont pu être parfois l'extrême ressource des armées en détresse ; la baïonnette a gagné des batailles et la balle explosible sera certainement reprise par quiconque croira ne pouvoir vaincre qu'avec elle.

On se bat pour soutenir son *droit ;* pourrait-on donc dire qu'il y ait, à la rigueur, une arme dont l'usage soit condamnable aux mains de celui qui ne peut compter que sur elle pour se défendre contre une attaque injuste ?

Quoi qu'il en soit, le *Droit des gens* restera impuissant dans cette matière comme dans toutes les autres. Chacun n'aura que sa propre force pour le faire respecter vis-à-vis de soi ; le plus faible le verra toujours violé à son égard et comme l'individu dans l'*état de nature*, il ne pourra répondre aux excès dont il aura été victime dans la défaite, que par des excès plus grands, lorsqu'il sera le plus fort, s'il peut le devenir à son tour.

A cette espèce de vengeance, on donne le nom de *représaille* et les *représailles* ont cela de particulier qu'elles doublent le mal, sans le réparer jamais. En outre, elles frappent toujours l'innocent : l'Angleterre brûle aujourd'hui sans motif raisonnable un vaisseau marchand français, demain la France brûlera par *représailles* un vaisseau marchand anglais. Ce seront deux négociants

(1) Provoqué par la Russie.

ruinés qui n'étaient pour rien dans la querelle. Et pourtant il est certain que les *représailles* sont le seul châtiment possible dans une situation où le *droit* n'est pas CONSTITUÉ, c'est-à-dire, dans laquelle il n'est pas *garanti* par une force régulière. La crainte des représailles exerce au moins une influence préventive.

Voilà pour l'état de guerre.

Il est évident que, dans l'état de paix, la notion commune du *droit* sera moins souvent violée, parce que cette condition est celle des relations normales et que tout manquement sérieux amènerait immédiatement l'état de guerre.

Toutefois, il est une institution de paix que toutes les nations éclairées s'accordent à regarder comme absolument sacrée, parce qu'elles sentent également son utilité et comprennent en même temps qu'elle ne peut être praticable que sous une rigoureuse inviolabilité.

Cette institution est celle des représentants à l'étranger, ambassadeurs, consuls ou simples chargés d'affaires. Qui ne se souvient cependant du comte de Basseville lâchement assassiné à Rome, en mai 1794 ? Qui ne se souvient aussi des plénipotentiaires français traîtreusement égorgés en Allemagne, en revenant de la conférence de Rastadt ? (1)

(2). Avril 1799. « — Ce crime, connu sur le champ de toute « l'Europe, excita une indignation universelle.. . L'archiduc « Charles écrivit à Masséna qu'il allait faire poursuivre le colo- « nel des hussards de Szecklers qui l'avaient commis. L'Autriche « ne répondit pas aux accusations portées contre elle. »

(Hist. de la Révolution, par M. Thiers, T. X*)*.

— **Ces plénipotentiaires étaient Jean Debry, Bonnier et Roberjot.**

Les Etats voisins protestent certainement contre des actes, par le caractère desquels ils se sentent eux-mêmes menacés dans la personne de leurs mandataires. Mais se lèvent-ils pour venger la violation de ce qu'ils considèrent comme le *droit*? Jamais. Ils laissent ce soin à l'offensé que l'on n'aura précisément outragé que parce qu'on le sait hors d'état de se défendre. Ils adresseront bien des observations et, pour les rendre plus pressantes, on rompra les *relations diplomatiques*. Mais la nécessité des rapports finira bientôt par s'imposer et si les observations ne sont point écoutées, on sera tout heureux de ne pas s'en apercevoir.

Les peuples sont d'ailleurs portés à l'indulgence envers tous les faits de violence dont ils peuvent être victimes ou témoins. Ils savent que tour-à-tour ils ont tous été coupables et ils excuseront volontiers les plus grandes cruautés, lorsqu'elles pourront s'expliquer par l'exaltation du patriotisme, vertu sublime qui est la première garantie de leur existence.

Toujours est-il que, dans les conditions actuelles, le *Droit international*, représenté aujourd'hui par ce que nous appelons le *Droit des gens*, n'a aucune valeur effective, aucune efficacité pratique. Nous avons vu que ce qui lui ôte toute force, c'est sa NON-CONSTITUTION, fait qui résulte de ce qu'il n'est point proprement *défini*, c'est-à-dire, fixé dans un corps de formules, accepté tel quel, par

N.B. — Tous les faits blâmables rapportés dans les notes n'ont été cités que pour les besoins du sujet et sans arrière-pensée de récrimination contre aucun peuple. Il est désirable que tous y voient seulement une occasion de les regretter.

tous les peuples et de ce que, fût-il *défini*, il ne serait toujours point *garanti*, n'ayant point derrière lui une force permanente, susceptible de le faire respecter envers le faible tout aussi bien qu'envers le puissant.

III.

Etant admis qu'il y a réellement place pour le *droit*, entre les peuples, tout comme entre les individus, que les peuples ont une notion positive de ce *droit*, que nous appellerons *Droit international* et qu'ils appellent *Droit des gens* dans la forme qu'ils lui ont donnée ; — étant prouvé d'autre part que le *Droit international* n'est pas CONSTITUÉ, dans le sens que nous donnons à ce mot et que, pour ce motif, il demeure absolument dépourvu de toute vertu réelle, ainsi que nous l'a amplement démontré son impuissance sous le nom de *Droit des gens*,— nous allons présentement essayer de relever les principaux inconvéniens de la NON-CONSTITUTION du *Droit international*.

Ces inconvéniens sont nombreux et ne sont pas moins funestes que ceux de la *Diversité du droit*.

— Ainsi, la NON-CONSTITUTION du *droit* entre les peuples est cause qu'il ne peut jamais y avoir entre eux aucune convention sérieuse. Tous les arrangements pris demeurent à la discrétion du plus fort, qui ne se fait jamais faute de s'en affranchir, lorsque son intérêt l'y engage et il s'excuse en disant que, s'il était le plus faible, on lui en ferait tout autant.

Ce qu'il y a de plus fâcheux, c'est que, pour l'ordinaire, cette excuse est parfaitement fondée et le procédé devient *juste*, en quelque sorte, sous l'empire de la *loi de réciprocité* qui est la règle obligée des situations auxquelles l'organisation n'a point encore imposé les siennes.

Or, grâce à de pareilles pratiques, la confiance est devenue impossible entre les peuples, puisque chacun n'a qu'à peser ses propres dispositions,pour pouvoir apprécier les intentions de son voisin. De là est née cette doctrine insensée que, dans les relations d'Etat à Etat, la loyauté n'est pas obligatoire, comme on admet qu'elle l'est entre les individus ; aussi est-il de notoriété dans tous les pays que le mot *diplomatie* par lequel on désigne la charge spéciale du règlement des affaires internationales, est devenu synonyme de tromperie et de duplicité. Un diplomate se croira en effet d'autant plus recommandable qu'il aura mieux su introduire l'ambiguité dans les textes, de manière à ce que ses mandans puissent moins donner qu'il ne semble avoir promis et réclamer plus qu'il ne lui a été réellement accordé ; et cette morale corrompue a tellement gagné tous les esprits que les hommes les plus rigides dans leurs propres affaires s'applaudiront des plus basses surprises dans les affaires de peuple à peuple.

Avec de tels principes, que peuvent être les traités? On les fait des deux côtés avec le dessein de ne les tenir que le moins possible. Heureux quand on ne les fait pas avec l'idée arrêtée de ne pas les tenir du tout ! Combien de fois ne les met-on sur le tapis que pour gagner du temps et endormir son adversaire, pendant qu'on se prépare à lui porter un coup perfide !

Or, s'il est utile que les peuples puissent faire des traités ensemble, ne vaudrait-il pas mieux qu'ils n'en pussent pas faire du tout, lorsqu'ils ne se croient point tenus de les observer et sont décidés à ne s'en servir que comme d'un instrument de tromperie mutuelle ?

L'odieux d'une telle mauvaise foi n'est atténué que par cette espèce d'acquiescement tacite, grâce auquel il semble convenu d'avance que l'on se trompera si l'on peut et autant qu'on le pourra. Aussi, qu'un peuple manque à sa parole, l'autre retire la sienne et l'on ne s'en émeut pas davantage (1).

— Nous observerons en second lieu que la NON-CONSTITUTION du *droit* entre les peuples a pour effet de les isoler tous dans leur législation respective, de manière à ce que chacun d'eux forme comme un monde à part et privé de tout lien avec ceux qui l'entourent. Dans cette condition, une simple frontière devient un abîme infranchissable pour l'action de la justice.

Un criminel n'a qu'à traverser le fleuve qui le sépare d'un autre Etat et l'impunité lui est assurée. La loi de son pays ne peut aller le saisir en pays étranger et le pays voisin ne peut rechercher un crime qui n'a pas été commis sur son territoire.

Un calomniateur peut user du même privilége en toute

(1) Qu'une vente ait lieu entre de simples individus, on n'admettrait pas du tout qu'une des parties pût se dédire à son aise et l'autre partie ne se tiendrait certainement pas pour satisfaite d'être à même de reprendre sa parole. La moindre affaire civile se traite donc d'une manière plus digne que la plus grave affaire internationale.

sécurité. Du moment qu'il aura su mettre la frontière entre lui et celui qu'il insulte, il peut répandre son venin sans qu'il y ait aucun danger pour lui.

Il est vrai que, dans le premier cas, on a ce qu'on appelle les *traités d'extradition* par lesquels un criminel fugitif est rendu à ses juges, moyennant certaines formalités. Mais ces traités sont peu en crédit, parce qu'ils se heurtent contre ce sentiment qui fait hésiter tout honnête homme à livrer quiconque lui demande un abri, fût-ce un coupable.

Quant au second cas, toute vindicte y est absolument impraticable. En bonne logique, la loi d'un pays ne doit protection qu'à ses nationaux et les tribunaux d'un Etat vont-ils aller condamner un individu qui habite une terre où ils n'ont aucun moyen d'action ! Car il ne ne faut pas espérer que les juges d'un pays puissent accepter les jugements d'un autre et leur prêter main-forte, ce qui mérite une grosse peine ici n'en méritant là qu'une très-légère et, même, ce qui est punissable sur une rive n'étant pas répréhensible sur l'autre.

— Nous arrivons à l'inconvénient capital de la NON-CONSTITUTION du *Droit international*.

Cet inconvénient est de rendre la guerre nécessaire, parce qu'en l'absence d'une juridiction supérieure qui domine et préserve toutes les nations, chacune d'elles garde forcément la charge de défendre elle-même son *droit* (1) là où elle le verra méconnu. Comme entre les in-

(1) *Droit* tiré de la seule interprétation des principes naturels.

dividus, dans l'*état de nature*, la lutte seule pourra décider entre les contendans et, entre peuples, toute lutte c'est la *guerre*.

Dans cette situation, la guerre est certainement légitime, puisqu'elle est pour chaque société le seul moyen de se défendre contre les empiétements et les spoliations, tant il est vrai que le mal devient logique dans le mal. Or, comme chaque société ne peut compter que sur elle-même pour soutenir ses intérêts et protéger sa liberté et que, d'autre part, elle est constamment exposée à se voir tomber sur les bras les voisins qu'elle aura froissés sans le savoir ou sans le vouloir, il en résulte que la NON-CONSTITUTION du *Droit international* est la première cause de la création de ces lourdes armées, dont les frais écrasent les peuples et dont l'inaction pèse aux princes.

A entendre chacun, ces armées n'ont qu'une mission défensive, celle d'assurer la paix et l'on a donné à cette paix, sans doute par antiphrase, le nom de *paix armée*.

Toujours est-il que la *paix armée* coûte chaque année à chaque peuple plus que ne le ferait une guerre formidable (1) et qu'en face de l'attitude de ses voisins, aucun n'ose prendre l'initiative d'un désarmement raisonnable.

(1) D'après le *journal de la Société de statistique de Paris*, cité par M. Louis Figuier, 11e année de l'Année scientifique, l'effectif nominal des armées européennes doit être porté à 4.837,782 hommes, ce qui, sur une population de 372 millions d'âmes, donne un soldat par 57 habitants et, en évaluant l'entretien d'un soldat au minimum de 600 fr., porte la dépense totale à 2 milliards (2. 841 409 200). — Il faut ajouter 600 mille hommes de plus au compte de la France depuis la loi de 1868, créant la *garde mobile*.

La vue de ces pesantes masses flatte en secret la vanité des nations et les mauvais princes ont bien soin d'entretenir ce sentiment funeste : avec la moitié d'un peuple enrégimentée et soumise à l'obéissance passive, ils ont un moyen sûr de tenir l'autre asservie.

Toutefois, comme les nations sont d'inégale étendue, il arrivera encore que celles qui, malgré tous leurs efforts, se sentiront inférieures à un voisin suspect, seront conduites par la nécessité de la défense directe à l'idée de chercher quelque *alliance* autour d'elles. Le voisin suspecté prendra de la défiance à son tour ; il cherchera aussi des *alliances*. Deux immenses *coalitions* se formeront, groupées par l'identité des intérêts ; le choc deviendra inévitable pour sortir d'une indécision ruineuse pour tous et la guerre se trouvera précisément amenée par les maladroites précautions destinées à la prévenir.

Et quand la guerre sera ouverte, où sera le frein pour en arrêter ou en modérer les horreurs ?

Point de juge nulle part !

De chaque côté, l'on ne verra son salut que dans la destruction complète de son ennemi. Des malheureux placés l'arme au poing les uns en face des autres s'égorgeront avec une fureur sauvage : car il faut tuer pour n'être pas tué. On pourra se demander si tous ces cannibales d'un moment sont bien les membres d'une même espèce et lorsqu'un nombre d'hommes égal à la population de plusieurs villes aura été massacré dans l'espace de quelques heures (1), on songera peut-être à

(1) D'après M. Chenu, auteur d'un travail sur la *campagne*

s'envoyer des *diplomates* pour s'entendre, c'est-à-dire, pour se tromper et préparer ainsi de nouveaux combats pour l'avenir (1).

Mais ce n'est pas tout. Lorsque deux nations seront en hostilité, la terre ne suffira plus à leur rage. L'Océan réclamera sa part de sang ; devenu tout-à-coup trop étroit, les vaisseaux des belligérants ne pourront plus s'y rencontrer impunément. Ils se saluaient tout-à-l'heure et en apprenant qu'on se canonne à terre, ils vont se canonner au milieu des abîmes !

Pour comble, le pirate se mettra de la partie. Il prendra

de Crimée, en 1854, 55 et 56, telles ont été les pertes des deux armées :

	Tués sur le champ de bataille.		Morts de blessures ou de maladies.		Totaux
Armée française	10,240	—	85,375	=	95,615
— anglaise	2,755	—	19,427	=	22,182
— piémontaise	12	—	2,182	=	2,194
— turque	10,000	—	25,000	=	35,000
— russe	30,000	—	600,000	=	630,000
	53,007		731,984		784,991

(Cité par M. L. Figuier, même volume de l'Année scientifique.)

(1) « De 1791 à 1865, la France a appelé sous les drapeaux près de 8 millions d'hommes (7.680,000) ; il en est rentré seulement 4,390,000. Il en est donc mort 3.290,000. La statistique démontre que, en dehors de la guerre, la loi ordinaire de la mortalité n'en eût enlevé que 800,000. La guerre en 74 ans nous a donc coûté 2,514,050 hommes. »

(Discours de M. Magnin. — Séance du Corps législatif, du *21 Décembre 1867).*

— D'après M. Jules Guérin, la moitié environ des soldats appelés meurt pendant la durée du service militaire. Il résulte des chiffres fournis par l'administration de la guerre que, de 1851 à 1860, il a été appelé 940,000 hommes, qui se sont trouvés réduits, lors de la libération, à 436,972, ce qui donne 503,028 manquants, (53 0/0).

patente pour courir sus aux navires de commerce. Incendiant criminellement ce qu'il ne pourra entraîner (1), il apportera le fruit de ses larcins devant un *tribunal des prises* : et ce tribunal fera gravement la part du détrousseur, en réservant le salaire de son odieux mandat.

Qu'il paraît simple pourtant que toutes les mers soient strictement libres et que chaque peuple n'ait à lui que ses ports !

Il est vrai de dire que, dans ces derniers temps, les procédés de la guerre sont rarement poussés à leur extrême rigueur. Ils se sont adoucis par suite de l'adoucissement général des mœurs. La Philosophie, qui se fait de plus en plus humaine, ne cesse de protester contre tout acte de férocité gratuite et un commerce plus fréquent, amené par la facilité des communications, apprend sans cesse aux peuples qu'il n'est rien pour eux de plus insensé que de se haïr.

Mais, il convient de le remarquer, quelque réserve que s'imposent deux peuples qui sont en guerre, ils prétendent bien la tirer seulement de leur propre modération, chacun d'eux ne reconnaissant à son adversaire aucun *droit* vis-à-vis de lui.

A quelque extrémité qu'ils aient besoin d'avoir recours (et ils seront seuls juges de la nécessité), ils n'hésiteront jamais à employer tout moyen qui pourra leur procurer ou leur assurer le succès. Ils invoqueront

(1) — Dans la dernière grande guerre civile des Etats-Unis, le corsaire l'*Alabama* se vantait d'avoir brûlé plus de vingt navires chargés de coton. Quelle hideuse gloire !

le prétendu *droit de la guerre* qui est celui de faire à son ennemi tout le mal qu'on aura la fantaisie de lui faire et qui, en somme, n'est autre que celui de la *force brutale*. Or, le *vrai droit* ne pouvant sortir que de la raison, proclamer en une matière le prétendu *droit de la force*, c'est avouer hautement que le *droit rationnel* n'y est encore ni établi, ni même reconnu.

IV.

Examinons donc maintenant si le *droit* peut ou ne peut pas se CONSTITUER entre les peuples, c'est-à-dire, se *définir* et se *garantir* d'une manière certaine. Nous avons remarqué qu'il existe bien entre eux une très-précise notion du *juste*, d'après laquelle tel procédé leur paraît, tout comme entre individus, plus conforme aux lois éternelles du raisonnement. Ce *juste* est le *juste idéal*, tant qu'il ne repose que sur l'opinion de chacun, et dès qu'il se répartit entre des intérêts divers, il prend le nom de *droit*, dans la mesure de chaque attribution.

Or, puisque le *droit* existe réellement entre les peuples, il doit être possible de le tirer de la forme *idéale* pour le consigner dans des textes fixes, que tous les peuples pourront d'ailleurs discuter, avant de les accepter positivement. Il suffira donc de relever dans la nature elle-même tous les procédés qui paraîtont *justes*, d'en soumettre la mesure à l'approbation collective des peuples et, sur tous les points où l'entente se sera produite, le *droit* sera réputé *défini*.

S'il est des cas où le *droit* ne se révèle pas de lui-même et où cependant on sente le besoin d'une voie tracée d'avance qui prévienne les contestations, on pourra convenir de la voie à préférer. La convention prise représentera elle-même le *droit* et ce *droit* d'espèce particulière se trouvera *défini* dans la teneur même des termes qui la composeront.

On pourrait ainsi faire un *Code international* entre les peuples, tout comme on a fait un *Code civil* entre les individus. Il suffirait pour cela de la réunion d'un *Congrès général* dit *international*, qui aurait mission d'en rédiger les articles en s'aidant de l'expérience des temps et qui sût accomplir ce travail avec un esprit assez élevé pour ne considérer véritablement que la justice pure et l'intérêt de tous.

Les premiers articles du *Code international* pourraient être :

1° Que tout procédé établi, que toute convention prise en commun par les représentans des nations confédérées formeraient loi entre elles;

2° Que tout différend surgissant entre deux nations serait soumis à un *Congrès* suprême et permanent, une *Haute-Cour des conflits* (1), dont les membres nommés

(1) Sorte de *Tribunal des Amphictyons*. Le conseil des Amphictyons fondé, l'an 1585 avant Jésus-Christ, par Amphictyon, roi d'Athènes, se composait de deux députés pour chacune des douze peuplades importantes de la Grèce.

Il se réunissait deux fois par an, à Delphes et au bourg d'Antèle. Ce furent les Amphictyons qui déclarèrent la *guerre sacrée* contre les Phocéens, l'an 355 avant Jésus-Christ, et qui, plus tard, se laissèrent corrompre par Philippe de Macédoine, pour lui en donner la direction.

Grands-Juges, seraient délégués par les divers Etats et connaîtraient de toutes les causes de peuple à peuple ;

3° Que toute sentence rendue, dans les formes prescrites, par la *Haute-Cour des conflits* serait obligatoire pour les parties (1).

Avec le concours d'une telle juridiction, comment la guerre serait-elle désormais possible ?

Elle se trouverait supprimée entre les nations exactement par le même moyen que le sont les combats personnels entre les individus et ce serait dorénavant la raison qui déciderait entre elles et non plus la force. Sans doute, les juges pourraient se tromper quelquefois: mais ils pourraient se tromper pour les uns comme pour les autres ; c'est une chance à courir et, en tout cas, cette chance n'est pas plus terrible que celle de faire tuer des milliers d'hommes, de dépenser des tonnes d'argent et de jouer parfois son indépendance, pour n'être pas plus sûr d'avoir le dessus, bien qu'on ait la justice pour soi. Il n'en est jamais autrement dans la guerre.

Un *Code international* étant rédigé et un tribunal chargé de l'appliquer étant établi, le *Droit international* sera dès-lors défini dans sa teneur, en même temps qu'organisé dans son fonctionnement. Il restera donc encore à lui donner les *garanties* certaines, effectives, sans lesquelles tout *droit* n'est rien, tout *défini* qu'il puisse être.

(1) Nous n'avons pas à nous occuper présentement de ce que serait le *Droit international* dans ses détails pratiques. Nous nous bornons ici à rechercher les formes dans lesquelles il doit être établi, pour être efficace.

Quelle valeur auraient en effet les jugements d'un tribunal si, ne consistant qu'en un texte inerte, ils n'avaient derrière eux tout un corps discipliné et armé dont tout individu pourra requérir l'aide, afin d'en obtenir l'exécution ?

Ainsi, le *Droit international*, une fois *défini*, devra être *garanti*, comme tout *droit* doit l'être, sous peine de n'avoir aucune vertu pratique et de n'être pas même moralement observable. C'est ce qui résulte de notre doctrine, laquelle énonce qu'une partie ne saurait être réellement tenue dans un pacte dont l'autre partie peut se dégager impunément, dès qu'il lui en prendra l'envie.

Où donc trouver la *garantie* nécessaire au *Droit international* ?

L'organisation du *Droit civil* nous l'indique. On trouvera cette *garantie* dans la création d'une *force réelle* mise au service des jugements rendus par la *Haute-cour des conflits* et, pour que cette force réelle existe, il suffira que toutes les nations, dont les représentants auront pris part à l'arrêt, soient tenues d'en poursuivre en commun l'exécution contre le récalcitrant, au moyen d'un contingent dû par chacune d'elles et proportionnel à leur population respective.

On peut compter que le seul effet moral de cette faculté sera tel qu'on n'aura peut-être jamais l'occasion d'y avoir recours : car quel peuple serait assez insensé pour se mettre en lutte avec dix peuples ?

Défini et garanti, le *Droit international* sera enfin CONSTITUÉ et il ne peut l'être qu'à ce prix.

Quelles objections pourront être élevées contre le genre de *garantie* que nous lui donnons?

On n'en pourra point tirer du sentiment des nationalités, que nous tenons pour respectable au premier chef.

L'arrêt qu'une nation devra subir ne lui sera point imposé par l'étranger, comme par ce que nous appelons une *intervention*, puisqu'il émanera d'un tribunal où elle aura son siége et qui pourra juger pour elle tout aussi bien que contre elle.

Quant au danger de l'absorption ou d'un démembrement partiel, rien de plus aisé que de le prévenir, en établissant que le corps confédéré ne pourra se mettre en marche qu'avec un progamme déterminé et n'aura d'action légitime que pour le faire exécuter.

L'absorption et le démembrement seraient d'ailleurs matériellement impraticables pour des intéressés trop nombreux.

Six ou sept nations ne sauraient s'accorder pour en détruire une, parce que plusieurs seraient nécessairement trop éloignées de la victime pour pouvoir profiter du partage.

Non opérée jusqu'à nos jours, la CONSTITUTION rationnelle du *Droit international* est donc une œuvra parfaitement possible. Si elle a quelques inconvéniens, elle en a beaucoup moins et de bien moindres que sa NON-CONSTITUTION.

Quant aux avantages que les peuples retireraient d'un perfectionnement si remarquable, ils seraient nombreux et d'une portée immense :

1° Les peuples pourraient désormais prendre ensemble des arrangements solides, en les plaçant sous la sauvegarde de l'action collective.

2° Par suite de la garantie donnée aux engagements souscrits, ils ne pourraient plus craindre d'être trompés et n'auraient plus, par conséquent, aucun prétexte de tromper. La probité s'établirait enfin entre les peuples comme entre les individus et elle n'apporterait pas parmi eux des résultats moins féconds.

3° La guerre serait coupée dans sa source, les luttes isolées devant logiquement être proscrites entre les peuples, du moment qu'une juridiction souveraine serait chargée de prononcer sur les réclamations (1).

4° Avec la nécessité de se défendre soi-même et seul, disparaît pour chaque peuple la nécessité d'entretenir de lourdes armées qui le ruinent et peuvent devenir un instrument funeste aux mains des princes déloyalement ambitieux.

5° La possibilité de faire arbitrairement la guerre ôtée à chaque peuple en particulier serait le plus précieux élément de sécurité pour tous ; car le véritable secret de la paix du monde est dans ce double principe : « qu'aucune nation ne puisse sortir *arbitrairement* de ses frontières et, surtout, qu'*aucun individu* dans une

(1) Les guerres particulières deviendraient alors *illégitimes*, ainsi que l'est la vindicte personnelle dans une société organisée. En entrant dans une condition où chacun reçoit l'assurance de la protection de tous, on renonce logiquement à la revendication directe, c'est-à-dire, à la faculté de *se faire justice soi-même*, pour se soumettre aux formes communes, destinées à prévenir les excès de la vengeance.

nation, n'ait à lui seul le terrible pouvoir de la jeter *arbitrairement* sur les autres. »

— Est-ce donc si difficile de supposer que les nations en viendront un jour à s'unir, dans une *vaste société*, pour opérer la CONSTITUTION du *droit* entre elles, de même que les individus se sont de tout temps réunis en sociétés particulières pour obtenir le même résultat? L'*association* des peuples ne doit-elle pas être le couronnement de l'*association* des individus ? Ou bien, faudrait-il se résigner à croire que les hommes, individuellement sages, seront toujours insensés, quand ils pourront se compter par millions ?

Toutefois, pour que la création d'une juridiction commune entre les peuples soit réellement possible, il faut qu'ils commencent par s'entendre sérieusement sur ce qu'est le *juste* au point de vue social, sur ce que doit être le *droit* dans une société politique. Avec des idées tellement différentes sur le *droit social*, que certains peuples estiment *juste* tout l'opposé de ce qui est la justice chez les autres, il n'y a pas lieu d'espérer que l'entente pût aller loin en matière de *droit international*.

Ici encore, nous retrouvons donc une nouvelle preuve de l'utilité d'un travail qui doit ramener le *droit* à l'*unité*, en lui donnant enfin sa vraie formule, sa formule définitive.

§ III.

DE LA NON-CONSTITUTION DU DROIT DANS LA POSSESSION NATIONALE.

I.

Nous donnons le nom de *possession nationale* à la possession par un peuple du territoire qu'il occupe collectivement, et par la NON-CONSTITUTION de cette possession, nous entendons dire que, d'après la manière dont elle se pratique, elle ne contient pas en elle le *droit* sous sa forme utile.

Nous irons même plus loin.

Nous avons fait voir que, dans le domaine *international*, nous n'avons pas non plus le *droit* sous sa forme

6

utile ; mais nous reconnaissions que l'on pouvait, du moins, toujours l'y trouver sous la forme *idéale,* parce qu'il n'est pas une seule des nombreuses conjonctures, qui sont susceptibles de s'y présenter, à laquelle ne s'offre d'elle-même une solution dictée par la logique naturelle. Or, si haut et si sincèrement que les peuples puissent protester du contraire, il ne semble pas même que la *possession nationale* soit protégée dans leur esprit par aucune idée du *droit* : car on ne saurait être admis à tenir sérieusement une chose pour investie du *droit*, quand, EN FAIT, on accorde le *droit* à une autre chose qui est absolument contraire à la première et en implique la négation.

La preuve la plus flagrante que les peuples ne voient réellement le *droit* sous aucune forme, dans la *possession nationale*, résulte de l'approbation éternellement et universellement donnée par eux à la *conquête.*

En effet, malgré maintes déclamations périodiques et plus ou moins sentimentales, la *conquête* a été pratiquée de tout temps et par tous les peuples. On a fait plus que la pratiquer : pour prouver qu'on entendait bien la pratiquer comme un procédé licite, on l'a chantée dans de longs poèmes, on a glorifié ses héros comme des demi-dieux et l'on a fini par l'ériger positivement en *droit* (1). Il n'est pas un peuple qui ne se soit assimilé quelque province, sous un motif quelconque et qui, après y avoir mis la main, ne prétende hautement avoir le *droit* de la con-

(1) .... Il régna sur la France
Et par *droit* de *conquête* et par *droit* de naissance.
(La Henriade).

server envers et contre tous. Or, on ne saurait accuser plus manifestement le néant, l'absence du *droit* dans la *possession nationale* qu'en proclamant le *droit* de détenir ce qu'on a ravi contre elle ; car s'attribuer le *droit* de *déposséder* quelqu'un, c'est évidemment lui dénier le *droit* de *posséder*.

Les exemples réels de la négation du *droit* de la *possession nationale*, phénomène qui nous rejette encore bien plus loin que sa NON-CONSTITUTION, sont malheureusement trop nombreux à toutes les époques. L'antiquité, le Moyen-âge et le siècle présent peuvent nous en fournir d'également considérables.

Après avoir assuré la *conquête* de toute la Grèce, accomplie par son père, Alexandre fit lui-même la *conquête* de toute l'Asie connue de son temps. Il ne s'arrêta, dit-on, qu'à la frontière des Indes, n'épargnant ni Taxile, ni Porus dont il n'avait jamais entendu parler. Or, ses *conquêtes* mêmes lui ont valu le surnom de *Grand*. Aucun de ses historiens ne lui a contesté le *droit* de s'emparer de la Perse ; quelques-uns lui ont prêté une mission providentielle et s'ils ont cité la fameuse réponse du pirate qui trouvait que la seule différence qu'il y eût entre eux était que l'un *volait* avec un vaisseau, tandis que l'autre *volait* avec une flotte, ce n'a jamais été que pour relever le piquant de la réplique, bien plutôt que pour en faire remarquer la justesse réelle.

Alexandre à peine disparu, nous voyons déjà les Romains commencer l'énorme tâche de *conquérir* le monde entier. Leur système était de s'offrir pour arbitres dans les querelles des princes : ils aidaient d'abord leur client à renverser son ennemi, puis ils le renversaient lui-même à son tour. A la fin, ils partageaient d'avance l'univers à leurs consuls. L'Afrique et l'Asie devinrent leur proie, ainsi que toute l'Europe. L'Espagne, la Gaule, la Germanie et jusqu'à la Grande-Bretagne ; tout dut subir le joug de conquérants infatigables. Or, on n'a jamais contesté à César le *droit* de réduire toute la Gaule en province romaine ; loin de là, ses *conquêtes* donnèrent un tel prestige à son nom, qu'il devint et est resté un des titres de la puissance suprême.

Le Moyen-âge vit Charlemagne qui prit des royaumes et distribua par piété des territoires arrachés par la force. Ce fut aussi à cause de ses *conquêtes* qu'il reçut, comme Alexandre, le surnom de *Grand* qui s'est introduit dans son nom même (1).

Passons tout de suite aux temps modernes et rappelons seulement les *conquêtes* d'un siècle qui dépasse à peine sa première moitié.

A commencer par la France, nous voyons qu'elle fit en quelques années la *conquête* de la Hollande, de l'Egypte, de l'Italie, de la Suisse, de l'Espagne, de toute la partie occidentale de l'Allemagne, ne laissant debout les monarchies autrichienne et prussienne que comme par une sorte de grâce politique.

Le vainqueur ne se cachait pas de rêver la *conquête* de l'Angleterre et il traversa toute l'Europe pour aller ébranler la Russie jusque dans ses fondemens.

1) Carolus-Magnus, *Charles-le-Grand.*

Les historiens de l'antiquité admiraient les spoliations d'Alexandre et de César. De nouveaux historiens ont admiré tous ces renversements de trônes, toutes ces destructions de nationalités. Tout comme leurs dévanciers, ils ont raconté avec complaisance les grandes batailles et les grandes victoires, et s'ils ont quelquefois blâmé l'ardeur du conquérant, c'est seulement parce qu'il semblait en dernier lieu travailler pour lui-même, bien plutôt que pour la nation qu'il épuisait. Ils ne lui ont jamais sérieusement contesté le *droit* de conquérir le monde, s'il l'avait pu, et c'est là un témoignage éclatant que le *droit* de la *possession nationale* n'a été ni senti ni reconnu par eux.

Les autres nations n'ont point pour la conquête un culte moins fervent que celui de la France.

La Russie, la Prusse et l'Autriche réunies se sont partagé les lambeaux de la Pologne, en 1776.

L'Autriche seule a opprimé les plus belles provinces de l'Italie pendant un demi siècle (1), et la Prusse qui ne tend à rien de moins qu'à embrasser toute l'Allemagne dans laquelle elle se noiera, si elle réussit, vient de s'annexer par la *conquête* le royaume de Hanovre tout entier (1867), après avoir précédemment *conquis* une notable portion du Danemarck.

Toutes ces annexions, exécutées plus ou moins violemment, ne manquent pas, il est vrai, d'exciter des

(1) La Lombardie et la Vénétie, depuis les traités de 1815 jusqu'à ces derniers temps. — (La bataille de *Solférino* délivra la Lombardie, en 1859, et celle de *Sadowa*, la Vénétie, en 1867).

murmures. Mais il est aisé de reconnaître que ces murmures sont inspirés par la jalousie seule et non pas par le sentiment du *droit* méconnu. Quand on a bien crié contre les empiétemens et les usurpations d'un voisin, on finit par s'accoutumer tout doucement au *fait accompli*, qui jouit du plus grand crédit en ces matières et l'on prend en soi-même le parti de se consoler en faisant quelque *conquête* à son tour : excellente manière de montrer à nu l'état qu'on fait au fond du *droit* qu'on invoquait hypocritement tout-à-l'heure au profit des dépossédés.

Et en effet, à peser froidement les choses, où pourrait-on trouver pour les peuples, dans les conditions actuelles, la trace d'un privilége justifié qui les autorisât à retenir indéfiniment les territoires qu'ils se sont attribués ?

Chaque nation s'est condensée sur un coin du globe et s'y est décerné l'espace qu'elle a pu embrasser. Or, il n'y a là qu'un *fait*, fait auquel les autres peuples n'ont pris aucune part et au respect duquel ils ne peuvent en conséquence être liés d'aucune façon.

On dira bien qu'il est convenable pour la paix commune que chacun reste en possession de ce qu'il a. Mais ce raisonnement ne pourra plaire qu'à ceux qui auront un bon lot et la simple convenance de ceux qui seront bien partagés ne sera point admise comme un titre de *droit* définitif par ceux qui le seront mal. Sur une terre également livrée à tous les hommes par la création, ces derniers ne pourront admettre pour réellement *juste* qu'une nation dût accepter d'être toujours faible et mal placée, tandis que d'autres auraient toujours un sol avantageux et la puissance.

En l'absence de toute loi artificielle, il est évident que la seule nature doit être prise pour base du *juste* en cette matière ; or, lorsque rien dans la nature n'attribue tel pays à tel peuple plutôt qu'à tel autre, il est tout simple que la rigoureuse justice devra consister à ce que chaque nation retienne et conserve entière la faculté de faire, refaire et améliorer sa situation, comme l'ont fait celles qui se sont établies les premières: tant pis pour celles qui s'en trouveront gênées !

Si relâchée que paraisse cette morale, on ne peut nier que ce ne soit en réalité celle qui se pratique partout et, nous le répétons, elle nous semble être au fond parfaitement logique à la situation. Elle est mauvaise sans doute, puisqu'elle autorise la dépossession à l'état continu, comme la *conquête* nous la montre. Mais le tort en est à la situation même, qui la produit et qui doit nécessairement la produire, tant qu'elle ne sera point modifiée en vue de conduire à des fins différentes.

II.

Nous tenons donc pour suffisamment prouvé que le *droit* n'existe aujourd'hui à aucun titre et sous aucune forme dans la *possession nationale.* La simple logique indique qu'il en doit être ainsi et nous venons de voir que les faits sont bien d'accord avec les indications du raisonnement.

Examinons maintenant quels inconvénients peuvent et doivent rationnellement résulter, non pas seulement de la NON-CONSTITUTION, mais de l'*absence* complète du *droit* dans la *possession nationale.*

— Le premier inconvénient de l'*absence* du *droit* dans la *possession nationale* sera de justifier la *conquête* et de donner ainsi aux peuples des inquiétudes constantes au sujet de leur existence même. Le danger continuel d'une dépossession par la *conquête* viendra se joindre à l'impossibilité de prendre aucune convention sérieuse, par suite de la NON-CONSTITUTION du *droit international* que nous avons déjà dénoncée et c'est ce danger surtout qui rendra partout nécessaire l'écrasant fardeau des *armées permanentes*, dès qu'il en existera une quelque part.

Ayant tout à craindre et craignant tout de son voisin, chaque peuple tâchera toujours d'être plus fort que lui : lorsque l'un se sera donné une armée, l'autre ne se croira en sûreté qu'en en mettant une un peu plus considérable sur pied. Le premier forcera de nouveau son contingent ; le second renchérira immédiatement à son tour, et il n'y aura pas de raison pour que cette folie s'arrête.

Cependant une heure viendra où l'on sera de part et d'autre à bout de ses ressources. Alors on songera de part et d'autre à s'arrondir aux dépens de quelque voisin, pour avoir où lever de nouvelles légions et c'est ainsi que la possibilité de la *conquête* deviendra elle-même une nouvelle cause de la *conquête.*

— L'*absence* du *droit* et sa NON-CONSTITUTION dans la *possession nationale* produiront encore une singularité non moins remarquable. Par elles, il arrivera qu'une agglomération qui se sera formée pour instituer la *propriété privée* dans son sein, ne sera pas elle-même *propriétaire* du fonds dont elle prétendra donner à ses membres la disposition perpétuelle et absolue. L'individu sera réputé *propriétaire* d'un coin de terre au nom de la société et la société n'aura elle-même aucun *droit* certain sur la masse du territoire dont ce lambeau sera détaché !

— Un troisième inconvénient de l'*absence* et de la NON-CONSTITUTION du *droit* dans la *possession nationale* sera de laisser à une nation déjà puissante le moyen d'atteindre par des *conquêtes* répétées, à un dégré de puissance tellement exagéré que, embarrassée elle-même de son étendue, elle deviendra un sujet de terreur pour tout ce qu'elle n'aura pas encore subjugué.

Pour prévenir les dangers résultant d'une force excessive aux mains d'un peuple et brider d'avance de trop ambitieuses velléités, on a imaginé la doctrine de l'*équilibre*, de l'*équilibre européen*, par exemple.

D'après cette doctrine, les voisins se font juges de l'importance qu'un peuple ne doit point dépasser et de la convenance ou de la non-convenance de telle *conquête* susceptible- d'être faite par lui. Ils expliquent ces mesures en alléguant les exigences rationnelles de la sécurité commune, exigences qui, suivant eux, représentent un véritable *droit*, et ils ne songent pas que, par ce prétendu *droit*, ils nient le *droit* même de la *conquête* par lequel ils ont déjà nié le *droit* de la *possession nationale*.

Tant il est vrai qu'à l'*arbitraire* il n'y a d'autre correctif que l'*arbitraire* et que, quand on n'a pas saisi le *droit* au début de la route, il devient impossible de s'y raccrocher nulle part !

En réalité, la doctrine de l'*équilibre* sera une nouvelle cause de coalitions qui menaceront à leur tour celui qui menaçait les autres; les amours-propres s'échaufferont et un immense choc sera inévitable, après lequel viendra presque toujours le dépècement du colosse, s'il se laisse renverser.

— Même au point de vue de la seule morale, l'*absence* et la NON-CONSTITUTION du *droit* dans la *possession nationale* produiront des effets qui ne laissent pas d'être regrettables. Elles placent tous les peuples les uns à côté des autres comme autant d'aventuriers qui se regardent avec une perpétuelle défiance, qui n'ont d'autre rêve que de se maintenir à tout prix et qui ne peuvent mieux trouver leur sécurité nulle part que dans l'affaiblissement de leurs voisins. Aussi, les peuples se cachent-ils à peine leur malveillance mutuelle et, dans le peu de bien qu'ils se font comme dans le mal qu'ils ne se font pas, ils proclament ouvertement qu'ils ne sont constamment inspirés que par leur propre intérêt. Que dans une cause quelconque leur intérêt disparaisse, ou se retourne en sens contraire, on pourra être sûr qu'ils n'y seront plus arrêtés par aucune considération.

Ainsi, quand une nation s'engage à maintenir l'intégrité d'une autre, c'est — « parce que l'existence de cette dernière est nécessaire à sa sécurité » ; quand une nation en aide une autre dans ses agressions, c'est — « parce qu'elle a elle-même intérêt à l'abaissement d'un ennemi commun » ; quand une nation en agrandit une autre (1), c'est — « parce qu'elle espère la mettre en état de tenir tête à un voisin qu'elle redoute la première. » Or, qu'à un moment donné, la ruine du protégé et même de l'allié vienne à offrir le plus léger profit à l'État, l'*intérêt de l'Etat*, qui est la suprême loi des empiriques, ne leur permettra jamais d'hésiter en face des plus lâches revirements, comme si l'intérêt *immédiat* était toujours le vrai.

Assurément, c'est une grande honte pour l'humanité que les peuples se montrent si inaccessibles à toute espèce de dévoûment réel et il est bien déplorable que cet égoïsme, poussé jusqu'à l'impudence, soit au fond justifié par l'état de crainte jalouse où ils sont tous forcés de vivre, par suite de la caducité de leur possession.

Toutefois, on peut observer avec fierté que la France est, de toutes les nations, celle qui se montre la plus disposée aux entreprises généreuses, malgré ce qu'elles peuvent lui coûter. Elle applaudit d'avance à tout ce qui lui est demandé au nom de la fraternité des peuples, quoique l'époque n'en soit pas encore venue. Cela est si vrai que ses gouvernements sont obligés de la flatter dans ce sentiment pour lui faire approuver des luttes où, pour leur compte, ils ne s'engagent pas toujours sans arrière-pensées. . . . . .

— Terminons cette revue en dénonçant l'inconvénient suprême de l'*absence* et de la NON-CONSTITUTION du *droit*

(1) Dans la dernière campagne d'Italie, la France n'avait d'autre but que d'agrandir la nation italienne, puisqu'elle lui a donné tout ce qui fut conquis. On voulait ainsi la mettre en état de tenir tête à l'Autriche.

dans la *possession nationale*. En effet, dans les régions où les peuples se distinguent surtout par leur situation géographique et ne forment pas des agglomérations errantes, comme dans les temps bibliques, l'existence *politique* d'une nation est nécessairement liée à son existence *territoriale;* le territoire de chaque groupe représente sa forme individuelle, sensible. Quels argumens les peuples pourront-ils donc invoquer pour réclamer le respect de leur nationalité, lorsque le *droit* ne peut leur en fournir aucun pour conserver la place qu'ils occupent au soleil et qui n'a qu'à changer de nom, en même temps que de maître, pour qu'ils rentrent aussitôt dans le néant ?

III.

Or, de ce que le *droit* n'existe pas et, par conséquent, ne peut pas avoir été CONSTITUÉ dans la *possession nationale*, faudra-t-il conclure qu'il n'est pas susceptible d'y être introduit et rationnellement CONSTITUÉ ?

Nous avons dit que, dans l'état actuel, c'est-à-dire, dans l'*état de nature* qui est celui des peuples entre eux, il est logique que les peuples puissent se déposséder mutuellement, parce que la terre est également à tous les hommes et que, dans cette condition, la *conquête* peut réellement être un *droit*, conformément à une opinion que la pratique confirme dans tous les pays. Or, s'il est vrai que le *droit* confirmatif de la *conquête* sorte précisément de l'*état de nature*, il y a lieu d'observer que, pour trouver quelque part un *droit* confirmatif de la *possession nationale*, lequel exclura nécessairement toute idée de dépossession arbitraire, il faudra l'aller demander à un principe autre qu'un *principe naturel*.

Mais cette condition même ne sera point un obstacle : car on peut toujours modifier autour de soi l'*état de nature* au moyen d'une *convention* librement consentie par tous ceux dont la situation poura s'en trouver affectée, et le *juste*, source première du *droit*, sortira dès-lors des termes même de cette *convention*, sans qu'on ait à s'inquiéter désormais de ce qu'il pouvait être auparavant, d'après l'*état de nature*. Seulement il est à noter que le *droit conventionnel*, c'est-à-dire, sortant d'une *convention*, ne pourra et ne devra raisonnablement avoir d'effet qu'à l'égard des parties qui auront expressément concouru ou souscrit au pacte établi.

Cela étant posé, quel empêchement y aura-t-il à ce que les peuples, qui y verront avantage, prennent ensemble, par un moyen quelconque une haute convention qu'on pourra qualifier *de Reconnaissance territoriale* et par laquelle, en effet:

« *Ils se reconnaîtront mutuellement la possession*
« *absolue de leurs territoires respectifs, sous la respon-*
« *sabilité commune* ? »

Grâce à ce simple contrat qui viendra substituer son influence à l'influence de l'*état de nature*, le *droit* aura reçu une base certaine dans la *possession nationale*, car il deviendra dorénavant rigoureusement *juste* que chaque peuple respecte le territoire de ses co-engagés, en retour du respect qu'ils lui auront promis pour le sien (1).

Chaque nation sera dès-lors véritablement propriétaire de son sol, par rapport à toutes celles qui seront entrées dans le compromis.

La *propriété privée* est née parmi les hommes d'un artifice tout semblable. Nous démontrerons plus tard qu'elle n'existe pas dans la nature et qu'elle ne repose, dans chaque société, que sur l'hypothèse d'un vaste contrat, par lequel tous les membres d'un même groupe *se reconnaissent mutuellement la possession absolue de ce qu'ils possèdent ou pourront posséder, d'après telles conditions fixées.*

Avant toute loi de ce genre, le morceau de terre saisi par un individu dans un territoire, une fois occupé, ne lui appartiendrait pas plus en fonds qu'à n'importe quel autre. Le premier pris n'aurait pour lui qu'une simple possession *de fait* et ce qui prouve que l'opinion s'accorde bien à ne voir dans la *propriété privée* qu'un *droit conventionnel* qui n'oblige que les membres de chaque société, c'est qu'au moment de la *conquête*, l'envahisseur ne se croit nullement tenu de la respecter autrement que sous son bon plaisir et qu'on lui reconnaît volontiers le bénéfice de cette faculté.

Pour donner une base au *droit* dans la *possession nationale* et l'y créer, pour ainsi dire, il suffira donc de la *convention* de *Reconnaissance territoriale* dont il

(1) Ce sera du *droit* par *compensation actuelle.* — V. *Première partie, IV.*

vient d'être question. Seulement il est à observer que cette *convention* n'aura de valeur qu'à l'égard des nations qui y auront adhéré et qu'en conséquence, elle n'introduira le *droit* qu'entre elles. La *conquête* restera licite pour les autres peuples et par conséquent contre eux. Mais lorsqu'un noyau d'adhérens se sera déjà formé, il ne pourra point manquer de grossir promptement, tous les peuples devant bien vite comprendre et l'avantage moral de l'introduction du *droit* dans leur possession et le néant de la faculté de déposséder un voisin, conservée au prix du danger d'être eux-mêmes dépossédés par le premier venu.

Le *droit* se trouvant introduit dans la *possession nationale,* au moyen de la *convention* qui lui sert de principe, nous aurons maintenant à rechercher la manière de le *définir* et de le *garantir*.

Rien de plus simple que de *définir* le *droit* dans la *possession nationale* : il suffira pour cela de fixer les frontières de chaque peuple, absolument comme on ferait le bornage d'un champ. Cette œuvre paraît difficile aujourd'hui que les princes sont encore possédés de la sotte manie de gouverner les gens malgré eux. Elle ne le sera plus le jour où les peuples comprendront qu'ils consacreraient une doctrine funeste pour eux tous, en méconnaissant une nationalité quelconque et où, par cette considération, ils refuseront de devenir des instrumens d'oppression au profit d'une ambitieuse individualité.

En tout cas, la question des délimitations respectives sera l'affaire des peuples qui voudront établir entre eux la *convention* productive du *droit.* Il y en aura toujours un certain nombre qui ne se disputeront rien et seront en situation de s'entendre. Ces peuples pourront donc donner l'exemple et fixer entre eux l'étendue du territoire qu'ils se concèderont mutuellement, en y attachant les uns pour les autres une inviolabilité absolue. A cette époque du contrat, le *droit* sera *défini* pour eux.

Or, une fois les territoires clairement et expressément déterminés, ce qui donnera le *droit défini*, il n'y aura plus, pour assurer les effets de la *convention*, qu'à la placer sous la protection de cette force effective, dont nous avons reconnu la nécessité pour la constitution du *droit international*, et qui doit agir sous la direction commune.

Dès-lors le *droit défini* sera *garanti* et il se trouvera ainsi décidément CONSTITUÉ : grâce à quoi on pourra dire de la *possession nationale* elle-même, qu'elle sera CONSTITUÉE, ce qui signifie qu'elle contiendra le *droit*, non pas seulement sous la forme *idéale*, mais bien sous la forme parfaite où il doit absolument s'imposer à la pratique.

A partir de ce moment, toutes les nations, qui auront pris part au pacte, possèderont leur territoire tout aussi *propriétairement*, par rapport les unes aux autres, que chaque membre d'une société y possède son champ, par rapport aux autres membres qui la composent avec lui.

Quant aux difficultés qui pourraient surgir ultérieurement, on aura dans la *Haute-Cour des conflits* une juridiction toute naturelle à qui les soumettre.

IV.

Les avantages résultant de la CONSTITUTION de la *possession nationale*, c'est-à-dire, de la CONSTITUTION du *droit* en elle, seront tout aussi évidens que les inconvénients qui résultent de la NON-CONSTITUTION, et, ce qui est bien pis, de l'*absence totale* du *droit* en elle, absence que nous avons en effet démontrée à l'égard de la situation présente.

En tête de ces avantages, il faudra placer la disparition de la *conquête* qui, en même temps qu'elle perdra sa raison d'être, deviendra matériellement impossible.

Elle n'aura plus aucune excuse entre les adhérens à une *convention* de *Reconnaissance territoriale*, puisqu'elle ne pourrait s'exercer alors que contre un objet dont on a consenti l'inviolabilité, en retour d'une promesse d'inviolabilité qui ne peut manquer d'être tenue.

Avec la *conquête* s'en vont décidément pour les peuples les chances de ruine et d'asservissement suspendues aujourd'hui sur leur tête.

Grâce à la disparition de la *conquête*, il n'y aura plus besoin de lourdes armées. Des milliers de bras, devenus inactifs par l'appel sous les drapeaux, pourront être rendus au travail qu'ils désapprennent et des impôts qui sont toujours insuffisans, quoiqu'ils augmentent sans cesse, pourront enfin, s'ils ne sont pas diminués, réaliser la merveille de l'équilibre, en recevant un emploi vraiment profitable.

On aura bien assez désormais de cette milice, créée pour assurer le respect du *droit international* et organisée régulièrement, pour conserver les traditions du métier. Cette milice composée, par exemple, de 1000 hommes par million d'habitans, sera utilisée à l'intérieur pour faire le service de la sûreté publique. Une portion en serait distraite au besoin, si elle venait à être requise à l'étranger, pour appuyer une décision de la *Haute-Cour des conflits,* à laquelle on pourra définitivement donner le nom de *Congrès international permanent.*

Est-ce que les peuples pourraient regretter la *conquête*? Elle ne leur profite jamais et ce sont toujours eux qui la paient de leur sang et de leur argent. Pour qu'elle leur profitât, il faudrait que les terres conquises leur fussent distribuées avec leurs habitants, ce qui leur procurerait la fortune et le bien-être. Bien loin qu'il en soit ainsi, le soldat qui n'est pas tué s'en retourne aussi pauvre qu'auparavant, trop heureux s'il n'emporte pas quelque infirmité; et la *conquête* n'aboutit jamais qu'à donner plus de puissance à un despote, en jetant de nouveaux peuples sous un même joug qui sera également pesant pour tous.

Nous regardons enfin comme un avantage inappréciable pour les peuples le fait de pouvoir désormais dire qu'ils possèdent par *droit* le territoire qu'ils occupent. Sans doute, ce *droit* ne sera que relatif, son effet sera restreint au cercle des adhérens à la *convention territoriale*, mais comme il y a lieu de croire que cette *convention* deviendra universelle, on peut prévoir l'époque où elle formera un système véritablement complet, en embrassant la totalité du monde civilisé. Une *convention* séparée de *Reconnaissance territoriale* peut être faite, par exemple, pour l'Europe, pour l'Asie, pour l'Amérique et un lien supérieur pourra ensuite retenir ces trois conventions dans un contrat de solidarité générale.

Observons, avant de terminer, qu'une *Reconnaissance* d'une certaine espèce se pratique déjà entre les nations. Lorsqu'un gouvernement nouveau s'établit, il demande à être reconnu par les autres ; lorsqu'un nouveau chef de dynastie monte sur un trône, il demande à être reconnu par ses frères en souveraineté. Cette sorte de *Reconnaissance* n'implique absolument rien en faveur de la *possession du territoire*. Elle ne se fait que de gouvernement à gouvernement, que de prince à prince et ne peut nullement suppléer la *Reconnaissance territoriale*. Elle signifie simplement que les gouvernemens ou les princes tiennent le nouveau gouvernement pour capable de fonctionner ou le nouveau prince pour définitivement installé sur son trône. La *Reconnaissance territoriale* au contraire ne peut être pratiquée que de peuple à peuple et consentie, pour chaque agglomération, par des mandataires spéciaux et dans un pacte spécial.

§ IV.

DE LA NON-CONSTITUTION DU DROIT DANS LA POSSESSION POLITIQUE.

I.

Nous donnons le nom de *possession politique* à la possession du pouvoir souverain par l'individualité chargée de le mettre en action pour gouverner les peuples. Cette individualité se reconnaît ordinairement aux titres de prince, roi ou empereur.

Or, nous avons à faire pour la *possession politique* à peu près les mêmes observations que pour la *possession nationale*, à savoir : que non-seulement le *droit* n'y existe pas sous la forme que nous appelons CONSTITUÉE, mais encore qu'il n'y existe généralement sous aucune forme et qu'en outre l'opinion des princes, tout aussi bien que celle des peuples, vient parfaitement confirmer cette doctrine.

Parmi les investitures actuelles, il en est assurément beaucoup qui présentent plus ou moins les apparences du *droit*.

Nous concèderons volontiers que tous les princes croient sincèrement à l'entière légitimité de leur situation ; nous admettons également que, dans chaque peuple, la grande majorité de la population s'imagine de très-bonne foi partager leur croyance sur ce point.

Mais, au fond, peuples et princes se trompent sur leurs propres sentiments. Comme pour la *possession nationale*, l'opinion réelle des intéressés ne peut se tirer que de leurs actes et il ne nous sera pas difficile de démontrer qu'en cette matière peuples et princes agissent complétement et toujours comme s'ils ne croyaient pas au *droit*.

Sans avoir besoin d'aller chercher plus loin, nous trouverons une preuve irrécusable de cette vérité dans l'*usurpation*, que tous les princes pratiquent, que tous les peuples ratifient et qui, comme négation absolue du *droit*, peut exactement se placer à côté de la *conquête*.

De tout temps, on a vu des rois détrôner des rois, et cela, non pas pour l'intérêt du vainqueur ni du vaincu, mais seulement pour le besoin de se faire un vain renom devant la postérité, en ajoutant à l'histoire quelques pages sanglantes de plus.

Pour ne citer, autant que possible, que des exemples universellement connus, nous rappellerons d'abord Alexandre qui se crut bien en *droit* de détrôner Darius, événement qui coûta la vie à ce prince. Nous avons déjà dit qu'il alla jusqu'à Porus, sur la frontière de l'Inde, et que, s'il lui laissa son trône, ce ne fut qu'après l'en avoir précipité, ce qu'il considérait comme fort glorieux pour lui. L'histoire ne prend pas même la peine de donner tous les noms des petits souverains qu'il renversa, se bornant à mentionner en courant l'annexion de leurs royaumes, fait qui niait en même temps le *droit* de la *possession nationale*.

Deux siècles auparavant, Tarquin-le-Superbe faisait assassiner à Rome, sur les marches mêmes du Sénat, le roi Servius-Tullius, son beau-père, afin de s'emparer du trône. La rue où l'attentat fut commis fut, il est vrai, appelée *Rue du Crime*, (*vicus sceleratus*), mais ce fut moins à cause de l'attentat en lui-même qu'à cause de l'acte infâme de Tullia qui y força son cocher de faire passer son char sur le cadavre de son père. Tarquin fut en effet accepté comme roi, sans aucune opposition, et aucun historien n'a songé à le présenter simplement comme un assassin vulgaire, coupable d'un parricide suivi de vol.

Alexandre nous montrait l'*usurpation* extérieure triomphante ; Tarquin nous montre l'*usurpation* intérieure absoute et consacrée.

Et qu'on n'objecte pas la barbarie des temps antiques. Nous allons voir l'*usurpation* traverser les âges et se maintenir en pleine faveur jusqu'à nos jours.

— Nous pourrons prendre l'Empire romain pour transition. Les *usurpations* n'y sont pas très-nombreuses, dans le sens que nous signalons, mais elles s'y rencontrent pourtant assez souvent pour continuer la tradition.

La première est celle de Vespasien qui se fait proclamer (l'an 69) du vivant même de Vitellius, qui était l'empereur légitime.

Vers l'an 195, quatre empereurs sont proclamés à la fois, Didius, Pescennius-Niger, Albinus et Septime-Sévère. Septime-Sévère fait successivement couper la tête à ses trois rivaux et finit par régner seul.

Peu après, Caracalla, qui avait lui-même fait assassiner son frère Géta pour ne point partager le trône avec lui, est massacré par Macrin, préfet du prétoire, qui se fait couronner à sa place.

En 235, Alexandre-Sévère, dont l'histoire vante les vertus, fut renversé par le Thrace Maximin qui avait tous les vices.

A la même époque, l'empire entier se couvre d'*usurpateurs* qu'on appelle les *trente tyrans*.

Au temps même où les Francs s'établissaient en Gaule, Pétronius-Maximus détrônait Valentinien III et, après lui, le ministre Ricimer éleva successivement et fit disparaître Avitus, Majorien, Libius-Sévère, Anthémius et Olybrius.

L'empire d'Occident n'avait plus alors que quelques années à vivre.

— Les commencements de l'histoire de France qui nous reportent au Ve siècle, ne nous montrent qu'*usurpations* entre frères qui s'assassinent et se dépouillent.

La seconde race s'inaugure par l'*usurpation* de Pépin qui fait raser Childéric III en 752, et le renferme dans le monastère de Saint-Bertin.

Au IXe siècle, Charlemagne détrône Didier, roi des Lombards et dans le même temps, Egbert, un des sept rois de l'Heptarchie anglo-saxonne, détrône ses six voisins pour s'emparer de toute l'Angleterre.

La seconde race finit bientôt, comme la première, par l'*usurpation* de Hugues-Capet qui se fit proclamer roi à Noyon, en 987, au détriment de Charles I, qui fut pris et renfermé à Orléans.

En 1017, Canut II, roi de Danemark, descend en Angleterre, tue Edmond II, dernier roi, et monte sur le trône.

Cinquante ans après, Guillaume-le-Conquérant détrônait Harald qui périt à la bataille d'Hastings.

Si nous tournons nos regards vers l'Italie, nous voyons que les Papes, rois eux-mêmes, partagent instinctivement l'opinion commune sur le prétendu *droit* des rois. Grégoire IX dépose Frédéric II du titre de roi de Naples et offre la couronne à Robert d'Artois, frère de Louis IX, (1237). Le sage roi refusa pour son frère et reprocha au Pape de vouloir « *fouler, avec l'empereur, tous les rois sous ses pieds* (1). »

(1) V. Duruy. — On peut observer ici que, se tenant pour les représentants de la *divinité*, les Papes pourraient à la rigueur se donner logiquement pour les interprétateurs du *droit divin*. Mais la Papauté elle-même a connu les *usurpations*. Il y a eu plus de quarante *antipapes*, et Benoît XIII,

Sans quitter le même pays, nous trouvons Alphonse, roi d'Aragon et de Sicile, détrônant, à Naples, en 1450, René d'Anjou qui en était le roi régulier, et ensuite Charles VIII détrônant, en 1495, Ferdinand II : après quoi, le trône fut repris, en 1504, par Ferdinand de Bourbon, dit le Catholique.

Nous n'avons qu'à repasser en Angleterre pour voir Guillaume de Nassau, prince d'Orange et Stathouder de Hollande, venant y détrôner, en 1688, Jacques II, son beau-père, qu'il réduit à venir vivre en France des bienfaits de Louis XIV. Cet *usurpateur* fut le fondateur de la Maison de Hanovre qui règne encore aujourd'hui.

— Arrivons au siècle présent, et nous y verrons la *possession politique* tout aussi peu respectée que dans tous ceux dont nous venons de tracer l'historique.

La République française nia carrément le *droit* des rois, qui lui niaient le *droit* d'être ; mais ce que nous devons relever surtout, c'est qu'après s'être fait décerner la couronne, Napoléon ne respecta pas davantage le *droit* de ceux dont il était devenu l'égal. Il abattit des trônes, il créa des trônes ; il fit rois tous ses frères et son beau-frère, les destituant et les changeant comme de simples commis : c'est ainsi qu'il condamna, par ses

l'un d'eux, retint notamment la qualité de pape jusqu'en 1425, malgré sa double déposition, au concile de Pise et au concile de Constance. C'était la suite du Schisme d'Occident que tout le monde connaît et qui débuta par la nomination d'Urbain VI, à Rome, en 1378 et celle de Clément VII, à Avignon, dans la même année.

exigences, Louis, roi de Hollande, à abdiquer (1) et envoya, en 1808, Joseph sur le trône d'Espagne, l'enlevant de celui de Naples où Murat dut le remplacer.

Napoléon tombe définitivement en 1815. On ne tint pas compte de son *droit* qu'il avait pourtant voulu asseoir sur la *légitimité de l'élection*, en faisant ratifier son élévation par le suffrage populaire, le 18 mai 1804. Il avait eu 3,572,329 voix sur 3,574,898 votants.

Cependant la *légitimité de l'hérédité* est proclamée le 22 juin 1815, dans la personne de Louis XVIII. Apportera-t-elle un *droit* moins contesté, plus durable !

Nous n'attendrons que quinze ans pour la voir périr à son tour, en juillet 1830 et ce sera le cousin même du roi déchu (2) qui viendra inaugurer une troisième espèce *de légitimité*, basée sur l'*assentiment des gardes nationales*.

Nous arrivons ainsi jusqu'en 1867, année dans laquelle Guillaume I, roi de Prusse, renverse George V, roi de Hanovre et l'envoie achever ses jours dans l'exil. Et il y a quelques années seulement que Victor-Emmanuel, devenu roi d'Italie, s'est approprié la couronne du dernier roi de Naples, que Rome a recueilli comme un précieux représentant du *droit divin* méconnu.

(1) Lors du *blocus continental* qui ruinait la Hollande, il lui écrivait à peu près, dans une lettre devenue historique :

« Monsieur mon frère,

« Rappelez-vous que vous devez songer d'abord à mes in-
« térêts, puis à ceux de la France ; vous vous occuperez
« ensuite de ceux du royaume que je vous ai donné !... »

(2) Louis-Philippe.

Trouvera-t-on dans cette longue série de faits historiques assez de preuves du néant du *droit* de la *possession politique* aux yeux même de ceux qui en sont déjà investis ou aspirent à la créer à leur profit ? Nous avons déjà observé que, pendant tout le moyen-âge, les papes subordonnaient ce *droit* à leur propre puissance ; ils mettaient les royaumes en interdit, ils déposaient les rois à leur gré. Ce siècle même a vu la dépossession violente s'élever deux fois jusqu'à eux. En 1809, Pie VII fut détrôné par Napoléon et retenu deux années captif en France ; et, tout dernièrement, les trois plus belles provinces du royaume romain viennent d'être enlevées à la domination réelle de Pie IX, qui fut momentanément renversé, en 1848, par l'émeute populaire.

Les rois, les princes ont donc prouvé dans tous les pays, à toutes les époques, que, *de fait*, ils ne croyaient nullement au *droit* de la *possession politique*. Ils ont presque tous pratiqué l'*usurpation*, quand ils y ont été engagés par l'intérêt ou par l'ambition. Or, dans les sociétés où la *propriété* est organisée, vit-on jamais un individu enlever de vive force la maison d'un voisin ? Nul n'ose même supposer qu'un pareil attentat fût possible. — Pourquoi ? — C'est que tout le monde sent que le *droit* existe et est CONSTITUÉ dans la *propriété civile*.

— Quant aux peuples qui ont l'habitude de se résigner toujours au *fait accompli*, dans ces matières, on pourra se convaincre aisément qu'ils ne croient pas plus que les rois au *droit* de la *possession politique*. Les multitudes n'ont jamais eu scrupule de détrôner les souverains, lorsque les circonstances le leur ont permis et c'est rarement contre les plus méchants qu'elles se sont révoltées.

Les attentats ont souvent été consommés par les milices, quelquefois par de simples particuliers et les peuples, tout en déplorant les renversements par le meurtre, n'ont jamais crié à la violation du *droit*, comme ils le feraient si un individu tuait son voisin pour s'emparer ouvertement de son héritage.

Retournons à notre histoire romaine.

Des six premiers rois de Rome, quatre périssent de mort violente et le septième et dernier, Tarquin-le-Superbe, est renversé par le peuple indigné, à la suite de l'attentat commis par son fils Sextus sur la chaste Lucrèce.

Sous l'empire, la mort violente devient le sort habituel des princes.

Grâce fut faite à Auguste ; mais, après lui :

Tibère fut étouffé entre deux matelas par ordre de Macron, l'an 37 ;

Caligula fut tué par Chéréas, l'an 41 ;

Claude fut empoisonné par Agrippine, sa cinquième femme, l'an 54 ;

Néron, condamné par le sénat à périr sous les verges, se fait poignarder par Phaon pour échapper au supplice, l'an 68 ;

Et la même année 69 voit : Galba massacré par ses soldats ; Othon réduit à se tuer après la bataille de Bédriac ;

Vitellius égorgé par la populace.

Sur trois Flaviens, Domitien, le troisième, est assassiné par sa femme et ses officiers.

Le sixième des Antonins, Commode, fils de Marc-Aurèle, est empoisonné, puis étranglé, l'an 192.

Pertinax son successeur est tué par un soldat.

De quatre empereurs qui se font proclamer après lui, trois sont décapités par Septime-Sévère, leur compétiteur victorieux.

Des deux fils de Septime-Sevère, Caracalla et Géta, Géta est assassiné par ordre de Caracalla, son frère, et Caracalla est tué par Macrin, l'an 217.

Macrin est tué à son tour après la bataille d'Immæ, l'an 218.

Héliogabale qui lui succède est poignardé dans les latrines du camp, l'an 222.

Alexandre-Sévère est massacré par les légions, l'an 235.

Maximin est massacré en entrant dans la campagne de Rome, l'an 238.

Rappelons pour mémoire Valérien, pris par Sapor, roi des Perses, et écorché vif par son ordre, après lui avoir, pendant deux ans, servi de marche-pied pour monter à cheval.

Passons Gallien et Claude et nous trouverons encore :

Aurélien, tué par ordre de son secrétaire, l'an 275 ;

Tacite, assassiné par ses soldats, l'an 276 ;

Probus, tué par ses soldats, l'an 282.

Carus est frappé de la foudre ; mais de ses deux fils, Numérien est assassiné par ordre de son beau-père, Arius-Aper, et Carin est égorgé par un tribun, l'an 284.

Dioclétien abdique ; pas un de ses successeurs n'échappe jusqu'à Constantin qui sépare l'empire entre ses trois fils, dont deux furent tués, l'un en 340, l'autre en 358.

Nous voyons ensuite Valens, blessé, brûlé vif par les légions dans une chaumière où il s'était caché, l'an 378 ;

Gratien, son fils, tué à Lyon, par Maxime, et Valentinien II, son second fils, assassiné par Arbogast, à Vienne, en Dauphiné, l'an 389.

Ce ne sont plus guère que des assassinats jusqu'à l'année 476 qui marque la fin de l'empire de Rome, par le couronnement d'Odoacre.

Tel est le cas que leurs sujets, petits et grands, faisaient jadis du *droit* et même de la vie des personnages soi-disant marqués du *sceau divin*. Leur crédit et leur prestige ont-ils augmenté dans la suite ?

Ne nous arrêtons pas aux époques barbares, où tous les attentats sont mis sur le compte de l'ignorance.

En 673, Childéric II, roi de la première race, est assassiné dans un bois par Bodillon, seigneur français, qui n'hésite pas à se venger ainsi d'avoir été injustement condamné par le roi à être battu de verges.

En 986, Lothaire, avant-dernier roi de la deuxième

race, est empoisonné, à Rheims, par Emma, sa femme, fille du roi d'Italie.

En 1327, Edouard II, roi d'Angleterre, périt assassiné par l'ordre d'Isabelle, sa femme, qui lui fait introduire un fer rouge dans le fondement.

En 1560, Henri Stuart, roi d'Ecosse et époux de Marie Stuart, sa cousine, est assassiné à Edimbourg, par le comte de Bothwel, d'accord avec la reine dont il était l'amant et dont il devint le mari.

En 1589, Henri III est assassiné, à Saint-Cloud, par le moine Jacques Clément.

En 1610, Henri IV, un des meilleurs rois de France, tombe rue de la Ferronnerie, sous le poignard de Ravaillac.

En 1757, Damiens manqua Louis XV.

— Puis vient le tour des peuples.

Charles Ier, roi d'Angleterre, vaincu par ses sujets révoltés, est jeté en prison sur l'ordre du Parlement. Un procès lui est fait avec l'apparence des formes juridiques et il a la tête tranchée sur le billot, le 9 février 1649. C'était un prince qui valait assurément mieux que ses accusateurs et ses juges.

Le siècle suivant, la France marche sur les traces de l'Angleterre. Louis XVI, suspendu de ses fonctions dès le 10 août 1792, a aussi son procès devant la Convention. Il est accusé d'avoir appelé l'étranger en France pour le soutenir contre le peuple. Condamné à mort, il est exécuté le 21 janvier 1793.

Le siècle présent ne déroge point aux vieilles traditions.

Il s'inaugure par l'assassinat de Paul Ier, empereur de Russie, poignardé dans son palais, en 1801 (1).

Napoléon tombe deux fois dans la même année, renversé, il est vrai, par l'étranger, mais après avoir tant fatigué la France par son despotisme, que toutes les classes oublient le sentiment de la nationalité pour applaudir à sa chute. Triste leçon de l'histoire ! Et le dernier prix de tant de conquêtes fut la honte de payer 1,200 millions aux coalisés, jointe à celle d'avoir à supporter et à entretenir pendant trois ans une armée de 150 mille Prussiens (2) !

Terminons en rappelant qu'en juillet 1830, l'émeute populaire jette Charles X à terre, sans nul souci du *droit divin* qui l'avait fait appeler au trône ; que, le 24 février 1848, Louis-Philippe est précipité à son tour par la multitude révoltée et que cette année même (1868), la reine d'Espagne, Isabelle II, vient d'être chassée du trône par un soulèvement parti de l'élément militaire, mais auquel la nation entière s'est tout d'abord associée avec enthousiasme.

---

(1) Le comte de Pahlen et le général Benningson, véritables auteurs de l'assassinat, furent ostensiblement désapprouvés par Alexandre ; ils ne furent point punis, pas même disgrâciés !

(2) V. Duruy.

II.

En présence de cette longue liste d'attentats, on sera tenté d'observer que, pour être méconnu, le *droit* peut n'en pas moins exister, qu'on s'attaque tous les jours aux institutions les plus légitimes et que, parce qu'on aura réussi à les renverser une fois, deux fois, dix fois même, ce ne sera point une raison pour qu'elles ne représentent pas réellement la *justice* et pour que leur renversement ne soit pas réellement un acte coupable.

Nous répondrons que cette objection n'est pas applicable à la circonstance. Il est en effet des cas où l'on s'attaque à ce qui est *juste*, tout en sachant que c'est le *juste* et où l'auteur de la violence sait fort bien lui-même qu'en la commettant, il commet une action condamnable. Il n'en est point ainsi à l'égard des attentats contre la *possession politique*, puisque, comme nous l'avons déjà remarqué, les rois se font un titre de gloire de se détrôner entre eux et que les peuples aussi, loin de regarder les détrônements comme des crimes, montrent la plus franche admiration pour les briseurs de couronnes, finissant toujours par accepter le *fait accompli* qui aura su mettre le temps de son côté.

Eh bien, princes et peuples sont véritablement logiques dans leur conduite, si regrettable et si funeste qu'elle soit ; là où ils ne le sont pas, c'est dans les sentimens qu'ils affectent et avec lesquels leurs actes ne tardent pas à les mettre, ainsi qu'on l'a vu, en contradiction complète.

Ils proclament volontiers le *droit* dans la *possession politique*, par suite de leur immense désir de l'y voir en effet établi. Ils cherchent à se créer à eux-mêmes une heureuse illusion et s'y encouragent mutuellement, tant qu'ils se tiennent dans le domaine des aspirations : mais lorsqu'il s'agit d'entrer dans la pratique, la réalité reprend bientôt son empire et les entraîne les uns et les autres dans la voie qui répond à la vérité matérielle.

Peuples et rois se conduisent donc absolument comme si le *droit* n'existait pas ou n'était pas CONSTITUÉ dans la *possession politique*, ce qui est exactement la même chose et nous ne craignons pas d'affirmer qu'ils sont alors dans le vrai, que c'est seulement alors qu'ils y sont.

En effet, le *droit* n'existe pas dans la *possession politique*, vis-à-vis de l'*usurpation extérieure*, car tandis que la possession de son territoire par une nation n'est pas encore érigée en *droit* vis-à-vis de ses voisins, où pourrait-elle trouver le *droit* à leur opposer, pour les empêcher de toucher à son gouvernement ? Il est vrai que les rois se reconnaissent entre eux et qu'on pourrait mettre l'usurpateur du dehors en face d'un engagement précédemment pris : mais ce serait là matière à renvoyer au *Droit international* pour la placer sous sa sauvegarde. Or, nous savons que le *Droit international* n'est pas CONSTITUÉ et que, dans cette situation, chaque partie se croit toujours autorisée à reprendre sa parole, quand il lui plaît, pour ce seul fait qu'en se déliant d'abord, elle sera présumée tenir l'autre partie pour également déliée, genre de morale que nous avons déjà flétri.

Entre princes étrangers, il n'y a donc pas seulement

trace de *droit* dans la *possession politique*, pour la couvrir contre les attentats du dehors.

Pour ce qui est de l'*usurpation intérieure* ou accomplie dans une société par un de ses citoyens, on ne pourra pas dire que le *droit* soit vis-à-vis d'elle toujours complètement absent de la *possession politique*. Cependant, on n'aura pas de peine à se convaincre que le *droit* n'existera pour lors tout au plus que sous la forme *idéale*, (1) qui ne lui donne aucune force, parce que les priviléges de la *possession politique* ne sont jamais *définis* ou ne le sont que dans des *constitutions* imparfaites et que, fussent-ils convenablement *définis*, la *garantie*, qui doit toujours compléter le *droit*, ne présenterait point les conditions voulues, en ce qu'elle ne serait point réciproque. Cette vérité ressort de ce que les rois ont en effet la faculté de tout faire pour maintenir leur *possession* contre les peuples, tandis que les peuples n'ont aucun moyen légal d'arrêter ou déposer un prince qui abusera de son autorité.

Dans ce cas, le *droit* n'est point CONSTITUÉ, parce qu'il n'est *garanti* que d'un côté, lors même qu'il serait d'ailleurs *défini*. Tout *droit* qui n'est point CONSTITUÉ n'ayant point le don d'obliger les parties, il en résulte que la NON-CONSTITUTION du *droit* dans la *possession politique*, vis-à-vis des citoyens, la laisse logiquement à la merci de l'*usurpation intérieure*.

Nous l'avons déjà dit, le *droit* est dans la *possession civile*, telle qu'elle est organisée dès aujourd'hui chez les nations éclairées, parce qu'en effet il y est *défini* et de

(1) Par la présomption d'un contrat tacite.

plus *garanti* envers et contre tous : d'où il suit qu'il y est CONSTITUÉ. Or, on ne niera pas que tel individu qui se glorifiera de conspirer la chute du souverain de son pays, pour se mettre à sa place en s'emparant du trône, n'aurait jamais l'idée de renverser le plus petit propriétaire de son voisinage pour s'implanter dans sa maison : c'est là une preuve irréfutable qu'il est également sensible pour tout le monde que le *droit* n'a point la même solidité dans la *possession politique* que dans la *possession civile* et nous n'hésitons pas à le déplorer ; car si nous voulons la situation des chefs d'Etat aussi réduite que le *juste* l'exigera, c'est avant tout pour qu'elle soit inexpugnable dans le *droit*, une fois régulièrement CONSTITUÉ.

III.

Les inconvéniens tant de l'*absence* du *droit* que de sa NON-CONSTITUTION dans la *possession politique* sont faciles à reconnaître et nous allons en signaler rapidement les plus considérables.

Nous noterons en première ligne l'*usurpation* du *dehors* et celle du *dedans* auxquelles nous avons vu que les portes restent ouvertes et qui, dans l'état, ne peuvent pas être strictement taxées de coupables, puisqu'elles ne s'attaquent point au *droit* établi dans la seule forme qui doive le rendre inviolable.

En principe, l'*usurpation* est toujours funeste, car elle remplace inévitablement une nombreuse suite de gens qui devaient être repus, par une fournée immense et toute neuve d'appétits qu'une longue attente aura aiguisés jusqu'à la fureur.

Vis-à-vis de l'*extérieur*, elle met tous les peuples à la merci de quelque soldat heureux, qui aura beaucoup à spolier pour enrichir ses compagnons. Ce nouveau venu sera tout d'abord odieux comme vainqueur ; il le sera également comme étranger et il le deviendra toujours davantage, soit qu'il veuille détruire une nationalité qui refusera de souscrire à sa ruine, soit qu'il veuille seulement apporter des coutumes ou des lois qui déplairont et qu'il lui faudra imposer par la force.

Venant de l'*intérieur* l'*usurpation* produira des fruits également amers.

— Elle ôtera tout d'abord la foi dans la plus haute des institutions, apportera des troubles périodiques dans la possession du pouvoir et, des fidèles aux princes déchus, elle créera des partis persistants qui, oubliant tout patriotisme, mettront, dans leur propre intérêt, la cause d'un eul au-dessus de la cause de tous (1).

Il résultera de cette situation que le nouveau souverain devra presque traiter en ennemi le tiers ou le quart de la nation et que, pour contenir les mécontents, il lui faudra faire des lois qui mécontenteront tout le monde.

Pour peu que trois ou quatre *usurpations* se soient

(1) Ce sont ces gens-là qui, infidèles à leur patrie pour être fidèles à un homme, s'attachent à la fortune d'un prince comme au moyen le plus chanceux d'arriver à faire la leur. Ces dévouements ne sont respectables ni pour la patrie, ni même pour celui qui en est l'objet.

succédé chez le même peuple, dans l'espace d'un demi siècle, on y verra la nation divisée en trois ou quatre partis hostiles dont chacun conspirera secrètement pour le retour du prétendant dont il espèrera les faveurs.

— Après l'*usurpation*, vient l'*insurrection*, qu'il est difficile d'appeler un *droit*, mais dont on peut du moins dire qu'elle a été quelquefois proclamée « *le plus saint des devoirs*. »

Nous n'hésiterons pas à reconnaître que l'*insurrection* est toujours regrettable, ne le fût-elle que dans ses expédiens, car elle ne procède que par bonds d'une folle énergie, son pardon ne pouvant sortir que de son succès : telle faction, qui obtient la couronne en triomphant, eût été traînée à l'échafaud, si elle avait eu le dessous (1). Aussi se précipite-t-elle tout d'abord pour renverser, sans songer à ce qu'elle édifiera, le temps de rédiger un programme pouvant compromettre l'entreprise

(1) Transcrivons, pour l'édification du lecteur, cette copie curieuse et légèrement amplifiée des nouvelles du *Moniteur*, lors du retour de l'île d'Elbe, en mars 1815 :
Le 1er L'*Anthropophage* est sorti de son repaire ;
Le 2 L'*ogre* de Corse vient de débarquer au golfe Juan ;
Le 3 Le *tigre* est arrivé à Gap ;
Le 4 Le *monstre* a couché à Grenoble ;
Le 5 Le *tyran* a traversé Lyon ;
Le 6 L'*usurpateur* a été vu à soixante lieues de la capitale ;
Le 7 BONAPARTE s'avance à grands pas; mais il n'entrera jamais dans Paris ;
Le 8 NAPOLÉON sera demain sous nos remparts ;
Le 9 L'EMPEREUR est arrivé à Fontainebleau ;
Le 10 SA MAJESTÉ *impériale* et *royale* a fait hier son entrée à *son* château des Tuileries, au milieu de ses fidèles sujets.

— Il y a une grave leçon sous cette bouffonnerie officielle. Le maréchal Ney, fusillé quelques mois après, l'apprit à ses dépens.

en l'éventant ; et d'ailleurs, on ne s'entendrait jamais sur un programme raisonné, car chacun voudra profiter de l'occasion, pour jeter par terre tout ce qui blesse ses intérêts.

Tout le monde est donc d'accord pour condamner l'*insurrection.*

Est-il un peuple pourtant qui ne se soit un jour soulevé contre son gouvernement ? En est-il un seul qui consentît à s'ôter, si c'était matériellement possible, le moyen de se révolter jamais ? C'est que, tout en reconnaissant que l'*insurrection* est un mal, les peuples savent qu'ils peuvent toujours être frappés par l'*oppression,* et que, pour se débarrasser de l'oppression, ils n'ont d'autre moyen que la rébellion violente ou l'*insurrection.*

Or, la *faculté d'oppression* naît tout simplement de ce ce que la *possession politique* n'est pas convenablement *définie* dans ses privilèges et que, quand même elle serait *définie,* les peuples n'ont jamais de *garanties* régulières contre ses excès possibles ; et nous appelons *garanties* régulières celles qui reposeraient sur un contrôle normal, en même temps qu'efficace.

Il résulte de là que la *faculté d'oppression,* ouverte par la NON-CONSTITUTION ou même seulement par l'imperfection de la CONSTITUTION du *droit* dans la *possession politique,* implique logiquement la *faculté d'insurrection,* que tous les peuples se réservent *en fait,* pour en user au moment où ils en auront besoin.

— Etant donc admis que l'*insurrection* est un mal logique à la situation actuelle et que, quoi qu'en disent les peuples, ils la tiennent bien réellement pour un *droit* dont ils se glorifient d'avoir usé quand cela leur réussit, il arrivera que la seule possibilité de l'*insurrection* deviendra elle-même la source de désordres funestes.

En effet, la perspective constante de soulèvements, susceptibles d'être applaudis, conduit naturellement le pouvoir à l'exagération. Sentant l'insuffisance, sinon l'absence totale du *droit* en lui, sentant qu'on apprécie sa situation pour ce qu'elle vaut, il ne songe qu'à s'entourer de satellites et de restrictions de toute sorte et il pousse à la révolte précisément en faisant trop pour la prévenir. On trouverait bon qu'il fût plus fort que chaque faction ; on s'inquiète de le voir plus fort que tout le monde, quand on n'a aucun frein légal et réel pour l'arrêter dans ses écarts.

— Un dernier résultat de l'*absence* et de la NON-CONSTITUTION du *droit* dans la *possession politique*, c'est de tenir la vie du prince plus exposée que celle de tout autre individu.

Il est notoire que le meurtre d'un roi n'est point absolument considéré du même œil qu'un crime civil, n'a point les mêmes couleurs dégradantes que l'assassinat d'un simple particulier. Il s'en faudra de bien peu que le meurtrier d'un mauvais prince ne devienne un héros et il est à remarquer que bien des hommes qui attentent à la vie des rois, sans en éprouver de scrupule, se défendraient comme d'un forfait abominable d'attenter à la vie d'un citoyen comme eux, leur eût-il causé les plus grands dommages.

D'où vient cette singularité ? D'où vient qu'un individu qui ne tuerait pas un simple particulier pour des vexations considérables, tuera un roi pour un passe-droit insignifiant, comme fit Pausanias de Philippe de Macédoine ou pour une insulte, relativement peu sérieuse, comme firent Harmodius et Aristogiton du roi d'Athènes, Hipparque? D'où vient qu'autrefois les peuples montrèrent toujours une grande indulgence pour ces sortes de violences et qu'aujourd'hui encore ils ne flétriront point un régicide comme un assassin des grandes routes? Car les attentats à la vie des princes ne sont pas plus rares aujourd'hui qu'autrefois? Le poignard et le poison sont seulement remplacés par les machines infernales, les projectiles et les bombes au fulminate (1).

Ce relâchement exceptionnel de la conscience à l'égard des souverains, est d'autant plus extraordinaire qu'ils se plaisent à s'attribuer une consécration surnaturelle, se couvrant du pompeux titre de *Majesté*, se donnant au public comme des personnages *augustes* qu'on ne devrait pas même toucher sans éprouver un frémissement religieux.

(1) La machine infernale de Saint-Régent dirigée contre Napoléon Ier tua le cheval d'un de ses gardes, ainsi qu'une cinquantaine de curieux et renversa plusieurs maisons.

C'était une coutume qu'il fût tiré sur Louis-Philippe, lors des revues de la garde nationale.

Le règne actuel a vu les bombes d'Orsini qui tuèrent un des chevaux de la voiture impériale, en face de l'Opéra.

— « Ce qui déjouait les conspirateur, disait Napoléon, c'est que personne ne savait cinq minutes auparavant que je dusse sortir ni où je devais aller. »

(*Napoléon dans l'exil*, 27 février 1817).

Cette précaution donne une idée de la continuité du péril !

— Avant d'être atteint par Ravaillac, Henri IV avait été manqué dix ou douze fois, notamment par Pierre Barrière, par Jean Châtel, par le moine Pierre Ouin, par un vicaire de Saint-Nicolas, en 1595, par un tapissier, en 1596, etc.

Il s'explique cependant par le seul fait de la NON-CONSTITUTION du *droit* dans la *possession politique* et spécialement par celui de la *non-réciprocité* des garanties facile à constater dans toutes les investitures empiriques.

Les princes ont horreur de voir leur pouvoir véritablement limité ; s'ils acceptent un contrôle apparent, c'est toujours en se réservant des moyens sûrs de ne point s'y soumettre. Chargés d'appliquer la loi, ils se mettent *au-dessus de la loi,* comme s'ils y trouvaient plus de dignité, et ils ne songent pas en se mettant *au-dessus de la loi,* que cela revient pour eux à se mettre *hors la loi.* L'histoire est pleine d'exemples du peu de cas qu'ils font de la vie de ceux qui les gênent (1), par suite de l'impunité que leur assure l'absence de tous juges. Les peuples s'autorisent de cette considération pour les plaindre moins que d'autres, lorsqu'ils sont frappés à leur tour comme l'ont été leurs victimes.

Les régicides s'expliquent encore mieux, lorsqu'on peut y reconnaître l'influence du fanatisme politique ou religieux. L'assassin voit alors dans le prince un criminel odieux à la divinité, un usurpateur odieux et funeste à la nation et que cependant il ne peut traduire devant aucun tribunal pour le convaincre de son indignité. Il se prend dans son exaltation pour l'instrument de la justice supérieure, et sachant d'ailleurs qu'il joue sa propre vie pour arracher la vie au monstre, il se flatte d'accomplir un sacrifice méritoire, pieux, respectable, en délivrant sa patrie de celui qui en est à ses yeux le fléau.

(1) En tête on peut placer celui du saint roi David qui voua sciemment à la mort Urie, son général et son ami, pour s'emparer de sa femme Bethsabée.

Quant aux meurtres des princes, accomplis pour la seule satisfaction d'une vengeance privée, dans des cas où l'on ne frapperait pas un simple citoyen, ils s'expliquent encore par l'absence des qualités du *droit* CONSTITUÉ dans la *possession politique.* Un individu n'a en effet aucun recours légal contre l'injustice d'un roi et pour lors il s'irritera d'autant plus des excès, que le fait de les commettre sans avoir de compte à rendre, leur donne une certaine couleur de lâcheté. Dès ce moment, englobant la cause de tous dans sa cause propre, il se pose en vengeur de la justice outragée et immole sans merci celui qui la méconnaît, quand il devrait la respecter le premier.

Il ne lui viendrait jamais à l'idée d'agir de la même manière à l'égard d'un particulier, parce qu'il sait qu'il a contre ses égaux la vindicte des lois, qu'il lui est toujours loisible d'invoquer et que sa vie est sûrement protégée contre eux par la même loi qui défend la leur contre lui : ce qui résulte de la CONSTITUTION réelle et complète du *droit* dans la domaine des rapports purement *civils* ou d'individu à individu.

IV.

Malgré tous les maux que nous venons de relever, le *droit* pourra être *introduit* et CONSTITUÉ dans la *possession politique,* tout aussi bien que dans la *possession nationale* et nous verrons qu'il peut s'y CONSTITUER de manière à y établir l'*inviolabilité* contre l'*usurpation du dehors*, tout aussi bien que contre l'*usurpation du dedans*.

Occupons nous d'abord de le CONSTITUER vis-à-vis de l'*intérieur*.

Nous dirons tout de suite que nous n'acceptons pour le *droit*, dans la *possession politique*, le bénéfice d'aucune origine extrà-naturelle ; que, pour nous, on ne naît pas plus *roi quand même* que *propriétaive quand même*; que nous admettons seulement qu'on puisse naître dans des conditions permettant légitimement la revendication et la prise de possession d'un trône, comme la revendication et la prise de possession d'un héritage privé, les deux titres ci-dessus se perdant légitimement par la disparition des conditions qui les rendaientlégitimes.

Nous ne pouvons professer une autre opinion dans un travail où nous n'étudions le *droit* qu'au point de vue purement humain et ne voulons le demander qu'à la seule raison, prétendant que la seule raison peut en fournir les élémens dans toutes les matières comme dans toutes les occasions où l'on aura besoin de lui.

Ainsi, nous devons repousser ici le prétendu *droit divin* qui ne saurait présenter aucun des caractères constitutifs du *droit* rationnels et dont nous avons vu d'ailleurs que les peuples et les rois eux-mêmes font également bon marché : les peuples, lorsqu'il gêne leurs intérêts ; les rois, lorsqu'il contrarie leur ambition.

Nons dénions de même au *fait accompli*, dans la *possession politique*, toute vertu productive du *droit*, comme nous la lui avons déniée à l'égard de la *possession nationale*. Il n'y aurait plus de *droit*, si la simple matérialité d'un *fait* pouvait l'engendrer, puisque la première mission du *droit* est précisément de repousser l'arbitraire des actes (1). Fût-elle séculaire, immémoriale, une possession est toujours sans *droit*, lorsque le *droit* n'y a pas été CONSTITUÉ et c'est encore un point sur lequel peuples et rois sont en réalité parfaitement d'accord avec nous, puisqu'on voit journellement des rois détrôner des rois, avec la conviction qu'ils ne violent point le *droit* et des peuples renverser les plus vieilles dynasties, avec la conviction qu'ils usent du *droit*, bien loin de le violer.

Si donc, dans la *possession politique*, le *droit* ne peut naître de la seule influence d'une situation fortuite ou d'un fait individuel, parce que la logique ne veut pas que, dans une question où deux intérêts sont engagés, un privilége puisse se produire indépendamment et au détriment de l'autre (2), il en résulte que, là comme dans la *possession nationale*, le *droit* ne peut naître que d'une *convention* réciproque entre le prince et la nation ; et il en résulte en second lieu que, dans la *possession politique*, le *droit* ne peut être que *conventionnel*.

Or, nous savons qu'il n'est point de conjoncture ni de matière dans la quelle deux ou plusieurs parties ne puissent introduire le *droit* au moyen d'une *convention*, circonscrite dans ce qui les regarde et librement consentie

(1) Voir Première partie, § XI, neuvième alinéa.

(2) Ici les deux intérêts sont celui du souverain et celui de la nation.

— Voir le dernier alinéa du § IV, de la Première partie, p. 16.

par elles (1) ; et nous ajouterons qu'il n'y a point de motif particulier pour que l'investiture politiqne ne puisse pas se prêter aux exigences théoriques de la *convention*. Le moyen de faire entrer le *droit* dans la *possession politique* est donc encore tout trouvé et c'est toujours le même que nous avons déjà employé deux fois avec succès.

Quels seront les termes, les phases de la *convention ;* de quelle manière devra-t-elle être faite et acceptée ?

Sans nous préoccuper de la façon dont les choses se passent, essayons tout de suite d'établir en peu de mots comment elles doivent se passer, pour conduire rationnellement à la CONSTITUTION du *droit*.

— Un peuple s'est formé.

— Il s'est donné une *Constitution civile* dans laquelle le *droit* individuel ou privé est *défini* et *garanti*.

— L'instrument de la *garantie civile* se trouve être dans une délégation de l'action collective, avec accompagnement d'une force réelle, suffisante pour en assurer les effets.

(1) Cette dernière condition est reconnue et consacrée dans le Code civil français lui-même :

Art. 1108. — Quatre conditions sont essentielles pour la validité d'une *convention :*

1° Le consentement de la partie qui s'oblige.... etc.

Art. 1109. — Il n'y a point de consentement valable, si le consentement n'a été donné que par erreur, ou s'il a été extorqué par violence ou surpris par dol.

— Les principes de morale, vrais en matière civile, ne cessent pas d'être vrais en matière politique.

— Cette délégation représente l'*élément politique* et l'*élément politique* ayant besoin d'avoir ses voies tracées, pour être strictement maintenu dans son domaine spécial, l'ensemble des prescriptions destinées à régler son fonctionnement forme un statut particulier que l'on appelle *Constitution politique*.

N'oublions pas que tous ces travaux se sont produits dans des conditions qui permettent de supposer le parfait assentiment de la collectivité.

Or, on veut à la tête de toute la machine gouvernementale un *Magistrat suprême* chargé de faire observer les lois, conformément aux prescriptions édictées et de représenter en quelque sorte la personnalité de la nation, magistrat dont le pouvoir est spécialement qualifié d'*exécutif*.

Ici apparaît clairement, quelque nom qu'on lui donne, ce *Chef de l'Etat*, institué pour apporter la sécurité aux peuples et qui menace de devenir leur plus grand embarras.

Il s'agit donc de donner à ce magistrat une investiture telle qu'elle lui offre le *droit* dans les conditions où il implique rationnellement une inviolabilité absolue, ce qu'il ne peut faire qu'on étant *défini* et *garanti*.

Rien de plus facile que de lui donner la première de ces qualités. On atteindra ce résultat en rendant une loi qu'on peut appeler loi d'investiture et qui aura pour objet :

1° D'indiquer la genre de magistrature qu'on aura préféré : *Royauté*, *Empire* ou *Présidence ;*

2° De fixer le mode d'accession au pouvoir souverain, *élection*, *succession* ou *adoption* (1);

3° De déterminer les conditions personnelles à l'individu, par rapport à la nationalité, à la famille, au sexe, à l'âge, à l'honorabilité, à la capacité (2).

Telle est la partie du statut d'investiture souveraine où le *droit* prendra la qualité de *défini*. L'adhésion implicite du candidat à ce statut suffira pour lui donner le caractère d'une *convention* et dès-lors le *chef légitime* de *l'Etat* sera le *successeur* régulier en pays de *succession*, l'*élu* authentique en pays d'*élection*, le légataire désigné en pays d'*adoption*.

Mais, bien qu'existant désormais dans la *possession politique* jusqu'à un certain degré, le *droit* n'y sera point encore strictement *inviolable*, parce qu'il ne sera point *garanti*.

Or, il est à noter que la *possession politique* est une de ces matières où, pour être valable, la *garantie* a besoin d'être *réciproque*.

(1) L'*adoption* fut le mode pratiqué à Rome pendant toute la période des Flaviens et des Antonins.

(2) La *loi salique* est le plus ancien titre que la France puisse présenter comme loi d'investiture suprême. Cette loi, toujours observée, exclut les femmes du trône et établit la successibilité, de mâle en mâle, par ordre de primogéniture, de sorte que le fils aîné du fils aîné du souverain régnera par préférence à tous les autres princes, qui seraient ses oncles.

La dernière consécration de cette loi se retrouve dans le décret impérial du 18 — 31 décembre 1852.

— On sait que, contrairement à l'usage admis en France, les femmes peuvent régner en Angleterre, en Suède, en Russie, etc., et qu'avant la révolution de 1868, elles pouvaient régner en Espagne.

En effet, s'il ne convient pas que le *chef de l'Etat* puisse être dépossédé de sa prérogative, ni molesté dans l'usage qu'il en devra faire, il ne convient pas davantage que la collectivité soit exposée à ce que le *chef de l'Etat* puisse impunément mésuser de son mandat, le négliger en tout ou en partie, ou même le méconnaître au point de s'en faire un moyen de coupable oppression.

Il faudra donc que, dans ce cas, la *garantie* du *droit* satisfasse au double objet d'assurer la sécurité du *chef de l'Etat* contre les attentats possibles des citoyens et celle des citoyens contre les excès possibles du *chef de l'Etat*.

Cette double *garantie* ne peut résulter que de la création d'un grand corps de *Juridiction régulière* placé entre la nation et le dépositaire du pouvoir.

Admettons que ce grand corps de *juridiction* intermédiaire soit un *Sénat*.

Pour que le *Sénat* puisse répondre à sa mission, il faudra qu'il soit complètement indépendant et, pour cela, qu'il se recrute lui-même, au lieu d'être rempli par la faveur (1).

(1) Le procédé de recrutement que nous indiquerons plus tard sera celui-ci :

Il y aura deux sénateurs par département.

A chaque vacance, le Sénat nommera d'abord le nouveau titulaire ; puis cette nomination sera proposée à la ratification, par l'élection, du département auquel elle sera attribuée ;

Le vote se fera par *oui* ou *non*.

— La première création sera faite moitié par le chef de l'Etat, moitié par l'Assemblée législative, ces deux pouvoirs nommant chacun son sénateur par département. Les choix seront ensuite proposés à l'élection qui ratifiera ou récusera.

— Si le régime débutait par une Assemblée nationale consti-

Le sénateur serait nommé à vie.

— Telles seraient en gros les principales attributions du *Sénat* :

1° Il surveillerait la constitutionnalité de tous les actes accomplis par le *chef de l'Etat* et réclamerait au besoin l'accomplissement de tous les actes constitutionnels omis ou négligés.

2° Il relèverait et réformerait toute application abusive de la loi et maintiendrait l'observation des lois qu'on pourrait mettre en oubli par partialité ou pour toute autre cause.

3° Il annulerait les prescriptions qui ne pourraient s'appuyer sur aucune loi et veillerait d'une manière générale à ce que l'esprit d'aucune disposition ne fût faussé pour servir quelque ambition condamnable.

4° Il devrait en outre recevoir les plaintes de tous les particuliers, relativement aux matières énoncées ci-dessus, de manière que tout citoyen pût, le texte à la main, réclamer l'exécution d'une loi d'administration méconnue à dessein (1) et même l'application d'une loi pénale ou simplement onéreuse contre une individualité qu'on prétendrait favoriser injustement (2).

tuante, le *Sénat* se formerait naturellement des 178 membres les plus âgés, (en supposant qu'il s'agisse de la France).

(1) Dix fois par an, on signale des prescriptions légales qui ne sont pas observées du tout ou ne le sont pas dans les délais fixes.

(2) Dix fois par an, des lois sont appliquées contre les uns, qui ne le sont pas contre les autres. Des journaux sont exemptés du timbre pour pouvoir faire aux autres une concurrence

— Reste à régler les formes de la procédure constitutionnelle.

On évitera tout vain éclat. On ne mettra point en jugement la personne du *chef de l'Etat* (1), expédient exagéré dont on hésite à user à cause de son exagération même. On lui dénoncera simplement l'acte ou la négligence répréhensibles, en l'invitant à fournir directement ou par un procureur *ad hoc* les explications qu'il croira convenables et dont procès-verbal sera dressé.

La poursuite d'un acte non accompli ou en cours d'exécution sera suspensive. Lorsque les actes accomplis injustement porteront réparation pécuniaire, cette réparation sera prise sur les deniers du *chef de l'Etat* au cas où la faute sera jugée intentionnelle, sur les deniers publics si elle a été commise de bonne foi : il serait trop rigoureux de répondre sur sa bourse des erreurs excusables, faites en administrant la chose d'autrui (2).

déloyale. Dans les récents procès pour la souscription Baudin, le ministère public, à qui on reprochait de ne pas poursuivre tous les journaux qui avaient publié des listes, n'a-t-il pas osé prétendre qu'il avait le *droit* de poursuivre qui il voulait !... — Cela équivaut à dire qu'on a le *droit* de nier le *droit*, faculté que nous croyons surtout interdite aux tribunaux.

(1) Nous employons l'expression de *chef de l'Etat*, parce qu'elle est la plus générale et il ne nous coûte pas d'avouer dès à-présent que nous n'avons aucune antipathie systématique contre les titres de *roi* ou d'*empereur*. S'il en était un plus capable encore de séduire un esprit ambitieux, nous aimerions mieux l'accorder tout de suite en l'entourant de garanties convenables, que d'avoir sans cesse à craindre qu'on ne l'usurpât par une violation de la *Constitution politique*. La défiance engendre toujours de mauvaises relations.

(2) Les garanties résultant de l'existence d'un pareil *Sénat* ne sauraient se comparer à celles qu'offre un *Conseil d'Etat* qui n'a aucune initiative politique et qui, en matière administrative, peut accepter ou repousser *arbitrairement* les plaintes

Tout jugement rendu par le *Sénat* devra être strictement exécuté et il serait bon que sa juridiction fût mise à l'épreuve de temps à autre, afin d'accoutumer le public à ces formalités solennelles et de l'édifier par le spectacle du souverain lui-même se soumettant respectueusement à la loi.

Si, par impossible, le *chef de l'Etat* résistait à un jugement frappant un de ses actes ou lui interdisant telle faculté, il serait déclaré *traître à la patrie*, car il provoquerait à la *guerre civile*, qui est le pire des fléaux. Il se mettrait de fait en *déchéance*, de sorte que le *Sénat* ne ferait qu'accomplir une simple formalité en prononçant sa destitution. De plus, il se mettrait positivement *hors la loi*, se réduisant ainsi à ne plus pouvoir l'invoquer en sa faveur, de quelque attentat qu'il fût victime. On ne saurait plus être admis à réclamer le bénéfice des lois dans un pays où l'on veut en renverser l'édifice : cet état pourrait être appelé *interdiction civile* (1).

des citoyens. On invoque, sans cesse, pour les éconduire, l'art. 75 de la Constitution de l'an VIII, comme s'il n'entrait pas sous le bon-sens que toute Constitution politique est abrogée *de fait* par la survenance d'une autre Constitution, puisqu'une Constitution nouvelle ne peut s'introduire que par le renversement de celle qui la précédait, renversement qui se confond dans celui du régime dont elle était la représentation.

(1) L'*interdiction civile* serait une sorte d'*excommunication légale*. L'*excommunication religieuse* fut connue des Druides et, comme il doit arriver en tout système empirique où les deux éléments sont confondus, elle se combinait avec l'*excommunication civile*.

« Ferè de omnibus controversiis publicis privastique Druides « constituunt et si quod est admissum facinus, si cædes facta, « si de hæreditate, si de finibus, iidem decernunt, præmio pœnas- « que constituunt. Si quis, aut privatus, aut publicus, eorum « decreto non stetit, *sacrificiis interdicunt*. Hæc pœna apud eos « est gravissima. Quibus ità est interdictum, ii numero impio-

La condition supérieure du contrat d'investiture étant en effet que le *chef de l'Etat* s'engage à gouverner selon les prescriptions de la *Convention politique*, il en résulte qu'en désobéissant à la plus haute institution créée par elle, il romprait lui-même et le premier le pacte sur la foi duquel il aurait obtenu son mandat.

On observera que, malgré l'importance de la mission qui lui est attribuée, nous ne donnons point au *Sénat* de milice particulière pour faire exécuter ses sentences : c'est que l'existence de cette milice autoriserait le *chef de l'Etat* à demander une garde et que, de la rivalité de ces deux corps, il pourrait naître des conflits violents : on est toujours tenté de se servir d'une arme, quand on l'a dans la main. Le *Sénat* n'aura d'autre force que celle mise au service du pouvoir judiciaire et qui devra obéir à ses réquisitions (1).

« rum ac sceleratorum habentur. *Iis omnes decedunt, aditum* « *eorum sermonemque defugiunt, ne quid ex contagione* « *incommodi accipiant;* NEQUE IIS PETENTIBUS JUS REDDITUR. » Les Druides connaissent de presque toutes les questions publiques et privées ; s'il a été commis un crime, un meurtre, s'il s'agit d'une succession ou d'un bornage, ce sont eux qui décident, qui fixent les dommages-intérêts et les peines. Si quelqu'un, particulier ou fonctionnaire, n'obéit pas à leur jugement, *ils lui interdisent les sacrifices (ils l'excommunient)*. Chez eux cette peine est la plus grave. Les interdits sont mis au rang des impies et des scélérats. *Tout le monde s'éloigne d'eux, fuyant leur approche et leur commerce, de peur d'être souillé par leur contagieuse impureté ;* TOUTE ACTION EN JUSTICE LEUR EST REFUSÉE... (Commentaires de César, Liv. VI, § XIII).

(1) On ne saurait trop honorer une armée qui n'aurait d'autre objet que la défense de la patrie contre l'ennemi du dehors. Mais on ne saurait trop détester l'*esprit militaire*, tel que l'ont fait les armées permanentes où l'on voit la passivité poussée jusqu'à l'ahurissement. Plus le soldat peut approcher d'un brutisme complet, plus il est près de représenter l'idéal que l'on glorifie aujourd'hui. Voici une anecdote qui le prouve :

Grâce à l'interposition, entre le *chef de l'Etat* et la nation d'un Sénat efficacement investi d'une haute juridiction constitutionnelle, on pourra donc produire entre ces deux éléments *la réciprocité des garanties*, nécessaire à la CONSTITUTION du *droit* dans la *possession politique*. Sans la *réciprocité*, toute *garantie* en cette matière

« Le spirituel colonel Féray, du 7e lanciers, voulant essayer « jusqu'où allait l'obéissance chez ses soldats, appela ses deux « plantons d'ordonnance pour leur faire fusiller un démagogue « qu'on venait de prendre les armes à la main aux environs de « Chaillot : — *Vous allez*, leur dit-il, *me brûler la cervelle à « ce brigand-là. Faites-le mettre à genoux et au commandement*: Feu ! *Cassez-lui la tête*. Les deux lanciers arment « froidement leurs pistolets, prennent à la cravate l'homme qui « se tordait et criait : *grâce !* lui appliquent leur arme sur cha- « que tempe et attendent avec le plus grand calme le comman- « dement du colonel. — *Emmenez-le*, dit alors M. Féray, *il « est trop lâche pour être fusillé par des* BRAVES *comme vous*. « Et il le fit conduire à la Préfecture de police. — *Quels hom- « mes !* disait-on à M. Féray, quand il racontait cet incident. « — *Tout mon régiment eût fait de même*, répondit le gendre « du maréchal Bugeaud. »

(*Histoire apologétique du 2 décembre ou Coup d'Etat de 1851 par* P. Mayer).

— Dans un Etat, nous trouvons dangereuse pour tous une armée composée d'hommes pareils, si l'on peut donner le nom d'homme à des êtres qui ont perdu tout sentiment de responsabilité individuelle. Lors des massacres de la Saint-Barthélemy, le gouverneur de Lyon, où deux mille victimes avaient déjà péri, ordonna au bourreau d'aller expédier quelques malheureux dans les prisons. — *Monseigneur*, répondit celui-ci, *je ne travaille que judiciairement*. Voilà un bourreau qui pourrait donner des leçons de noblesse aux sabreurs de profession.

Du reste la doctrine de l'*irresponsabilité militaire* est aujourd'hui hautement avouée. On lit dans une circulaire du ministre de la guerre, en date du 28 octobre 1851, et citée par M. Ténot dans son *Histoire du Coup d'Etat ;*

« La responsabilité, qui fait la force de l'armée, ne se par- « tage pas ; elle s'arrête au chef de qui l'ordre émane ; elle « couvre à tous les degrés l'obéissance et l'exécution. »

Avec cette doctrine, le souverain d'un Etat pourra donner l'ordre au ministre, qui le passera au général, qui le passera au ne serait qu'une *pseudo-garantie*. Avec elle la CONSTITUTION du *droit* s'opère d'elle-même et lorsque le *droit* sera CONSTITUÉ dans la *possession politique*, on pourra enfin dire d'elle qu'elle sera CONSTITUÉE, comme on l'aura déjà dit de la *possession nationale*.

V.

Lorsque la CONSTITUTION du *droit* sera parfaite vis-à-vis de l'*intérieur*, les conséquences qui résulteront de ce phénomène seront immenses : le *chef de l'État* sera devenu de tous points rationnellement *inviolable*, tant dans la possession que dans l'exercice de son mandat.

En effet, simple particulier, je ne puis plus jamais être excusable de me porter à aucune violence sur lui, puisque j'ai une juridiction régulière à qui soumettre tous les excès ou abus qui pourraient lui être imputables. La raison veut que l'on conserve son *droit* de défense personnelle vis-à-vis de celui contre qui on ne peut invoquer la loi ; l'histoire montre que l'on se conduit partout conformément à ce principe, si étrange qu'il paraisse, réduit à sa formule toute nue. Mais la raison dit également que l'on dépose ce droit vis-à-vis de tout individu que l'on

capitaine, qui le passera au caporal, de tirer sur les passants et, son ordre à la main, le caporal tirera sur les passants ébahis, sans qu'on puisse s'en prendre à nul autre qu'au souverain qui, on le sait, est un personnage de qui les juges d'instruction n'approchent guère.

C'est en abusant ainsi des meilleures choses, qu'on les rend odieuses et insupportables.

peut citer devant un juge accepté d'avance par l'une et l'autre partie.

L'attentat contre le *chef de l'Etat*, pour cause privée, serait alors un crime tout vulgaire, un crime contre la loi commune et nous ajouterons qu'il serait plus coupable encore, en ce qu'il porterait atteinte au *droit* de la société toute entière dont on renverserait le mandataire.

L'attentat privé, commis par esprit de vengeance nationale, ne s'excuserait pas davantage, nul ne pouvant être fondé à se porter juge pour la nation, lorsqu'elle a un tribunal chargé d'accueillir ses plaintes, si elle estimait qu'il y eût lieu d'en exprimer.

L'attentat collectif par voie d'*insurrection* se trouvera ondamné par les mêmes motifs. Le petit nombre ne ourra pas plus se substituer au plus grand nombre que e simple particulier, sans froisser la justice la plus élémentaire; cela résulte de ce principe: *Que lorsque plusieurs personnes ont souscrit ensemble à un état, quelques-unes de ces personnes ne sauraient légitimement aire cesser cet état, sans l'assentiment ou contre le gré es autres co-engagés.*

Les renversements purs et simples sont donc définitivement écartés. Arrivons à l'*usurpation*, c'est-à-dire, au enversement du magistrat suprême par un citoyen pour e mettre violemment à sa place.

Lorsque la *possession politique* sera complètement ONSTITUÉE, l'*usurpation* par un citoyen serait deux fois riminelle. Elle serait un crime vis-à-vis de lui-même, uisqu'elle serait une violation d'un engagement pris par lui-même dans des conditions à ne permettre aucun manquement ; elle serait un crime contre le *droit*, considéré d'une manière générale, puisqu'elle le violerait dans des conditions où l'inviolabilité la plus rigoureuse lui est rationnellement acquise. Or, aucun *droit* inviolable ne saurait s'établir contre un droit inviolable. L'usurpateur ne pourra jamais sortir de la situation fausse qu'il se sera créée. Son occupation ne pourrait être sanctionnée que par l'émission d'un suffrage général, car un peuple est toujours le maître de choisir qui il voudra pour chef ; mais, pour être valable, il faudrait que cette sanction fût parfaitement libre et il n'y a pas lieu de croire qu'elle pût jamais être accordée de bonne grâce par une nation à celui-là même qui aurait commis vis-à-vis d'elle le plus criant des attentats. Une adhésion à un acte de violence demandée par une force sans contrepoids peut toujours être mise sur le compte de l'intimidation, ce qui fait que, dans tous les cas, la sincérité peut en être suspectée et contestée.

Les *chefs d'Etat* trouveront dans les simples perfectionnements que nous indiquons la régularisation définitive de leur situation et l'honorabilité qui résulte toujours d'une situation parfaitement légitime ; ils y trouveront pour leur mandat, l'inviolabilité qui s'attache au *droit* CONSTITUÉ et pour leur personne, la sécurité même que la loi commune garantit à tous les citoyens.

Toutefois il doivent constamment se souvenir que si le *droit* est entré dans leur mandat et a pu y être CONSTITUÉ, c'est principalement à cause de la *réciprocité des garanties* et que cette *réciprocité des garanties* résulte tout entière de la *parfaite indépendance* du *corps de contrôle*,

Sénat ou autre; qu'en conséquence s'ils venaient à altérer l'action de ce corps par violence, surprise ou corruption, ils se retireraient à eux-mêmes tous les bénéfices du *droit* CONSTITUÉ, rouvrant d'un même coup la carrière à toutes les tentatives individuelles et collectives.

Il est bien entendu que les sénateurs ne devront jamais oublier non plus qu'en se laissant mettre à la remorque du pouvoir *exécutif* par pusillanimité, inertie ou servile complaisance, ils lui rendraient le plus funeste des offices, puisqu'ils le priveraient ainsi du contrôle dont la seule création pouvait le rendre théoriquement inviolable.

Il y a lieu d'espérer qu'ayant un vrai prince, ils deviendront de vrais citoyens et que l'on pourra dire de leur assemblée ce que Cinéas dit à Pyrrhus du Sénat romain: « Qu'il avait cru voir une assemblée de rois (1). »

Nous observerons enfin que quand les rois voudront franchement se soumettre au *droit* et accepter les conditions qu'il leur fera, l'heure sera venue où les peuples devront aussi apprendre les réserves que le *droit* leur impose et accepter résolument tous ses devoirs, afin que l'on puisse également dire d'eux, suivant le désir d'Aristote (2), qu'ils respectent la loi, non par crainte, mais par l'intelligence consciente de son objet et de son utilité.

---

(1) *Plutarque*, Vie de Pyrrhus.
(2) *Diogène-Laërce*, Vie d'Aristote.

VI.

La *possessivn politique* étant CONSTITUÉE vis-à-vis de l'*intérieur*, nous n'avons plus qu'à indiquer, comme nous l'avons promis, le moyen de la CONSTITUER vis-à-vis de l'*extérieur*, pour l'assurer contre les *usurpations* étrangères et en même temps contre toute ingérance violente et vexatoire.

Le procédé sera tout simple : il consistera toujours à faire sortir le *droit* d'une clause conventionnelle.

Supposant donc le *Droit international* CONSTITUÉ entre un certain nombre de peuples, nous y insérerons une clause par laquelle toutes les nations associées prendront l'engagement de respecter dans son intégrité le gouvernement de chacune d'entre elles.

Du moment qu'il y aura contrat libre, le *droit* sera né. Ce *droit* sera *défini* par l'énonciation même de l'immunité stipulée et de la compensation logique qu'elle devra trouver dans la *réciprocité*.

Il ne manquera plus que la *garantie ;* et la *garantie* résultera de celle-là même qui aura été donné au *Droit international*, pour qu'il puisse s'imposer à l'observation de tous les peuples engagés.

Moyennant ces conditions, chacun des peuples qui aura adhéré à la clause portant l'*inviolabilité politique*, deviendra inviolable dans son gouvernement exactement pour les mêmes motifs qui lui assurent l'inviolabilité de son territoire, après qu'il a souscrit à l'acte de *Reconnaissance territoriale.*

Il est moralement tenu de respecter le gouvernement des autres, d'abord parce qu'il s'y est obligé et ensuite parce que les autres sont matériellement tenus de respecter le sien: d'où il suit qu'il ne pourrait trouver aucune excuse pour un attentat; et il ne saurait non plus y trouver d'avantage, puisque tous les autres viendraient solidairement lui demander compte d'une violation qui serait la négation du pacte général et, par conséquent, du *droit* de tous.

Le *Droit international* une fois CONSTITUÉ, il aura donc suffi de la clause sus-indiquée pour que le *droit* de la *possession politique* soit *défini* et *garanti* à l'égard de chaque peuple vis-à-vis des autres peuples engagés dans le pacte. Le *droit* sera ainsi CONSTITUÉ en elle vis à-vis du *dehors*, dans le cercle de l'association intervenue et l'on pourra la considérer comme étant, dans les mêmes limites, assurée contre l'*usurpation extérieure.*

RÉSUMÉ.

Les conclusions théoriques de cette seconde partie peuvent se résumer en quelques mots et il ne sera peut-être pas inutile de les formuler d'une manière succincte.

Le premier point roule tout entier sur la démonstration de la *diversité du droit*, qui est le fruit inévitable des procédés vicieux employés pour l'organisation des systèmes politiques.

Ce point vidé et il devait l'être pour prouver que la *diversité du droit* est un obstacle majeur à l'établissement pratique du *Droit international*, nous démontrons ensuite que l'imperfection de la science sociale est encore telle qu'à l'époque où nous sommes, le droit n'existe sous sa forme inviolable ni *entre les nations*, ce qui les met dans l'*état de nature* les unes vis-à-vis des autres; ni dans la *possession nationale*, ce qui les réduit à ne posséder que *de fait* le territoire qu'elles occupent; ni dans la *possession politique*, ce qui fait que les *chefs d'État*, qui ont mission d'appliquer le *droit*, ne le possèdent pas réellement dans leur mandat.

L'*inviolabilité* n'entre dans le *droit* que par sa CONSTITUTION et le *droit* ne peut être CONSTITUÉ que sous la double condition d'être *défini* ou *garanti* (1). Dans les matières où une solution se présente d'elle-même, sous la seule influence de la disposition des intérêts, on n'a qu'à recueillir cette formule *spontanée* qui, représentant le *droit* sous sa forme *idéale*, le représentera tout CONSTITUÉ, dès qu'elle aura été arrêtée, fixée et assurée par des garanties certaines. Dans les matières où aucune solution ne se présentera d'elle-même ou ne s'imposera par préférence à toute autre, on aura la faculté d'en former une au moyen d'une

(1) Première partie, § VII.

convention. Les conséquences qui sortiront de cette *convention* produiront le *droit*; cette espèce de *droit* sera qualifié de *conventionnel*. Il sera dans la nature du *droit conventionnel* de se trouver tout de suite *défini* par les termes mêmes du contrat qui le crée. Il n'y aura plus qu'à le *garantir* et dès qu'il sera *garanti*, il sera CONSTITUÉ, renfermant alors en lui exactement la même vertu que le *droit spontané*.

Toutefois, il faut observer — relativement à la *convention*, qu'elle ne peut engager que les parties contractantes, n'étant elle-même valable qu'autant qu'elles contracteront librement — et relativement aux *garanties*, que, dans tous les cas où le *droit* porte des charges des deux côtés. ce qui implique des avantages à recueillir des deux parts, avantages qui seront la *compensation justifiante* des charges, il faudra de toute nécessité que la *garantie* soit *réciproque*. Sans la *réciprocité*, la *garantie* serait nulle et par conséquent, la CONSTITUTION du *droit* dans l'objet, insuffisante et non avenue.

Ces diverses démonstrations une fois faites, nous appliquons successivement la doctrine énoncée aux trois questions indiquées. CONSTITUANT le *droit* par simple consécration dans celles où il se manifeste par suggestions spontanées; le créant d'abord par *convention*, puis le CONSTITUANT par le procédé accoutumé, dans celles où nous reconnaissons que la nature ne lui a expressément préparé aucune forme obligée.

C'est dans le *droit* ainsi compris que nous croyons avoir enfin trouvé la vraie formule de ce *droit nouveau* dont le sentiment agite aujourd'hui tant d'esprits et que, d'après ce que nous avons vu, on peut appeler *droit de raison*, par opposition au prétendu *droit de fait*, qui ne repose que sur les *situations acquises*, qu'elle qu'en soit d'ailleurs l'origine et quels qu'en aient été les moyens.

Pourquoi ne le dirions-nous pas? Ce *droit de raison* nous semble résumer en un seul mot toute l'idée philosophique de la *Révolution* dont les émeutiers vulgaires ont trop souvent usurpé le drapeau. Le signe éternel par où la *Révolution* s'annonce et se traduit partout où elle pénètre est en effet la *substitution de la justice rationnelle* à *l'arbitraire individuel enté sur des privilèges de fait accompli*

Définie en ces termes, la *Révolution* ne devra point épouvanter les honnêtes gens; tantôt élevée jusqu'aux nues, tantôt couverte de malédictions, elle doit avoir pour amis tous les amis du *vrai droit* et elle ne peut avoir pour ennemis que ceux qui, vivant d'un abus quelconque, le voient menacé par elle dans son injustice et dans sa caducité.

La *Révolution* sagement entendue, sagement appliquée n'a nullement besoin de renversements violents. Toutes les réformes qu'elle appelle peuvent être pacifiques et lorsqu'elles pourront l'être, il n'y a pas à douter qu'elles seront d'autant plus fécondes, car dans les mauvais citoyens qu'elle déplacerait par la force, elle trouverait toujours des adversaires irréconciliables, intéressés à empoisonner ses meilleurs fruits.

Troisième Partie.

DU JUSTE ET DU DROIT
PAR RAPPORT AUX DIFFÉRENTS SYSTÈMES CONNUS.

§ I

Le but de ce travail préliminaire étant spécialement de déblayer des erreurs et des préjugés le terrain sur lequel nous nous proposons d'élever l'édifice du *droit* rationnel, nous touchons au moment de soumettre à un examen rapide mais sévère, les divers principes que l'on a jusqu'ici donnés à l'organisation politique.

Nous voulons le *juste* partout ; partout nous voulons le *droit* CONSTITUÉ, parce que le *droit* CONSTITUÉ est seul rigoureusement *inviolable*. Il importe de savoir si tous les systèmes politiques sont également productifs du *juste*,

10

si tous se prêtent également à la CONSTITUTION du *droit* et enfin de rechercher jusqu'à quel point tel principe pourrait être préférable aux autres ou comme répondant plus évidemment à l'interprétation raisonnable du *juste* en matière sociale ou comme devant se prêter plus facilement aux procédés nécessaires pour sa régularisation sous le nom de *droit* CONSTITUÉ.

I.

C'est un fait historique qu'à toutes les époques, comme aussi dans le temps présent, le monde a été partagé entre une foule de régimes qui ne s'accordent guère et dont chacun tire souvent son plus grand mérite de ce qui le rend différent des autres.

Il est des auteurs (1) qui ont divisé les systèmes d'organisation en trois grandes catégories qui les englobaient tous, les rattachant à l'un ou à l'autre des trois principes *despotique*, *monarchique* et *démocratique* ou *républicain*, et l'on a coutume de croire que ces trois principes sont foncièrement distincts, si même ils ne sont complètement opposés.

Il suffira de presser un peu le sens réel de ces divisions pour s'apercevoir bien vite que les principes sur lesquels on les appuie représentent bien plutôt des principes de

(1) J.-J. Rousseau dans le *Contrat social*, et Montesquieu, dans l'*Esprit des Lois*.

forme que des principes de fond, parce qu'ils se bornent à indiquer une certaine manière de gouverner et une certaine tournure à donner au pouvoir suprême, sans spécifier positivement la fin supérieure qui doit être donnée au système ni la source où l'esprit doit en être puisé.

On oublie que, dans une organisation, il y a deux parties qui ne sauraient être confondues, la constitution même de la machine d'après l'effet qu'on lui assigne et le moteur à lui offrir pour la faire fonctionner conformément à l'effet proposé. On croit généralement que la nature du moteur doit tenir lieu de tout par son influence sur la machine elle-même, tandis que ce qui est vrai, en politique comme en toute autre matière, c'est que la machine étant une fois bien agencée, le choix du mode d'action ne devrait plus avoir qu'une importance secondaire.

Lorsqu'une usine est construite pour donner un produit désigné, que les rouages et l'outillage sont disposés pour arriver sûrement au résultat voulu, que les freins et régulateurs sont préparés pour retenir ou modérer la force employée, qu'importe, en effet, que ce soit le vent, la vapeur ou l'eau qui la mettent en mouvement ? On n'aura qu'à opérer l'installation propre à l'agent qu'on aura préféré et, la communication établie, le corps principal entrant en travail accomplira immédiatement sa fonction.

Mais si le mécanisme n'est pas assez habilement combiné ni assez solidement construit pour rendre réellement e produit demandé, qu'y feront l'eau, le vent ou la apeur ? Il est évident que l'influence du mode de mise n mouvement sera désormais nulle.

Il en est de même pour les systèmes politiques. Que leur mise en action soit confiée à un individu ou à plusieurs, à un roi, à un empereur ou à un président, ni l'un ni l'autre de ces procédés ne doit impliquer absolument la possession du meilleur principe à donner à l'organisation et la préférence donnée à celui qu'on aura choisi n'empêchera point que l'on ne puisse en faire une très-mauvaise application, lors même qu'il serait le meilleur.

Il semble donc qu'il serait plus logique de chercher d'abord à connaître le principe d'organisation qui répondrait le mieux au *juste*, d'établir ensuite et de cimenter solidement les deux *Constitutions civile* et *politique* qui doivent former la *Constitution générale* du système : on s'apercevra pour lors que le choix du mode de l'action exécutive ne doit bien se présenter que sur le second plan et l'on aura une base sûre pour apprécier celui ou ceux qui pourraient être admis et distinguer ceux qui seraient incompatibles avec la fin proposée.

II.

Il ne sera pas difficile de se convaincre du caractère vague et superficiel des trois divisions sus-indiquées, de reconnaître que, bien qu'on les oppose entre elles, elles ne s'excluent pas toujours et qu'en tous cas l'absence des deux premières formes ne présume nullement la réalisation de l'idée qui semble devoir spécialement s'attacher à la dernière.

Ainsi, telle est la signification grammaticale du *despotisme:* tiré d'un mot grec qui signifie *maître*, le *despotisme* mérite à peine d'être classé comme une forme de gouvernement, puisque, livrant tout à *l'arbitraire* d'un individu, il n'est en réalité qu'un gouvernement sans forme. Lorsqu'il ne va pas jusqu'à supposer la servitude d'une nation entière qui devient *la chose* du *maître*, il suppose au moins une autorité absolue aux mains du souverain en toute circonstance et en toute matière où il agit au nom de la collectivité, tant au dehors qu'au dedans.

Le propre du *despotisme* est donc de n'avoir aucune *constitution*, en incarnant la *chose publique* dans la volonté d'un homme qui est lui-même la loi. Il s'ensuit qu'il règne avec plus ou moins de rigueur dans les pays qui n'ont point de *Constitution politique*, avec une rigueur sans bornes dans ceux qui n'ont pas même de *Constitution civile*, rentrant alors dans ce que nous appellerons plus tard *l'absolutisme* et qu'il règne *en fait*, bien que plus ou moins adroitement dissimulé, dans tous les pays qui ont une *constitution*, mais où le souverain ne l'observe pas.

Maintenant, si on veut le classer d'après la forme extérieure qu'il affecte, il est certain qu'étant toujours exercé par un seul individu, il représentera proprement une *monarchie*, puisque *monarchie* signifie étymologiquement *gouvernement d'un seul*.

Si cependant nous faisons rendre au mot *monarchie* tout ce qu'il peut contenir, nous verrons bientôt qu'il est lui-même tellement large, tellement élastique qu'il peut se prêter à l'hypothèse des dispositions ou institutions les plus différentes, tout aussi bien qu'il se prête, comme nous venons de le voir, à celle de l'absence de toute *constitution*. Il est en effet des monarchies *héréditaires* et il en est d'autres *électives*, comme l'était celle de Pologne, comme l'est encore celle des papes considérés comme souverains temporels. Il en est qui excluent les femmes de l'autorité; il en est qui les y admettent. Les titres de roi et d'empereur sont liés par l'usage à la forme monarchique: cependant on ne peut nier que l'idée de ces titres ne s'accorde guère avec celle de l'*élection* qui, en attribuant le *droit* de *choisir*, implique logiquement le *droit* de *contrôler* la conduite de l'*élu* et par conséquent de le *déposer*, si sa conduite n'est pas jugée convenable.

On a si bien senti dans ces derniers temps que la *monarchie* ne présumait réellement par elle-même l'existence d'aucune voie tracée au souverain ni d'aucune garantie réservée à la nation, qu'on a voulu en créer une variété nouvelle reposant sur un statut quelconque et que l'on a désignée par le nom de *monarchie constitutionnelle*.

Or, nous allons voir qu'une *monarchie constitutionnelle* peut parfaitement se confondre avec la troisième forme connue sous le nom de *démocratie* ou *république* et qu'il est facile à ces deux systèmes de faire chacun la moitié du chemin.

Qu'est-ce en effet qu'une *monarchie constitutionnelle*, c'est-à-dire, appuyée sur un statut qui règle le maniement de l'autorité et stipule des garanties de bonne gestion, si ce n'est une *république* avec sa *Constitution civile* et *politique?* Quelle différence théorique y a-t-il entre un roi responsable et un président contrôlé? La seule qu'il y ait est que le premier a reçu son mandat par héritage et à vie, tandis que le second a reçu le sien du suffrage et le possède à temps. Or, nous avons vu que la *monarchie* n'excluait même pas absolument l'*élection*.

On pourra, il est vrai, observer que les garanties stipulées dans les *monarchies*, même *constitutionnelles*, sont ordinairement illusoires, parce que, dans l'état actuel, bien que le prince soit dit *responsable*, on n'a aucun moyen réel de l'atteindre. Mais un remède à cet inconvénient n'est pas impossible à trouver (1).

Quant aux dénominations de *démocratie* et de *république*, nous allons démontrer qu'elles ont l'une et l'autre le grave défaut de manquer d'exactitude et de précision.

Démocratie signifie *puissance du peuple* (2) pour exprimer sans doute que l'action politique ne doit être exercée que par le peuple ou au nom du peuple, distinction déjà fort grave. Politiquement, on appelle peuple l'ensemble des citoyens et il est prouvé par l'expérience, d'une part, que l'action politique ne peut pas être exercée directement par un peuple de plusieurs millions de citoyens, comme sont ceux d'aujourd'hui ; d'autre part, que la délégation ne peut jamais guère en être faite sans conduire à l'usurpation, la *tyrannie* des anciens.

(1) Page 130, nous avons trouvé ce remède dans la création d'un *Sénat*, muni de pouvoirs efficaces.

(2) C'est ce qu'on appelle aujourd'hui : *souveraineté nationale*.

République enfin signifie *chose publique* (Res publica). C'est sans doute aussi pour exprimer que l'*intérêt public* doit être pris pour l'unique principe inspirateur du gouvernement. Mais quel gouvernement ne se flatte (1) de de s'inspirer uniquement de l'*intérêt public ?* A ce titre, ils seront tous des *républiques*. Le mot *république* a donc le tort de ne présumer réellement par lui-même aucune forme de gouvernement plutôt qu'une autre. Aujourd'hui, on le donne spécialement à l'état où il n'y a ni roi ni empereur. Mais, pour les gens sensés, il ne suffira point du tout que le roi ou l'empereur s'en aille, pour que l'*intérêt public* triomphe. La *république anglaise* (2) l'éprouva sous Cromwel qui vida deux fois le Parlement et en ferma la porte de sa main (3).

Quant aux républiques anciennes, on sait que si elles s'inspiraient de l'*intérêt public*, c'est-à-dire, de celui de

(1) Il est à remarquer que, dans le grec, une république s'appelle *Democratia*. Cependant nous voyons des gouvernements *monarchiques* se vanter d'avoir une constitution et des institutions *démocratiques*, c'est-à-dire, *républicaines*. Cela ne dénonce-t-il pas le sentiment d'une certaine affinité possible entre les deux systèmes ?

Ceux que ne satisfait pas la *constitution monarchique* et *démocratique*, la demandent *démocratique* et *sociale*, entendant par cette dernière expression que la *solidarité* des intérêts s'étendra, du domaine *politique*, au domaine *civil*, ce qui signifie en d'autres termes *communisme organisé* et, par conséquent, *négation de l'individualité possessive* dont la protection est précisément l'objet des gouvernements. C'est un de ces mots sonores et dangereux par leur équivoque, dont les ambitieux déguisés se servent, pour faire du prosélytisme aveugle dans le vulgaire ignorant.

(2) Proclamée après l'exécution de Charles Ier, en 1649.

(3) Cromwel prit astucieusement le titre de *Protecteur*, parce que, disait-il, on ne savait pas jusqu'où pouvaient aller les prérogatives de ce titre, tandis qu'on savait jusqu'où pouvaient aller celles de titre du *roi*.

tous les citoyens, elles ne reconnaissaient souvent la qualité de citoyen qu'au plus petit nombre, refusant ce titre aux esclaves, aux marchands, aux ouvriers ; jetant impitoyablement dans la servitude tous les prisonniers de guerre et permettant d'y réduire tout étranger sur qui un pirate eût pu mettre la main, fût-ce un citoyen d'une république voisine (1). Sparte réduisit en esclavage les Messéniens et tous les habitants d'Hélos sous le nom proverbial d'Ilotes.

De nos jours, nous avons vu la *République* des Etats-Unis limiter en elle l'*intérêt public* à quelques millions de citoyens, déniant jusqu'au nom d'homme à d'autres millions de malheureux, parmi lesquels tous les privilégiés auraient cependant pu reconnaître souvent leur progéniture.

Qui voudrait avoir vécu dans la *République* de Venise dont le fameux Conseil des Dix ne fait rêver que de délations, de cachots et de poignards ? (2).

(1) Platon fut livré par Denis le Tyran, qu'il était allé visiter, à Polide, envoyé de Lacadémone, pour qu'il le fît vendre à Egine comme esclave. Annicéris, de Cyrène, qui se trouvait là par hasard au moment de la vente, le racheta pour vingt mines et le renvoya auprès de ses amis d'Athènes.

Diogène pris en mer par le pirate Scirpalus, fut vendu comme esclave en Crète où il fut acheté par Xéniade, de Corinthe, qui en fit l'intendant de sa maison et le précepteur de ses enfants.

Esope était esclave avant d'être recueilli par Crésus.

(2) Quant aux opinions religieuses ou scientifiques, les *républiques* ont eu pour elles tout autant d'intolérance que les monarchies. Nous avons vu les bûchers de l'Inquisition que l'Espagne a conservée jusqu'en 1821 ; nous avons vu Galilée condamné en 1633 pour avoir dit que la terre tournait autour du soleil, contrairement à la parole de Josué. Son jugement fut signé de sept cardinaux et, outre un emprisonnement de trois années, il portait que le patient réciterait chaque semaine les Sept Psaumes de la Pénitence.

En admettant que le mot *république* indique un principe au nom duquel on doive gouverner, il est donc bien vrai qu'il ne fixe point l'étendue que ce principe doit avoir et qu'au surplus le devoir de gouverner au nom de l'*intérêt public*, n'imposant aucune forme spéciale, n'en peut proscrire aucune dont l'incompatibilité avec cet élément n'aura pas été rigoureusement prouvée.

Il serait donc désirable qu'on prît enfin ce mot pour ce qu'il vaut, qu'on cessât de lui donner une importance factice et d'en faire l'objet d'un fanatisme insensé. On peut aimer son pays, le défendre jusqu'à la mort : rien n'est plus beau ni plus grand qu'un pareil dévoûment. Mais se passionner pour la *république* qui n'est autre chose que l'*intérêt public* proposé pour base à la généralité des institutions et voir la *république* toute entière dans le remplacement d'un trône par un fauteuil de

On peut d'autre part reprocher aux *républiques* la condamnation à mort, par l'aréopage d'Athènes, du philosophe Anaxagore qui avait dit que le soleil est une masse ardente, niant ainsi l'existence d'Apollon ; la condamnation à mort, par le même tribunal, de Socrate accusé par Mélitus de nier l'existence des dieux reconnus par la ville; la condamnation à l'exil, toujours par la même assemblée, de Stilpon accusé de mettre en doute la divinité de Minerve.

S'agit-il simplement de la vie privée ? Nous citerons encore l'aréopage d'Athènes mandant le philosophe Cléanthe devant lui pour expliquer comme quoi il était gras et bien portant, lorsqu'on ne lui voyait exercer aucune industrie. Cléanthe se justifia en prouvant qu'il travaillait la nuit à puiser de l'eau et à bluter de la farine chez des particuliers.

Un pareil aréopage embarrasserait bien des gens en France et de bien haut placés.

Les *censeurs* à Rome avaient également une action constante sur la vie privée. L'an 280 avant Jésus-Christ, Caïus Fabricius, étant censeur, chassait du sénat l'ancien consul Rufinus, convaincu de posséder de l'argenterie pour la valeur de dix livres *(argenti facti decem pondo)*.

président, c'est vouloir gratuitement mettre du martyre là où il ne faut que de la raison et courir après l'ombre en oubliant la réalité.

Il serait désirable enfin que la grande multitude des hommes qui ne cherchent point l'émeute pour vider les places et les prendre, qui ne sont point ennemis de toute autorité par vice de tempérament, sussent et comprissent une fois pour toutes que la valeur d'un gouvernement ne résulte point absolument de la présence ou de l'absence de la royauté dans un pays. On ne doit attendre la perfection politique que des lents progrès de l'éducation morale qui apprend peu-à-peu à l'homme qu'il n'y a pour lui de vraie sécurité que dans la justice et dans le respect de ses semblables. Sans doute la forme la meilleure sera, même à ce point de vue, celle qui favorisera davantage le développement des lumières et l'application de la justice : mais l'établissement de cette forme serait encore stérile si chaque citoyen ne savait y apporter un culte inné pour le *droit* d'autrui, joint à une fermeté inébranlable dans la défense du sien.

Nous terminerons cette appréciation des républiques par un extrait de l'histoire romaine:

« La république n'existait plus ; un seul était maître « de tout et ce maître était Sylla. Tout le monde trem- « blait pour soi et pour les siens. — *Nous ne demandons « pas grâce pour ceux que vous avez résolu de faire « mourir*, lui dit quelqu'un ; *mais du moins tirez d'in- « quiétude ceux que vous voulez sauver. — Je ne sais « pas encore*, répondit-il, *à qui j'accorderai la vie. — « Eh bien*, répliqua-t-on, *nommez ceux que vous voulez*

« *extermıner*. Dès-lors fut affichée chaque jour, dans les « carrefours de Rome, une liste de ceux qu'il dévouait « à la mort. L'esclave fut invité par l'appât de l'or à tuer « son maître, le fils même à massacrer son père. On vit « des femmes fermer leur porte à leurs maris proscrits « et ceux-ci se tuer devant leurs maisons. Sylla, chaque « matin, assis dans son tribunal recevait les têtes san- « glantes et les payait au prix du tarif. La tête du proscrit « était payée jusqu'à deux talents (10,444 francs); on « confisquait les biens; on punissait jusqu'aux généra- « tions à naître; les petits-fils étaient condamnés, comme « infâmes, à ne posséder aucune charge. Mais ce n'était « pas seulement les partisans de Marius qui périssaient. « Les riches aussi étaient coupables : l'un périssait pour « son palais, l'autre pour ses jardins. Un certain Auré- « lius, étranger à tous les partis, regarde en passant sur « la table fatale et s'y voit inscrit le premier; *Ah! mal- « heureux*, s'écria-t-il, *c'est ma maison d'Albe qui m'a « tué*. Il fut égorgé à deux pas de là. Sylla appliqua à « l'Italie entière son terrible système : partout les hom- « mes du parti contraire furent mis à mort, bannis, dé- « pouillés; et non-seulement eux, mais leurs parents, « leurs amis, ceux qui les connaissaient, ceux qui leur « avaient parlé ou par hasard avaient voyagé avec eux. « Des cités entières furent proscrites comme des hommes, « démantelées, dépeuplées pour faire place aux légions « de Sylla. (Il fallait payer l'instrument qui est toujours « la soldatesque irresponsable).

« Le préteur Ofella, vainqueur de Préneste, ardent « partisan de Sylla, ayant recherché le consulat sans sa per- « mission, fut assassiné dans le forum et quand le peuple

« parut indigné de cet attentat, Sylla le fit taire par ces « seuls mots : *Ego jussi.* Ce fut alors que le trop fameux « Catilina fit l'apprentissage de ses crimes. Il commença « par tuer son père et il obtint ensuite de Sylla que le « mort fût mis au nombre des proscrits. Les féroces « exécutions de Marius (1) et de Sylla ne cessèrent qu'au « bout de plusieurs mois, après avoir coûté la vie à « trente-trois consuls, sept préteurs, soixante édiles, deux « cents sénateurs et à 150,000 citoyens (2).

Nous ne dirons rien de la *République française*, qu'il ne faut pas confondre avec la *Révolution* qu'elle inaugura, il est vrai, mais qui n'a point cessé de marcher par sa propre force. Nous rappellerons seulement qu'elle donna naissance à cette époque néfaste qu'on caractérise assez, rien qu'en le nommant : *la Terreur;* que ce fut elle qui créa ce fameux *Tribunal révolutionnaire*, dont les sanglantes succursales couvrirent la France entière et qui, après celles des aristocrates, devait faire tomber les têtes de presque tous les républicains, condamnés par les républicains. Et comment finit-elle après tant d'épouvantables sacrifices? comme finissent toutes les *républiques* qui sont l'œuvre d'un parti, non d'une nation.

Nous ne dirons point de mal de la *République* de 1848,

(1) Car Marius, chassé de Rome par Sylla, avait à son retour commis les mêmes cruautés. Des ruisseaux de sang coulèrent; c'était le signal convenu que ses satellites égorgeassent tous ceux à qui il ne rendait pas leur salut. Le grand-prêtre de Jupiter fu tué sur les marches de l'autel et la tête d'Antoine, le plus grand orateur de son siècle, ayant été apportée à Marius au milieu de son repas, ce féroce tribun la contempla longtemps avec une joie sinistre et se jeta au cou de l'assassin encore tout couvert du sang de sa victime.

(2) *Histoire romaine*, par E. Lefranc.

qui fut une surprise et qui devait finir comme son aînée. La probité civile et politique de ceux qui la dirigèrent ne saurait être contestée et c'est à cette double probité, qui peut être l'œuvre des saines lumières sous tout régime raisonnable, qu'elle a dû surtout de ne s'être souillée d'aucun crime contre l'humanité, d'aucun attentat contre la nation.

Un dernier mot. On juge souvent les régimes d'après la destinée qu'ils font aux hommes dont le pays s'honore. Sous ce rapport, les *républiques* sont-elles toujours nécessairement plus sages que les *monarchies ?* Reconnaissons que, dans les premiers temps, Rome récompensait bien ses généraux. Elle faisait enterrer ceux qui mouraient dans l'indigence et dotait parfois leurs filles ; elle donnait à Horatius-Coclès autant de terre qu'il en pourrait labourer dans un jour ; elle offrait à Coriolan dix prisonniers, autant de chevaux équipés, cent bœufs et autant d'argent qu'il en pourrait porter ; elle faisait précéder dans le rues Caïus-Duilius de flambeaux allumés et d'un joueur de flûte. Mais aussi que de défiance et d'ingratitude dans d'autres circonstances ! Publius-Valerius Publicola ne put rassurer le peuple qu'en démolissant sa maison, qui était placée dans un lieu fortifié. Scipion l'Africain, mort à Literne où il avait dû se retirer, fit écrire sur sa tombe : *Ingrate patrie, tu ne possèdes pas même mes os !* Métellus, le vainqueur de la Macédoine, ne dut qu'à l'opposition d'un autre tribun de n'être pas précipité de la roche Tarpéienne, sur la seule accusation d'Atinius-Labéon. Scipion-Emilien, fils de Paul-Emile et le destructeur de Numance et de Carthage, fut trouvé mort dans son lit, sans que personne osât rechercher l'auteur d'un assassinat, dont on a depuis accusé sa femme

Sempronia, sœur des Gracques. César, au faîte de la gloire, fut percé en plein sénat par ses collègues. Cicéron, le plus doux et le plus instruit des Romains, eut la tête et la main droite coupées par l'ordre d'Octave qu'il avait servi ; le meurtrier fut Popilius-Léna dont il avait sauvé la vie par son éloquence et Fulvia, femme d'Antoine, se donna le féroce plaisir de lui percer la langue avec un poinçon d'or.

Athènes exila tous ses grands hommes. L'*ostracisme* était fait exprès pour eux. Exceptons cependant Miltiade, qui sauva la Grèce entière à Marathon et qui, accusé d'une vaine trahison, fut condamné à être jeté dans un précipice. Sa peine fut commuée en une amende de 50 talens qu'il ne put payer et il dut mourir en prison.

Cimon, fils de Miltiade, égala la gloire de son père. Il remporta d'éclatantes victoires et n'en fut pas moins banni sur la fin de ses jours.

Thémistocle, le vainqueur de la fameuse journée de Salamine, dut se réfugier en Perse où il fut réduit à s'empoisonner, en 464, pour n'être pas forcé de porter les armes contre sa patrie.

Cinquante ans plus tard, Alcibiade fut à son tour contraint de passer en Asie, où le Perse Pharnabaze le fit assassiner à coups de flèches.

Et, chose incroyable s'il n'en existait tant de témoignages, Artistide fut exilé en 483, parce qu'il était trop digne d'estime. Sa vertu portait ombrage, tant la possibilité de l'usurpation pousse les peuples à soupçonner toutes les supériorité d'une ambition coupable ! On était las de l'entendre appeler le *juste*.

Qui parlerait de Carthage sans Annibal? Annibal eut le sort commun. Exilé de sa patrie, il s'enfuit en Syrie, puis en Bithynie où il s'empoisonna comme Thémistocle.

Puisque l'occasion s'en présente, plaignons la France de posséder une variété de soi-disant *républicains*, hommes naïfs qui croient que la *république* consiste à s'appeler *citoyens*, à se *tutoyer*, à s'affranchir au nom de la *liberté* de tout savoir-vivre, à mépriser au nom de l'*égalité* toute supériorité de fortune ou d'instruction.

Ces républicains se font une bien pauvre idée de ce que doit être un régime politique. Ils ignorent d'ailleurs qu'user de sa liberté pour froisser celle d'autrui (et c'est froisser quelqu'un que de prendre gratuitement avec lui des façons qu'on sait lui déplaire), c'est méconnaître la *liberté* elle-même et que si l'*égalité* signifiait que l'homme grossier sera socialement l'*égal* de l'homme cultivé, elle donnerait un privilége à la sottise, lorsqu'elle est précisément la négation de tout privilége. Ce sont leurs clameurs qui sont la cause ou le prétexte de toutes les rigueurs dont les esprits vraiment libéraux ont lieu de s'affliger.

Pour d'autres, l'idée de *république* se confond avec l'idée de *nivellement* et l'on concevra tout de suite qu'un régime qui prendrait à l'un une fortune péniblement gagnée, pour la distribuer à d'autres qui ne font rien, serait la glorification de la fainéantise, au préjudice du travail.

Quant à ceux qui croient de bonne foi que la république serait un régime naturellement plus favorable au développement des travaux dans lesquels ils espèrent honnêtement s'enrichir, qu'ils méditent cette parole de Montesquieu, fondée sur l'observation de toutes les histoires connues : « *Les républiques finissent par le luxe et les monarchies par la pauvreté.* » (Esprit des Lois, L. VII, C. IV). — D'où, l'état monarchique serait le plus favorable à l'expansion des richesses.

Si nous avions à opérer le classement des différents principes d'organisation politique, nous le ferions d'une tout autre manière et, sans nous arrêter aux principes de forme, nous irions directement aux principes de fond.

Pour nous, ces principes se réduisent forcément à deux : *Ou un peuple appartient à quelqu'un et alors il a un maître, ou il n'appartient à personne et alors il s'appartient à lui-même.* Ces deux situations donnent à elles seules la clef de tous les systèmes possibles et il nous sera aisé de rattacher à l'une ou à l'autre tous ceux qui ont été expérimentés jusqu'à ce jour.

. . . .

Nous donnerons scientifiquement au principe de la première le nom d'*hétéroctémisme* qui signifie *possession par autrui* et nous lui laisserons dans notre analyse celui d'*absolutisme* dont le langage usuel l'a gratifié et qui le désigne par son effet.

Par opposition à l'*hétéroctémisme*, nous donnerons au second principe le nom d'*autoctémisme* qui signifie *possession de soi-même* et nous serons contraint d'employer réellement ce mot, la langue ne possédant aucun équivalent capable de le suppléer (1).

Sans aller plus loin, on peut déjà voir que, dans l'*absolutisme*, le principe de tout le système d'organisation sera l'*intérêt d'un maître* et que, dans l'*autoctémisme*, ce même principe sera l'*intérêt de tous* ou l'*intérêt public*, parce qu'il est tout simple qu'un élément qui s'appartient ne cherche à s'organiser que dans son propre intérêt.

Essayons de poser dans une esquisse rapide les principales conséquences de ces deux principes.

---

(1) Nous ne pouvions employer le mot *autonomie* qui signifie proprement l'indépendance d'un peuple par rapport aux autres peuples, tandis que l'*autoctémisme* doit représenter l'indépendance d'un peuple par rapport à l'individualité qui le gouverne.

§ II.

DE L'HÉTÉROCTÉMISME OU ABSOLUTISME.

I.

Puisque dans l'*hétéroctémisme* il est admis qu'un peuple ne s'appartient pas, qu'il appartient à un maître, le caractère le plus frappant de l'*absolutisme* sera que le maître soit véritablement le propriétaire de la nation, c'est-à-dire du territoire et de tous ses habitants. Et même il sera plus que propriétaire, car le propriétaire civil doit encore certains comptes à la loi, tandis que celui dont la volonté même sera la loi n'en pourra devoir à aucune puissance.

Il résulte de là que, sous l'*absolutisme*, la *propriété privée* ne peut pas réellement exister ; que toute possession individuelle n'est qu'une sorte de délégation gracieuse, qu'une sorte de concession de tolérance et toujours résiliable.

Tout est au maître : on ne peut posséder que sous son bon vouloir. Les habitants peuvent s'acheter entre eux des objets par rapport les uns aux autres (1), mais ils ne sauraient jamais rien se vendre ni s'acheter radicalement par rapport au maître : car que pourraient-ils donner en paiement qui ne lui appartienne d'abord, puisqu'ils n'ont pu travailler et recueillir que sur un fonds qui est à lui et qu'ils sont eux-mêmes *sa chose?*

Sous l'*absolutisme*, la *confiscation* est une mesure toute naturelle. Le maître n'a pas besoin d'un motif pour dépouiller un de ses *sujets* d'un morceau de terre qu'il trouvera mieux placé dans d'autres mains. Il possède logiquement sur tout usufruitier terrien la même autorité que sur tous les gens en place, les uns et les autres n'étant que ses serviteurs (2). Ce serait déjà pour le maître un acte de renoncement à l'une de ses prérogatives ration-

(1) Comme aujourd'hui se vendent certains offices dont l'État se réserve le fonds.

(2) En France, du temps de l'ancien régime, on a vu plus d'une fois des nobles entièrement dépossédés par le roi. Ils n'avaient rien à dire. La meilleure preuve qu'ils n'étaient pas propriétaires, *c'est qu'ils ne payaient pas d'impôt*. Comme alors il n'y avait guère de contributions en numéraire, on attachait des terres aux charges, de même qu'aujourd'hui on y attache un émolument ; ou bien, on récompensait les services par la jouissance d'un domaine, comme aujourd'hui on les récompense par une pension. Souvent les terres, une fois attribuées, se perpétuaient dans les familles, par une faveur spéciale ou par un oubli du maître et de bien grandes maisons n'ont jamais eu d'autres titres que celui-là pour la possession de leurs biens.

nelles que de consentir à ce que la *confiscation* ne fût plus prononcée que *judiciairement* (1).

Tout ce qui retourne au maître ne fait-il pas que retourner à l'*Etat* dont il est la personnification. L'*Etat, c'est moi*, disait Louis XIV.

Sous l'*absolutisme*, les impôts eux-mêmes ne seront donc plus, à proprement parler, des impôts, nom qui présume une sorte d'établissement légal et de répartition régulière. Les impôts ne seront alors que des *réquisitions* capricieuses, basées seulement sur la réclamation du maître. Il lui faut ici toute la fortune du *sujet*, il la prendra ; il lui faut seulement sa maison, il s'en emparera; il lui faut son cheval, ses bœufs, sa maison, tout lui sera dû sans qu'on ait rien à objecter. De là vient que, pour s'éviter des embarras de perception, il affermera une province comme on afferme un champ, laissant au fermier le soin désagréable de pressurer le malheureux selon les nécessités. — *(Fermiers généraux)*.

Les individus partageront le sort des simples objets. Grands et petits devront tout quitter à la première injonction du maître. Le seigneur le suivra directement, le populaire suivra le seigneur. Faut-il se faire tuer ? Les uns et les autres n'auront à consulter que l'ordre qui leur sera donné.

Point de tribunaux à invoquer. S'il en existe, ils n'exis-

(1) En Russie, l'empereur a la haute main sur les biens de tous les seigneurs. Il les enrichit ou les ruine à sa guise. Si l'un deux passe à l'étranger sans sa permission ou excède la permission donnée, ce sont deux cas d'une *confiscation* totale et immédiate.

teront que par délégation du maître pour représenter sa volonté et dispenser la justice entre les intérêts inférieurs (1). En conséquence, il n'en pourra exister pour mettre sa volonté en discussion et, le cas échéant, avoir à prononcer contre elle.

La liberté individuelle étant chose inconnue, la vie des particuliers n'aura nécessairement aucune garantie. Les plus grands personnages pourront être égorgés, (2) s'ils portent ombrage, ou jetés dans une prison perpétuelle, sans que le maître soit justiciable d'aucune autre puissance que de l'histoire (3).

Sous l'*absolutisme*, la famille ne sera plus qu'un mot pour désigner un foyer de reproduction animale. La femme

(1) Egaré dans une partie de chasse autour de Versailles, Louis XIV se réfugia dans la maison d'un seigneur nommé de Fargues, ancien frondeur. — *Comment*, s'écria-t-il, *cet homme ose-t-il habiter si près d'ici?* Il s'entendit avec la reine, sa mère ; tous deux mandèrent le premier président Lamoignon, le vertueux protecteur de Boileau, et lui témoignèrent leur extrême désir qu'il trouvât quelque moyen juridique de perdre de Fargues. L'éminent magistrat fut trop heureux d'une occasion de plaire à *son maître*. De Fargues fut impliqué dans un meurtre commis à Paris au plus fort des troubles, *quatorze ans* auparavant, jugé sans appel et pendu (1665). (*Mémoires* du duc de Saint-Simon, chap. CLI).

(2) En France, nous en offrirons pour preuve le double assassinat du duc de Guise, poignardé sur le seuil du cabinet d'Henri III, au château de Blois, le 23 décembre 1588 et de son frère le Cardinal, massacré le lendemain. Leurs corps furent brûlés dans une salle du château.

(3) Pour reconnaître cette vérité, il n'y a qu'à se rappeler la Bastille et les lettres de cachet. Dès l'âge de 22 ans, Voltaire fut mis à la Bastille pour une satire supposée ; on sait les malheurs de Latude qui y passa plus de 30 ans pour quelques vers qu'il n'avait pas faits.

ne sera au mari que sous le pouvoir supérieur du maître (1) et l'enfant commun appartiendra au maître avant de leur appartenir. Et de même que la femme du seigneur sera plus directement le bien du maître, qui pourra la rencontrer à sa cour, de même la femme du vilain sera par compensation le bien du seigneur, qui représentera le maître vis-à-vis des basses classes.

Dans les pays *d'absolutisme*, le maître appellera le peuple *mon* peuple ; s'il y a une armée, il dira *mon* armée ; s'il y a une flotte, il dira *ma* flotte.

Lorsqu'on voudra savoir si tout va bien dans ces pays, si l'ordre y est parfait, on n'aura qu'à considérer si tout va au maître, si tous les intérêts convergent vers lui, si tous les serviteurs de ce dieu d'argile sont aveuglément et complètement dévoués à son culte, car il aura la prétention d'être d'une nature au-dessus de la vulgaire nature.

Le territoire sera exclusivement au maître et lui appartiendra comme une vaste closerie couverte de ses bêtes d'exploitation. Ceux à qui il en déléguera la jouissance recevront avec leur motte les habitants qui y seront

(1) Sous Henri IV, sous Louis XIV, sous Louis XV, on voit les plus grands seigneurs livrer à l'envi leurs femmes, leurs sœurs et leurs filles. Ils se consolaient en vendant leur *honneur* pour des *honneurs*. Un seul voulut résister à Henri IV, le jeune prince de Condé, qui avait épousé Charlotte de Montmorency. Il en éprouva mille disgrâces, fut obligé de se sauver à Bruxelles avec sa femme, puis de gagner jusqu'en Allemagne, poursuivi par Annibal d'Estrées. — *Tout ce que j'ai fait dans cette affaire*, répliqua ce courtisan, à qui l'on reprochait l'odieux de ses démarches, *a été pour obéir aux ordres du roi mon maître, que je dois exécuter, justes ou injustes.* (Anquetil, t. III).

attachés et qui seront les accessoires de la *glèbe* (1).

Le territoire constituant un véritable héritage, un bien de famille pour le maître, celui-ci se trouvera parfaitement fondé à le partager entre ses enfants (2). On ne renoncera à cette pratique que quand on aura reconnu qu'elle est une cause de division et de faiblesse pour l'intérieur et expose le tout à devenir la proie des voisins.

Mais quelque arrangement avantageux pour le maître qui se présente avec l'étranger, le maître pourra couper, tailler, donner, céder, échanger, vendre comme un vrai propriétaire, et les habitants suivront comme un troupeau la destination du lambeau démembré (3).

Quant au pouvoir du maître, impossible de s'en débarrasser sous aucun prétexte que ce soit. Un domestique qui n'est que loué peut changer de maître au bout de son temps; mais l'être qui est descendu à la condition d'objet mobilier, qui est la propriété de quelqu'un, ne peut pas renoncer à son possesseur: s'il en était autrement,

(1) La Russie nous offrira encore un exemple de ce fait, dans tout ce qu'il a de plus rigoureux. Les paysans nés sur une terre appartiennent tellement au seigneur local, qui n'est d'ailleurs que le représentant du seigneur souverain, qu'ils continuent de lui appartenir même quand ils peuvent aller s'établir dans les villes et que la fortune qu'ils gagnent alors peut leur être entièrement prise par leur maître natif. Si cela ne se fait pas toujours, c'est qu'on cède à une certaine honte de se montrer inhumain.

(2) Cela s'est toujours fait en France, sous la première race. Les lots s'appelaient des *apanages* et l'*apanage* par province a encore subsisté longtemps après. Une province pouvait ainsi être portée en dot à un mari étranger.

(3) On voit encore de temps à autre de petits princes vendre leurs principautés pour écus comptants: on peut citer parmi les derniers le prince de Monaco, qui a fait son marché pour 3 ou 4 millions.

la possession ne serait pas complète et l'*absolutisme* la présume telle. C'est pour cela qu'on donne la domination qui en résulte comme étant de *droit divin*, entendant par là qu'elle procède d'un principe supérieur aux atteintes de l'homme. Cependant l'autocrate qui aura renversé un autre autocrate, niant ainsi en lui le *droit divin*, invoquera tout-à-l'heure ce même *droit divin* pour lui-même !

Enfin, sous l'*absolutisme*, il n'y a point à s'inquiéter des lois. Puisqu'il n'y a point de *constitutions* préservatrices, il n'y aura pas lieu de réclamer des lois d'intérêt général ; le maître n'aura de dispositions à prendre que dans son propre intérêt, pour assurer la bonne économie de son exploitation. En cette matière, il en agira complètement à sa guise et l'on qualifie ce régime, en l'appelant régime du *bon plaisir*.

Ce régime est celui des *suppliques*. Si, poussé à bout, on en vient à demander quelque peu de justice relative, on ne peut pas la demander carrément, hardiment comme à un magistrat qui *la doit* et qui aime qu'on sache qu'il *la doit*, parce qu'il aime à la rendre. On la demande alors, en *suppliant*, comme une faveur, comme une grâce.

Tous les fonctionnaires de l'*absolutisme* sont exclusivement les hommes du maître et ils s'en font gloire. Ils lui sont dévoués, ils le proclament ; mais aucun d'eux ne parle de son dévouement au pays.

L'*absolutisme* peut se caractériser d'un seul mot; c'est l'élévation, la déification d'un seul homme par l'abaissement, par l'anéantissement d'une nation toute entière. Il ne produira pas ce qu'on appelle des grands hommes, c'est-à-dire, des hommes qui brillent également par leurs qualités intellectuelles et par leurs qualités morales. Ces hommes seraient des ennemis pour lui ; s'il ne peut les étouffer, il les exilera ; le patriotisme est pour lui le plus dangereux des crimes.

Mais il ne faut pas penser, malgré la peinture qui vient d'en être faite et dont chaque trait peut être appuyé par une preuve historique, que l'*absolutisme* soit toujours insupportable et nécessairement contraire aux intérêts matériels d'une agglomération. Les habiles (mais ils sont rares) savent dissimuler avec art et cacher sous l'ostentation des sentimens d'une honnête paternité ce que leur puissance peut avoir d'exorbitant vis-à-vis de tout un peuple et même d'insultant pour la dignité humaine, qui devient une question sérieuse à mesure que les esprits s'élèvent.

Le maître comprend parfois que l'excès d'ignorance chez ses *sujets* peut être funeste à ses propres intérêts, le travail qu'ils lui rendent devant se ressentir de l'infériorité de l'instrument. Il laisse se répandre un peu d'instruction pour favoriser l'essor de l'industrie. L'aisance amène l'ambition individuelle, le sentiment de soi-même et de sa propre force.

Dès-lors tout change de face : le troupeau commence à se compter et à vouloir être compté pour quelque chose; bientôt arrive l'heure des statuts tardifs, des *chartes octroyées*. Un autre esprit s'est élevé qui ne cessera plus de faire la guerre à l'esprit de l'*absolutisme*, et il est à noter que tout relâchement de l'*absolutisme*, évident *progrès* pour la nation, sera pour lui-même un pas certain vers sa ruine, puisqu'il reniera d'autant l'*arbitraire* qui est son principe essentiel.

II.

Après le tableau peu attrayant que nous venons d'en faire, on peut se demander comment un groupe important souffre un gouvernement dont il est facile à tous les esprits éclairés d'apprécier le caractère dégradant. Il a déjà été observé qu'il suffirait que tous se retirassent simultanément de cette puissance pour qu'elle croulât immédiatement dans le vide (1).

Nous nous bornerons à constater que l'*absolutisme* a été de tous temps fort répandu dans les contrées asiatiques (2), que les populations de ces pays semblent définitivement vouées à ce principe. On trouve la cause de ce phénomène dans la nature du climat, qui énerve les intelligences et ne leur permet pas de se livrer volontiers à de longues considérations sur un même sujet, non plus qu'à ces discussions animées, fruit de rapports fréquents, dans lesquelles les nobles passions se surexcitent au contact les unes des autres. Elles y sentent tout d'abord d'une manière confuse l'impraticabilité de la *liberté illimitée* et elles voient dans l'abandon de toutes les libertés aux mains d'un seul et même maître le plus court moyen pour chacun d'échapper à la tyrannie de tous : expédient

(1) Dans le *Contre un* d'Etienne la Boëtie.

(2) « Il règne dans l'Asie un esprit de servitude qui ne l'a « jamais quittée et, dans toutes les histoires de ce pays, il n'est « pas possible de trouver un seul trait qui marque une âme « libre : on n'y verra jamais que l'héroïsme de la servitude. » (Montesquieu, *Esprit des Lois*, L. XVII, C. VI.)

primitif qui épargne en effet toutes les lenteurs et prévient toutes les difficultés d'une *Constitution raisonnée.*

Ajoutons que l'origine des gouvernements d'Asie remonte presque toujours à la conquête. D'après Montesquieu, l'Asie a été subjugée treize fois. Les conquérants apportaient nécessairement avec eux l'obéissance passive du soldat et devaient y persévérer, même après la conquête, afin de maintenir et d'assurer l'unité d'action constamment indispensable pour leur défense au milieu d'un pays hostile. D'autre part, déjà façonné à la servitude, le peuple conquis s'y résigne plus aisément et accepte sans trop de peine le conquérant dans lequel il voit du moins un ennemi de ses autres ennemis.

L'Europe connaît aussi l'*absolutisme*. Il y est encore pratiqué dans toute sa crudité par deux puissances, qui sont, il est vrai, plutôt asiatiques qu'européennes (1). Au moyen-âge, on n'y connaissait pas d'autre système et, à l'heure qu'il est, on ne pourrait pas dire qu'il ne soit point regretté par quelques-uns là où il n'existe plus.

L'*absolutisme* est extrêmement cher à tous les courtisans, à tous les gens en place pour qui il est une source inépuisable de faveurs exemptes de tout contrôle. Le maître est pour eux le maître, comme pour tous les autres; ils sont exposés à être brisés par lui à toute heure sans motif et sans appel ; mais la facilité qu'ils ont de l'approcher leur donne l'espoir qu'ils pourront toujours maintenir leur crédit par leur adresse ou, s'il périclite, le rétablir par leurs intrigues. Et alors ils sont heureux de

(1) La Russie et la Turquie.

leur servitude, non-seulement pour les bénéfices faciles qu'elle leur procure, mais encore parce qu'elle permet à chacun d'eux, comme dédommagement, d'exercer l'oppression dans sa sphère, sur tout ce qui lui est inférieur. Ils se font esclaves pour pouvoir être tyrans.

On a prétendu que les pays froids ou tempérés ne conviennent pas à l'*absolutisme*, qui y périt toujours, lorsqu'au contraire il se développe et s'affermit sans cesse dans les pays à température élevée (1).

Les moyens de l'*absolutisme* sont la volupté dans les climats chauds, l'ivrognerie dans les climats froids, le fanatisme religieux et l'ignorance partout.

III.

La forme ordinaire de l'*absolutisme* est la forme *monarchique* et il entre dans sa nature d'être héréditaire. On donne toujours préférablement sa fortune à

(1) Dans l'*Esprit des lois*, L. XVIII, C. V. Montesquieu appelle le Nord la grande fabrique des instruments qui brisent les fers forgés au midi.

Présentement l'état de la Russie pourrait être un argument contre ces observations. Mais il faut se souvenir que le régime de la Russie procède directement de l'Asie dont il a apporté les principes et que cette puissance est relativement peu ancienne. L'avenir décidera si l'*absolutisme* doit y être éternel. Nous ne le croyons pas. Les lambeaux de la Pologne épars dans son sein sont autant de ferments prédestinés pour y allumer l'incendie. Quant à la Turquie, il est évident que l'esprit de l'Europe l'envahit tous les jours : le mahométisme s'oppose seul à sa régénération et toute secte a nécessairement sa carrière fixée.

ses enfants et puisque, dans le pays, il n'y a aucune influence qui puisse se placer à côté de celle du maître, rien ne saurait lui interdire de disposer de son héritage à sa fantaisie et de passer aux siens ou à celui des siens qu'il choisira le bénéfice de sa haute prérogative.

On verra quelquefois l'*absolutisme* se constituer à deux degrés, par la création de grands privilégiés qui, tout en subissant l'autorité absolue du maître, seront à leur tour maîtres absolus chacun dans la circonscription qui lui sera attribuée. Le territoire sera ainsi partagé en provinces plus ou moins étendues dont la totalité ne cessera point d'appartenir au maître souverain, mais dans lesquelles le pouvoir du maître sera en quelque sorte délégué de fait à des seigneurs sous certaines charges stipulées, comme de fournir tant de subsides pour les besoins de la cour ou tant d'hommes pour les besoins de la guerre.

Enfin l'*absolutisme* peut même exister au profit d'une caste et il forme alors comme une sorte de tyrannie à à plusieurs têtes. Cette condition nous est représentée par la *féodalité* où chaque seigneur était, pour ainsi dire, maître absolu chez lui de par sa propre situation, se bornant à rendre hommage à un prince qui n'était en réalité qu'un seigneur comme tous les autres, et dont la suzeraineté toute conventionnelle n'avait d'autre objet que de former un lien de garantie mutuelle entre tous les dominateurs d'un même pays (1). Ces dominateurs jetant l'épouvante par l'appareil de leur force, on en vint à regar-

(1) Qui t'a fait comte, disait un roi de France à un comte de Toulouse? — Ceux qui t'ont fait roi, répondait celui-ci.

der comme un avantage d'appartenir nominativement à l'un d'eux, pour être défendu par lui contre ses rivaux et c'est ainsi que, le plus petit seigneur devenant vassal d'un plus grand qui, à son tour, était vassal d'un autre encore plus grand que lui, l'oppression se hiérarchisa dans un immense réseau, de manière à ce que tout ce qui ne pouvait pas se faire oppresseur dût être opprimé sans merci (1).

Mais, il faut qu'on le remarque, même dans le cas où l'*absolutisme* procède de l'esprit *féodal*, il est encore *monarchique*, puisqu'il est convenu d'accepter en fait la direction d'*un seul* soit dans les questions générales, soit dans celles d'arbitrage de pair à pair (2).

Cependant il arrive un moment où cet *absolutisme* succombe par suite même de son excès.

Poussé par l'ambition naturelle à l'homme, un prince qui est le représentant d'un aristocratie indépendante

(1) Le vilain ou fermier titulaire avait encore quelques immunités qui lui étaient concédées par l'usage plutôt que par la loi, puisqu'il n'y avait point réellement de loi ; « quant aux serfs, « dit Pierre de Fontaines, le sire peut prendre tout ce qu'ils « ont et les corps tenir en prison toutes fois qu'il lui plaît, « soit à tort, soit à droit, et il n'est tenu d'en répondre à « personne, fors à Dieu. » (V. Duruy).

(2) « Le *jugement par les pairs* était le principe de la jus- « tice féodale. Les vassaux d'un même suzerain étaient *pairs* « entre eux *(par, paris*, égal). Si le seigneur direct refusait « de rendre ou rendait mal justice à son vassal, celui-ci pou- « vait en appeler par *défaute de droit* au suzerain supérieur. — V. Duruy.

Mais de nation, il n'y en avait pas encore ; partant, pas de justice pour elle : l'homme de la glèbe était un bétail et longtemps après, un grand seigneur pouvait encore faire bâtonner Voltaire par ses gens, à la porte du duc de Sully chez qui il venait de dîner et qui le trouva tout naturel.

devra ordinairement chercher à la soumettre en profitant des divisions qui l'affaiblissent et des luttes qui l'épuisent. Avec un peu d'adresse il y réussira toujours : car entre deux champions, il donnera toujours la supériorité à celui qu'il aidera ouvertement ou en secret, et lorsque celui-ci aura usé ses forces pour vaincre son ennemi, il ne sera plus en état de résister aux exigences de son auxiliaire. Le prince justifiera ses accaparements en disant qu'avec plus de pouvoir il aura plus de moyens d'assurer l'indépendance générale contre les tentatives des princes voisins ; au besoin, il se fera un levier de la classe sacrifiée : ce qui sera pour celle-ci une occasion de reconnaître en elle-même une force qu'elle n'oubliera pas et avec laquelle un protecteur intéressé pourra compter un jour, tant est rigoureux l'enchaînement des choses humaines !

Or, dans le cas où l'*absolutisme* d'un seul n'est gêné par aucune aristocratie, soit qu'il ait subjugué une noblesse préexistante, soit qu'il n'en ait pas rencontré, il arrive également une époque où ce principe perd sa propre trace et comme le souvenir de ce que la nature le fait. Ce phénomène prendra pour instrument quelque prince naïf dans ses bonnes intentions, (car on est naïf quand on fait le bien en se diminuant, sans en avoir conscience) : à force de s'entendre dire par la flatterie qu'il est *le père de son peuple*, ce prince se sentira pris de l'honnête désir de l'être réellement. Il renoncera de lui-même (et assurément ce sera l'indice d'un caractère profondément respectable) à toutes les facultés vexatoires, ruineuses et insultantes qu'implique un pouvoir sans bornes.

Ne voyant plus dans ses sujets des êtres d'espèce inférieure, exclusivement voués à son service personnel et uniquement mis au monde pour son plaisir particulier, il reconnaîtra en eux des hommes et voudra qu'ils soient heureux aussi, autant qu'il leur sera possible de l'être. Acceptant le rôle d'un administrateur véritable, il fera de louables efforts pour améliorer toutes les conditions et n'usera plus alors de sa haute autorité que pour rechercher et assurer l'avantage de tous.

En un mot, à côté de son intérêt propre, il reconnaîtra l'intérêt de la multitude et verra surtout la satisfaction du premier dans la prospérité du second.

De tels sentiments, qui seront le fruit d'une instruction plus développée, apporteront un changement complet dans l'essence de l'*absolutisme* qui cessera d'être une puissance également brutale et aveugle.

L'*intérêt public* sera affirmé. Le prince ne se considèrera plus que comme en étant la personnification inviolable, abdiquant la maîtrise directe sur les personnes et sur les choses, dont il cessera d'être le propriétaire souverain et n'exerçant désormais son autorité sur les personnes et sur les choses qu'au nom du bien de tous, ce qui dénonce une transformation radicale dans l'esprit de l'institution.

A ce moment, l'*absolutisme* sera devenu *despotisme*, d'après le sens que nous voulons donner à ce dernier mot.

En effet, par l'*absolutisme* nous entendons un pouvoir sans bornes, sans contrôle, dévolu à un individu sur tous les éléments d'un groupe humain, sans excepter les choses que nous avons coutume de tenir pour les plus privées.

Par le *despotisme*, au contraire, nous entendons toujours, il est vrai, un pouvoir sans bornes, sans contrôle et dévolu à un individu, mais seulement dans la disposition des choses ayant un caractère public ou, si l'on veut, dans le maniement des ressorts politiques, réserve étant faite en faveur de l'intérêt privé, qui sera respecté, en tant que la politique n'aura point raisonnablement à le toucher.

Le *despotisme* aussi sera toujours *monarchique* et, comme on le voit, il ne sera autre chose que l'*absolutisme* resserré dans le *domaine politique*, et ce que nous appelons aujourd'hui l'*arbitraire politique*.

Louis XIV se crut un monarque *absolu*. A proprement parler, il n'en fut pas un, car il ne se tenait point pour le haut propriétaire des propriétés privées, non plus que des personnes. Les individus s'appartenaient dès ce temps-là, puisque ceux de la plus basse condition pouvaient louer leurs services et en recevoir le prix (1). Contrairement à son opinion, il ne fut qu'un *despote* et il l'était pour cela seulement qu'il gouvernait sans *constitution politique*(2).

(1) Ils ne pouvaient cependant pas toujours les louer comme ils le voulaient :
« S. M. (Louis XIV) a fait défense que personne n'ait à faire « aucun bâtiment d'ici à dix lieues à la ronde ; on dit que c'est « pour pouvoir faire quatre grands ateliers aux maisons roya- « les. qu'il veut faire rebâtir ou achever, telles que sont le « Louvre, Saint-Germain-en-Laye, le bois de Vincennes, etc. »
(*Guy-Patin*, lettre du 9 novembre 1660).
S. M. veut des ouvriers, personne n'en doit prendre.

(2) « Dans le *despotisme*, dit Montesquieu, un seul sans loi et « sans règle, entraîne tout par sa volonté et ses caprices. » (*Esprit des Lois, L. II, C. 1.*) C'est-à-dire que dans les affaires

Cette fameuse apostrophe: « L'Etat, *c'est moi,* » contenait à son insu l'aveu qu'il existait au-dessus de lui une abstraction dont il sentait l'importance et ses efforts pour s'identifier à elle témoignent précisément de la crainte qu'il avait de s'en voir isoler.

Et pourtant dans ce seul mot, *l'Etat,* qui était déjà le nom tout trouvé de l'*intérêt collectif,* considéré au point de vue politique, il y avait en germe toutes les causes de la tempête qui devait éclater un siècle plus tard, lorsqu'on arriverait à séparer l'Etat du prince et à placer l'intérêt de l'Etat au-dessus de l'intérêt du prince.

Tels sont les effets de l'*hétéroctémisme* ou *absolutisme,* régime dans lequel la nation tout entière appartient à un maître. L'asservissement est complet, lorsque l'*absolutisme* est dans toute sa pureté ; ce n'est qu'en se réduisant de moitié, c'est-à-dire, en abandonnant le domaine civil qui lui échappe par la force des choses, pour se retirer et se concentrer dans le domaine politique, qu'il finit par se changer en cet autre régime que nous avons appelé *despotisme* et qui doit se reconnaître en toute *monarchie sans constitution.* Sous le *despotisme,* la nation peut commencer à avoir une existence sensible : mais cette existence n'ayant aucune garantie vis-à-vis du souverain, elle est en réalité comme si elle n'était pas reconnue et, dans le fait, le *despote* a tous les moyens de porter à l'intérêt privé toutes les atteintes qu'il lui plaira.

publiques ou dans celles qu'il peut toucher en leur nom, il n'a d'autre loi que sa volonté.

IV.

L'*hétéroctémisme* ou *absolutisme* peut-il produire le *juste* et le *droit*?

I. — L'heure n'est pas venue pour nous de rechercher si l'*hétéroctémisme* ou *absolutisme* est *juste* en lui-même, c'est-à-dire, considéré comme principe de gouvernement.

Nous supposerons provisoirement qu'il l'est, car s'il ne l'était pas, il ne pourrait produire aucune conséquence *juste*; et nous rechercherons alors ce que le *juste* doit logiquement être en lui, en partant de cette base que tout ce qui est logique à un principe *juste* est nécessairement *juste*, par rapport à lui.

Pour connaître toutes les conséquences logiques, c'est-à-dire *justes*, de l'*absolutisme* complet ou *hétéroctémisme*, il n'y a qu'à reprendre la série des phénomènes que nous l'avons vu produire par expérience.

Le premier que nous rappellerons sera celui de la non-existence de la *propriété privée*, dans l'indépendance radicale où nous avons l'habitude de la concevoir (1). Par la note ci-dessous, on voit que Montesquieu reconnaît parfaitement cette vérité et qu'il convient que les esclaves du seigneur ne sont pas même foncièrement à lui, bien que l'esclave de quelqu'un semble être ce qui peut le plus étroitement lui appartenir. Il est en effet logique, c'est-à-dire *juste*, qu'il en soit ainsi; l'autocrate étant présumé

(1) Le seigneur, qui peut *à tous les instants être dépouillé de ses terres et de ses esclaves*, n'est pas si porté à les conserver. (*De l'Esprit des Lois*, L. XIII, C. VI).

maître avant tous autres et du territoire et de tout ce qui y est attaché, il s'ensuit que nul ne peut devenir maître qu'au-dessous de lui et par son assentiment effectif ou présumé. On ne pourrait devenir véritablement propriétaire qu'en lui achetant le fonds et en le lui payant d'une manière définitive, ce qui ne se pratique pas ni ne peut se pratiquer, parce que des aliénations partielles et successives conduiraient dans un temps donné à la ruine totale du régime.

Dans l'*absolutisme*, le prince sera également maître des personnes reputées libres et Montesquieu reconnaît cette faculté au *despotisme* qu'il confond avec l'*absolutisme* et qui est, suivant nous, l'*absolutisme* déjà diminué. « De « tous les gouvernements *despotiques*, dit-il (1), il n'en « est point qui s'accable plus lui-même que celui où le « prince se déclare *propriétaire* de tous les fonds de terre et l'*héritier* de tous ses sujets. » Le mot *héritier* n'est ici que par euphémisme: la transmission par héritage présumant *propriété*. Or, cette faculté est encore logique, c'est-à-dire *juste*, en faveur de l'*absolutisme*, car, dans une sphère où l'on possède tout ce qui est matériel, on possède naturellement de même tout ce qui y est renfermé pour y vivre et en vivre.

Cela étant, il ne pourra plus y avoir réellement sous l'*absolutisme* ni famille proprement dite, comme il a déjà été remarqué, ni hérédité civile, c'est-à-dire entre simples particuliers.

Ce qu'on peut appeler l'*honneur domestique* n'existera plus par le fait. La vertu n'aura plus de place chez la fille,

(1) De l'Esprit des Lois, L. V.C.XIV.

ni chez la mère, à qui il ne sera point possible de se défendre (1): on ne saurait exiger la résistance là où elle n'est point matériellement praticable.

Sous l'*absolutisme* il sera *juste* que tout revienne à un seul, puisqu'un seul est le maître de tout : il sera *juste* en un mot que l'*intérêt du gouvernant* soit le pivot de toutes les institutions, puisque le gouvernement des choses et des individus ne doit s'exercer que pour son avantage.

L'*intérêt de la masse* ne devra compter pour rien par rapport à elle-même. Son avantage ne sera considéré que par rapport à l'avantage qui en résultera pour l'*intérêt du maître*.

Enfin, le propre de l'*absolutisme* sera de gouverner sans constitution, de celles que l'on peut appeler restrictives et modératrices : car on ne saurait se faire à soi-même une constitution restrictive vis-à-vis de son propre bien.

Tel est le juste dans l'*absolutisme* accepté lui-même comme principe *juste*.

II. — L'*absolutisme* produit donc un certain *juste*.

Pourra-t-il produire le *droit* ?

« Dans les Etats mahométans, on est non-seulment maître « de la vie et des biens des femmes esclaves, mais encore de ce « qu'on appelle leur vertu et leur honneur. » (*De l'Esprit des Lois*. L. XV, C. XII). — Or, nous savons que dans l'*absolutisme* le maître d'esclaves est lui-même esclave du maître souverain. Ceci explique l'usage du voile pour les femmes, comme mesure de préservation.

Nous voyons que dans l'*hérétoctémisme*, l'*intérêt du gouvernant* ne permet d'en placer aucun autre à côté de lui. Celui de la nation n'existe pas, puisqu'elle n'a pas d'individualité consacrée ; il se confond dans celui du maître dont l'agglomération tout entière est l'instrument passif.

Dans l'*hétéroctémisme* ou *absolutisme*, nous ne trouverons donc le *droit* que sous sa forme *absolue* (1), celle qui ne présume l'existence d'aucun *droit* rival, ce qui fait de son *droit* un *droit par absence de droit contraire* (2) et explique parfaitement le nom d'*absolutisme* que les hommes lui ont instinctivement donné : car le sentiment est parfois plus perspicace que l'intelligence elle-même.

Or, lorsque, dans l'examen d'un principe d'organisation sociale, on recherche si ce principe est susceptible de produire le *droit*, cela signifie qu'on s'enquiert si le *droit* peut y apparaître, sous sa forme *relative* (1) c'est-à-dire, s'il comporte l'existence d'immunités *justes* en faveur de la nation, concurremment aux immunités *justes*, nécessaires à l'élément gouvernant. Il y aura alors deux intérêts en face l'un de l'autre et la fixation rationnelle du *droit* de l'un, (c'est-à-dire de la *somme du juste* (3) en sa faveur), par rapport au *droit* de l'autre (ou à la *somme du juste* à son profit), représentera comme science cette espèce de *droit* que l'on appelle *droit politique*, lequel peut se définir : le *droit relatif* entre l'*élément gouverné* et l'*élément gouvernant*.

L'*absolutisme* se refusant par sa nature, ainsi qu'il a

(1) Voir Première partie, § 1, 9ᵉ et 10ᵉ alinéas.
(2) Voir Première partie, § III, 7ᵉ et 8ᵉ alinéas.
(3) Voir Première partie § 1, 5ᵉ et 6ᵉ alinéas et § II, 2ᵉ alinéas.

été prouvé, à ce que la nation ait aucun *droit* vis-à-vis du maître, c'est-à-dire, aucune prétention *juste* qui puisse légitimement lui être imposée (1), puisqu'il n'y a en lui qu'un *possesseur* et une *chose possédée*, il en résultera donc qu'il n'est point susceptible de donner naissance au *droit politique*, qui présume la coexistence d'un second intérêt et que ceux qui tiennent ce *droit* pour indispensable à la vie comme à la dignité d'un peuple doivent nécessairement le demander à un autre principe.

— Quant au *despotisme* simple ou *absolutisme* réduit au *domaine politique*, ses effets naturels sont pratiquement à-peu-près identiques. Théoriquement, il admet l'existence de la nation ; mais comme il peut tout au nom de son propre intérêt, dans lequel il se complaît toujours à voir l'intérêt de l'*Etat*, comme enfin il est le seul juge de l'équité de ses exigences et que, par suite de l'absence d'une *constitution garantie*, la collectivité n'a aucun moyen régulier de résister à ses excès, il s'ensuit que, bien qu'étant moins humiliant dans l'apparence et généralement moins vexatoire dans la pratique courante, il pourra se jeter à l'occasion dans les mêmes extrémités que l'*absolutisme* radical.

Ainsi, le *droit politique* n'est pas non plus réellement dans le *despotisme ;* il n'y est qu'à l'état rudimentaire ; il n'y possède et n'y saurait posséder aucune sanction et, pour ce motif, il s'y trouve condamné à une impuissance complète.

(1) Nous appelons *légitime* tout ce qui est conforme à une loi reçue ou à un principe accepté. Cette loi et ce principe peuvent d'ailleurs être ou *naturels* ou *conventionnels*.

§ III (*).

DE L'AUTOCTÉMISME.

I.

Nous rappelons que, par *autoctémisme*, nous entendons la *possession de soi-même*, c'est-à-dire le fait de de *s'appartenir à soi-même* pour n'être sous le coup

(*) Outre J.-J. Rousseau et Montesquieu, cités ci-dessus relativement à la division des formes de gouvernement, nous croyons devoir noter ici la classification de Machiavel qui n'avait pas non plus songé à remonter comme nous jusqu'aux principes de l'organisation. Machiavel divise les gouvernements en *monarchique*, *aristocratique* et *démocratique* et remarque que chacune de ces formes en comporte comme une seconde qui dérive directement d'elle et représente son excès : ainsi la *monarchie* dégénère en *tyrannie* (ce que nous apped'aucune possession supérieure au profit d'un individu quelconque. L'*autoctémisme* exprimera donc l'indépendance foncière d'une nation par rapport à l'hypothèse de tout asservissement intérieur, tant civil que politique; et, comme nous l'avons déjà observé, il ne devra point être confondu avec l'*autonomie* d'un peuple, qui exprime seulement l'indépendance de ce peuple vis-à-vis de tout prince ou de tout peuple étrangers.

Dans l'*autoctémisme*, la situation sera complètement différente de celle que nous avons vu se produire sous l'*absolutisme*.

Sous l'*absolutisme*, le *maître* est tout, la *nation* n'est rien pour elle-même, et n'existe que pour lui, ce qui revient à dire que, réduite à la condition d'un immense

lons *absolutisme* et *despotisme*), l'*aristocratie* ou *oligarchie* (la *féodalité* était l'*oligarchie* sur sa plus grande échelle) et la *démocratie* ou *république* en une *ochlocratie* licencieuse (le gouvernement de la foule, ce que nous appelons le gouvernement *de tous par tous*). (*Politique*, L. I, C. II).

Il est bon de savoir que Machiavel était un ardent partisan de l'indépendance politique : ce serait un républicain violent, d'après les vieilles doctrines. D'après la nôtre, il sera plus exactement qualifié d'*autoctémiste* convaincu, car il ne repousse pas la monarchie et ne prétend jamais qu'elle soit incompatible avec le bien public : *Un pays*, dit-il, *ne peut être véritablement uni et prospérer, que lorsqu'il n'obéit en entier qu'à un seul gouvernement, soit monarchie soit république.* (*Politique*, L. I, C. XII). Plus loin, il envie celui de l'Espagne et surtout celui de la France; il ne craint pas de dire que la France est le pays le mieux gouverné qu'il connaisse et il en donne pour motif (C. XVI et LVIII) que les rois s'y sont lié les mains par une infinité de lois préservatrices. Il s'arrangera donc volontiers du prince, lorsque des garanties rationnelles seront données à la nation et c'est l'opinion que nous voulons nous-même faire triompher, en démontrant qu'il y aura profit des deux parts à ce que ces garanties exsitent.

troupeau d'hommes, elle n'a pas d'existence propre. Dans l'*autoctémisme* au contraire, la *nation* est tout ; c'est elle qui existe d'abord et celui qui tient la place du *maître* n'est autre chose que l'exécuteur ou le promoteur des lois dont elle peut avoir besoin pour son propre avantage.

Il résulte de cette situation plusieurs conséquences de la plus haute portée.

La première à observer est que chaque individu s'appartiendra sans réserve, ce qui implique l'*inviolabilité* présomptive de sa personne. Cela ne lui suffira pas sans doute pour lui assurer l'*inviolabilité* matériellement et en fait, mais c'en sera du moins assez pour qu'elle lui soit reconnue en principe, de manière à condamner d'avance, comme contraire au *droit*, toute tentative d'assujettissement et à proclamer en conséquence comme conforme au *droit* toute résistance ou toute révolte contre un asservissement essayé ou accompli.

Par l'*autoctémisme*, la famille deviendra également libre. Elle devra l'être par le seul fait que son auteur le sera. La constatation logique de son indépendance pourra ne pas l'assurer non plus contre les attentats de la force mise au service de la passion; mais du moins son chef saura que, n'étant ni lui ni les siens *la chose de personne*, il peut *en toute justice* repousser la force par la force pour défendre son foyer. Et eût-il succombé dans une première épreuve, il aura à toute époque et à toute heure le *droit* de combattre pour briser le joug imposé, car le temps ne saurait jamais concéder le *droit* sur une chose que l'on n'a pas eu le *droit* de s'attribuer (1).

(1) Nous expliquerons plus tard les lois rationnelles de la *pres-*

La nation dans son ensemble se composera de la réunion des individus et des familles : or, les individus et les familles jouissant d'une indépendance absolue, cette indépendance reviendra naturellement au corps lui-même et nous trouverons dans cette condition un obstacle logique, invincible à ce que nul puisse disposer d'elle sans son aveu, en la livrant en totalité ou en partie à un maître quelconque. L'*autoctémisme* offre donc la garantie la plus certaine, la plus solide à cette sorte d'indépendance collective que nous appelons *indépendance* ou *liberté nationale* et qui, pour un peuple, se traduit par son *autonomie*, état qui implique la faculté de s'organiser comme il l'entend. Plus de crainte d'être cédé ou vendu à l'étranger, ni de voir le territoire arbitrairement démembré et si cela arrivait cependant par suite de l'établissement violent d'une tyrannie, certitude pour la nation de pouvoir *justement*, comme dans les deux premiers cas, revendiquer par tous moyens la rentrée en possession de ses destinées.

Le territoire d'une nation *autoctème* lui appartient donc tout entier et n'appartient qu'à elle seule (par rapport au prince) et de ce fait, il en doit résulter un autre dont la gravité mérite d'être signalée. En effet, qui empêchera les habitants de se partager le sol par portions convenues, ou bien, les attributions s'étant faites tout d'abord au gré du hasard, de se les reconnaître mutuellement à un moment donné, de manière à ce que chacun reste

cription; nous démontrerons qu'elle ne peut résulter que d'une *convention* et qu'en conséquence elle ne peut être invoquée en aucune matière entre des parties qui ne l'y ont point expressément acceptée.

possesseur définitif pour lui et pour les siens du morceau de terre dont il se sera emparé ? Rien ne peut s'opposer à ce qu'un tel accord intervienne entre individus qui seront tous égaux et de ce simple accord naîtra pourtant la *propriété privée*, dite *foncière*, avec le plus évident appareil d'inviolabilité qu'elle puisse théoriquement revêtir.

La *propriété privée*, dite *mobilière*, avait déjà dû trouver sa base dans le seul phénomène de l'indépendance normale des individus : car lorsqu'un homme exempt de toute servitude aura pu se procurer quelque bien par son travail ou son industrie, il est palpable que nul ne saurait trouver un prétexte plausible pour venir le lui réclamer.

Ainsi la *propriété privée*, qui n'existe qu'en apparence dans l'*absolutisme*, sortira tout naturellement de l'*autoctémisme* sous les deux formes que nous sommes habitués à lui donner.

Quant à la défense du territoire, elle trouvera dans l'*autoctémisme* des ressources inépuisables ; car tous les habitants seront intéressés à le garantir, les uns parce qu'ils y possèdent déjà, les autres parce qu'ils peuvent y posséder un jour.

En effet, dans l'*autoctémisme*, la *propriété* terrienne doit être ouverte à tout le monde, ce principe ne comportant ni castes ni privilèges. Il n'y a point de castes sans privilèges ; ce sont les privilèges qui forment et distinguent les castes. Or, dans une nation dont tous les membres s'appartiennent et doivent avoir pour premier vœu de continuer à s'appartenir, on ne saurait admettre l'existence d'aucun de ces privilèges sociaux qui, en élevant artificiellement une classe, en placent une autre en état d'infériorité systématique vis-à-vis d'elle.

Il résulte de là que l'*égalité légale*, c'est-à-dire, *devant la loi*, sort spontanément de l'*autoctémisme* et nous devons observer que, dans une nation, l'*égalité devant la loi* ou *légale* est la seule possible. Dans un groupe immense où chaque individu a une dose différente non-seulement de talens, mais encore de réussite (et la réussite est de tous les dons le plus fécond et le plus puissant), on doit s'attendre à ce qu'il y aura toujours des situations diverses. Même lorsque les castes légales seront bannies, une nation présentera toujours des classes sociales basées sur l'état des fortunes ou la culture de l'intelligence et qui seront la classe *riche* et la classe *pauvre*, la classe *éclairée* et la classe *ignorante*, la classe *polie* et la classe *grossière* ou même en généralisant davantage, la classe *ouvrière* qui englobe toutes les professions de travail maculant et la classe *bourgeoise* dans laquelle on comprend tout ce qui jouit d'une aisance indépendante et tout ce qui se la procure au moyen de professions nécessitant un certain savoir-vivre. L'absence de priviléges consiste à ce que les classes soient légalement ouvertes à tous, aux uns pour monter, aux autres pour descendre. On ne saurait raisonnablement prétendre que ceux qui ont pu s'y introduire dussent y céder leur place à d'autres. S'il en était ainsi, il y aurait privilége à n'y pas être, puisque ce serait un titre exclusif pour y arriver et, une fois arrivé, on ne pourrait jamais y rester.

Dans l'*autoctémisme*, il est de toute évidence que la *loi* ne devra point avoir d'autre principe que l'*intérêt public*, c'est-à-dire l'*intérêt de tous*. Dans une agglomération où chacun s'appartient, où tous les individus se sont présentés d'abord avec les mêmes titres, on doit supposer qu'eux seuls pourront se faire des *lois* et qu'en conséquence ils les feront en vue de l'utilité commune. En agissant autrement, ils froisseraient la *justice* et nous ajouterons même qu'ils méconnaîtraient la prudence: car, dans un régime où les situations peuvent continuellement changer, ceux qui seraient un jour dans la classe favorisée pourraient tomber le lendemain dans la classe sacrifiée et ils souffriraient ainsi eux-mêmes des vexations qu'ils y auraient préparées.

Sous l'empire de l'*autoctémisme*, il y aura donc de *vraies lois*, nom que l'on ne saurait donner à celles que produit l'*absolutisme*, parce que ces dernières n'étant faites que dans l'intérêt du maître, que pour sa propre commodité, l'observation n'en est jamais rationnellement exigible de la part du public ; tandis que celles qui seront faites de concert par des hommes réciproquement indépendants seront également respectables pour la totalité des membres associés.

Pour appliquer *les lois*, il faudra des fonctionnaires.

Sous l'influence de l'*autoctémisme* ou *possession de soi-même*, la fonction seule existera et le fonctionnaire ne sera rien par lui-même, en ce sens qu'aucune immunité ne sera directement attachée à sa personne. Si les fonctionnaires avaient des immunités personnelles, ils formeraient une classe à part, une classe supérieure devant laquelle le reste du groupe serait en état d'asservissement. Les immunités seront attachées seulement à la fonction pour assurer son inviolabilité dans l'exercice des actes qui lui seront propres et cela, parce qu'il est de l'*intérêt public* que l'application de la *loi commune* soit respectée. Hors de l'exercice de sa fonction, le fonctionnaire redevient un citoyen comme tous les autres, appelé eux mêmes bénéfices et sujet aux mêmes charges. Descendu de son siége, le magistrat n'est plus juge ; sorti de son régiment, le général n'a plus de grade et n'est pas même soldat.

Il résulte de ces dispositions que l'*autoctémisme* repousse au premier chef l'*hérédité* des emplois ; car l'*hérédité* serait dans cette matière un privilége évident comme représentant une faculté foncièrement négative de l'indépendance réciproque. Elle créerait une caste dans laquelle l'autorité serait inféodée et qui regarderait bientôt comme son patrimoine la domination sur le reste du groupe. Pratiquement, l'*hérédité* aurait encore l'inconvénient d'exposer les fonctions à tomber dans des mains incapables et le mal ne serait pas moins grand lorsqu'elles tomberaient dans des mains indignes.

Sous l'*auctoctémisme*, toute fonction s'exerce au nom du *public* et dans l'intérêt du *public*. Il en résulte cette conséquence que tout fonctionnaire y devra être responsable vis-à-vis du *public*, de même que dans l'*absolutisme*, il doit être responsable vis-à-vis du maître commun, dont il est spécialement le mandataire. C'est à cette condition seulement qu'il sera *fonctionnaire public ;* dégagé de responsabilité personnelle, il ne serait plus qu'un instrument avili d'un despotisme déguisé.

Enfin l'armée, puisqu'il est de mode aujourd'hui qu'il en faut une, l'armée, disons-nous, recevra aussi des conditions de l'*autoctémisme*. Il ne serait pas contraire à l'indépendance commune qu'elle fût composée de mercenaires recrutés volontairement et étrangers ou non. Mais ce système serait funeste : des mercenaires étrangers sont toujours de mauvais soldats, n'ayant nul intérêt à se sacrifier, pas même celui de la gloire (1) et ils peuvent devenir un instrument de tyrannie. D'autre part, des mercenaires nationaux ne manqueraient point de se transformer tôt ou tard en une tourbe de prétoriens insolents, disposant à leur gré du pouvoir et imposant leurs caprices à ses dépositaires, comme l'empire romain nous en a donné l'exemple (2). Dans l'*autoctémisme* l'armée sera donc composée de nationaux et tout soldat ne devra l'être que pour un temps fixé, de manière à ne point avoir l'idée de chercher une profession dans le service militaire.

Mais aussi de grands ménagemens seront commandés par la saine justice vis-à-vis d'une armée exclusivement composée de soldats-citoyens. Cette armée ne devra jamais devenir le jouet des ambitions individuelles. Le soldat-citoyen n'étant requis et armé que pour garantir le sol national, toute autre mission excèderait son *devoir* et pourrait en conséquence être *justement* déclinée par lui, autant que cela lui serait matériellement *possible* (3).

---

(1) Machiavel blâme énergiquement l'usage des mercenaires étrangers et lui attribue la perte de Venise : il recommande avec la même énergie aux princes et aux républiques d'avoir des armées nationales et de n'en avoir pas d'autres.
(*Politique*, L. I, C. VI et XXI).

(2) Dans les temps modernes, on peut rappeler le corps des Mamelouks, en Egypte, que Méhémet-Ali fit massacrer en 1811 et celui des Strélitz, en Russie, que Pierre Ier détruisit en 1705 pour sa propre sûreté, tenant lui-même la hache et leur coupant le cou sur le billot.

(3) On se rappellera que nous indiquons dans la Première partie les moyens de rendre impraticables les guerres arbitraires et d'ambition personnelle.

II.

Quant au gouvernement général, quelle en devra être l'essence théorique dans l'*autoctémisme* ?

On peut assez le deviner d'après les nombreux principes que nous venons de poser et que nous présentons comme les conséquences strictement logiques de l'*autoctémisme* ou *possession de soi-même*, où, lorsqu'il s'agit d'une nation prise en bloc, de la *liberté civile* jointe à l'*indépendance nationale*.

D'après ce que nous venons de voir, il est clair que le gouvernement ne devra être dans l'*autoctémisme* que l'exécuteur des lois publiques, en même temps qu'il pourra d'ailleurs être chargé de concourir à leur préparation, en observant lui-même et en faisant observer par tous les autres les dispositions préservatrices qui auront été établies pour cet objet.

Le gouvernement sera, à l'intérieur, le gardien de l'inviolabilité de tous les citoyens, d'où il suit qu'il aura pour devoir de la respecter le premier.

Vis-à-vis de l'extérieur, le gouvernement sera également le gardien de l'indépendance collective, d'où il suit qu'il ne devra jamais ni laisser introduire l'influence étrangère dans le pays, ni laisser distraire au profit d'un envahisseur la plus légère portion du territoire.

A tout mouvement complexe il faut un chef. En vertu de cette maxime, un chef pourra être donné au gouvernement pour assurer à son action plus d'unité et à sa marche plus de précision. Mais ce chef ne devra jamais oublier que le gouvernement n'est qu'une délégation de l'action publique, que lui-même il n'est que la personnification du gouvernement, qu'inviolable pour chaque individu pris en particulier, il n'est rien contre la totalité des individus pris en corps.

III.

Pour procéder envers l'*autoctémisme* comme nous l'avons fait vis-à-vis de l'*absolutisme*, posons maintenant cette double question : l'*autoctémisme* est-il productif du *juste*? est-il également susceptible de produire le *droit*?

I. — A l'égard de l'*absolutisme* nous n'avons pas décidé s'il était *juste* en lui-même, ou s'il ne l'était pas, nous bornant à le supposer *juste*, pour pouvoir ensuite supposer *justes* par rapport à lui les conséquences découlant logiquement de sa nature.

Nous avons trouvé toutefois qu'il ne pouvait pas produire le *droit relatif*, soit, en cette matière, le *droit politique*, parce que la présence en lui d'un maître à qui rien ne peut être opposé n'y laisse subsister qu'une partie unique, autour de laquelle tout pivote et qui absorbe tout en en faisant son propre aliment.

Ici, nous proclamons sans détour que l'*absolutisme* ne peut pas être humainement *juste*. En effet, si nous remontons par hypothèse à l'époque de son établissement sur un groupe, que voyons-nous? Nous voyons des hommes qui, bien qu'inégaux sans doute par les qualités du corps et de l'intelligence, sont cependant égaux devant la nature, puisqu'ils appartiennent à une même espèce. Or, de quel argument soutenable en bonne foi l'un de ces hommes pourrait-il se prévaloir pour transformer tous les autres en un bétail à son usage et s'emparer pour lui seul de la terre que tous cultivent ? Et si l'*autocrate* se contente d'être un *despote*, de quel argument raisonnable pourra-t-il encore se prévaloir pour se prétendre destiné à faire suivant son caprice la loi à l'immense multitude qui l'entoure?

On se complaît à répéter que, quand un individu a pu prendre un poste pareil, c'est une preuve suffisante qu'il est capable de le remplir et qu'il y est appelé par une volonté surnaturelle. Qu'on se souvienne que là où l'on invoque le concours d'une volonté surnaturelle, il n'y a plus de place pour la justice humaine, laquelle ne peut se tirer que des rapports des choses humaines, et qu'alors on ne devrait voir dans l'élévation d'un représentant de l'*absolutisme* qu'une institution *de fait* et non pas une institution *de droit.*

De deux choses, l'une :

Si les princes absolus croyaient réellement eux-mêmes à leur *droit*, c'est-à-dire, s'ils croyaient leur possession *juste*, ils ne se déposséderaient pas entre eux sans croire violer le *droit* et ils se dépossèdent entre eux en s'en faisant gloire ;

D'autre part, s'ils croyaient réellement à l'existence d'une volonté surnaturelle qui aurait décrété leur élévation, qui par conséquent devrait l'imposer à tous, ils respecteraient cette même volonté, lorsqu'elle enverrait des événements pour les précipiter ; et l'on ne voit pas tomber un seul d'entre eux qui ne cherche par tous les moyens honnêtes et déshonnêtes à remonter dans son ancienne position.

Ils pourraient objecter contre les attentats du vulgaire, qu'étant au-dessus de lui, ils n'ont point à tenir compte de ses coups, parce qu'ils sont eux-mêmes une violation de la haute volonté dont ils s'appuient. Mais de prince à prince cette objection n'a plus de valeur : il y a un prédestiné contre un prédestiné ; celui des deux qui abat l'autre doit être évidemment plus prédestiné que lui et la place devrait lui être pieusement abandonnée.

Il n'en est jamais ainsi.

Donc, nous sommes parfaitement fondé à dire que l'*absolutisme* n'est pas *juste*. Humainement, il ne l'est point. Si on le fait sortir des rapports humains, l'expression de *juste* ne pourra plus politiquement s'appliquer à la question et d'ailleurs ses coryphées ont prouvé maintes fois et en se renversant les uns les autres et en n'acceptant pas leur propre renversement par un de leurs pareils, qu'ils ne croient pas eux-mêmes à l'influence supérieure dont ils se disent les créatures privilégiées.

Nous n'hésiterons pas à proclamer au contraire que l'*autoctémisme* est rigoureusement *juste* en lui-même. Si l'*absolutisme* se montre seul investi du *droit*, son prétendu *droit* n'est pas établi réellement sur l'*absence du droit contraire*, comme nous avons cru devoir l'accorder au premier abord, mais bien sur la *négation de tout droit contraire* : ce qui n'est pas du tout la même chose ; car, pour cela qu'on niera un *droit*, parce qu'on sera en passe de le fouler aux pieds, cela ne l'empêchera pas d'exister et de subsister dans l'asile inexpugnable de la raison. Or, d'après les conditions où nous le faisons se développer, l'*autoctémisme* ne méconnaît absolument le *juste* à l'égard de personne, ne dénie absolument le *droit* à aucune individualité quelconque.

Soit donné un groupe d'hommes sortant tous des mains de la nature et privés de gouvernement (c'est toujours par là qu'un peuple commence et, en tous cas, l'absence de gouvernement n'est pas sans se présenter à lui à un moment quelconque) tous ces hommes seront évidemment maîtres d'eux-mêmes, pleins possesseurs de leur liberté, et, bien qu'il leur fût toujours permis de la revendiquer, puisque nul ne peut la leur ravir *justement*, on peut dire qu'ils la possèdent sans en avoir fait tort à personne : d'où il résulte que c'est en *toute justice* qu'un groupe d'hommes se proposant de former une nation se prétend en possession de lui-même collectivement et que chacun des membres qui le composent se prétend individuellement indépendant et maître absolu de sa personne.

L'*autoctémisme* se traduisant par la déclaration d'indépendance réciproque de tous les membres d'une agglomération humaine est donc un phénomène incontestablement *juste*. Il représente la jouissance d'une prérogative naturelle, imprescriptible, à laquelle chaque individu peut prétendre sans que nul soit fondé à s'en plaindre et c'est alors le cas de dire, pour rentrer dans le langage usuel, qu'il représente véritablement un *droit*, non point par la *négation*, mais bien par l'*absence de droit contraire*.

Or, maintenant que nous tenons pour prouvé que

l'*autoctémisme* est un principe d'organisation *juste* en lui-même, nous n'aurons plus à dire de lui, comme de l'*absolutisme*, qu'il peut produire un certain *juste par rapport à lui;* il nous sera permis d'alléguer, d'affirmer qu'il produit réellement le *juste;* et le *juste* en lui se trouvera, comme pour tout principe, dans ses conséquences logiques, c'est-à-dire, dans celles dont nous avons fait ci-dessus un rapide exposé.

II. — L'*autoctémisme* produira-t-il le *droit* ?.

Il est évident qu'au point de vue de son essence intime, l'*autoctémisme* produira le *droit*, puisqu'il représentera lui-même un *droit* en faveur de l'agglomération.

Mais, pour revenir à cette espèce de *droit* que nous avons vainement cherché dans l'*absolutisme, droit* qui affecte la forme *relative* et que nons appelons *droit politique*, aurons-nous lieu de prétendre que l'*autoctémisme* soit succeptible de le comporter ?

Cette question ne peut faire de doute.

En effet, dans l'*autoctémisme* il y aura évidemment tout d'abord le *juste* envers la nation, c'est-à-dire son *droit* et comme nous voyons que cette nation aura un gouvernement fait pour elle, quelle que soit d'ailleurs la forme qu'on lui donne, il devra y avoir en faveur de ce gouvernement une autre sorte de *juste*, qui sera son *droit* à lui et qui se composera des différentes prérogatives qui devront lui être concédées pour lui rendre possible l'accomplissement de la mission qu'on lui aura confiée.

Il y aura dès lors deux éléments mis en face l'un de l'autre, deux éléments dont le premier, la nation, aura son *droit* à lui, *droit* antérieur à tout autre, comme nous venons de le voir, et dont le second, — le gouvernement, aura également son *droit* propre, mais *droit* simplement conséquent, puisque, basé sur les nécessités d'un mandat à remplir, il ne devra représenter que les facultés indispensables à l'exécution de ce mandat.

Le problème du *droit politique* n'est pas autre et il résulte de ces observations que l'*autoctémisme* présente ce droit dans son intégrité, tandis que l'*absolutisme* ne saurait le contenir, ne présumant le *droit* admissible que pour l'une des parties.

IV.

— Nous voici arrivés au moment de rechercher quelle sera la forme de gouvernement compatible avec la nature de l'*autoctémisme,* c'est-à-dire capable de se prêter au développement du *droit politique*, en ce qu'elle respectera les *prérogatives imprescriptibles* de la *nation,* tout en accordant les *prérogatives nécessaires* à l'*élément gouvernant.*

Pour ce qui est des formes gouvernementales, nous savons maintenant entre lesquelles il nous reste à choisir.

L'*absolutisme* ne saurait nous convenir, puis qu'il est précisément l'antipode de l'*autoctémisme.*

Le *despotisme* est également éliminé, parce qu'il n'est qu'un diminutif de l'*absolutisme* et que, s'il ne présume pas tout-à-fait comme lui l'absence de la *liberté civile*, il ne lui donne ni ne lui laisse dans le fait aucune garantie, ce qui conduit accidentellement au même résultat.

Du reste, nous n'avons pas lieu de regretter l'*absolutisme* ni le *despotisme*, après avoir vu qu'ils ne laissent de place ni au *juste* ni au *droit* vis-à-vis de la nation, livrant rationnellement tout au caprice et à la discrétion du gouvernant et cela nous donne occasion de répéter d'ailleurs que ces deux modes politiques ne présumant aucune forme spéciale d'action, puisque l'*arbitraire* pur est leur ressort essentiel, on ne peut pas à la rigueur leur donner rang parmi les formes gouvernementales.

L'*absolutisme* et le *despotisme* étant donc écartés comme non productifs du *droit politique*, qui est celui que nous cherchons, nous demeurons en face de la forme soi-disant *républicaine* ou *démocratique* et de la forme *monarchique*, la forme *aristocratique* ne devant être considérée que comme une variante de l'*absolutisme* et du *despotisme* partagés entre plusieurs, au lieu d'être le privilége d'un seul.

I. — Commençons par la forme dite *républicaine*.

Evidemment, si l'on remonte à l'étymologie du mot *république* qui signifie *chose publique* (Res-publica), on devra bien convenir que l'*intérêt public*, c'est-à-dire, celui de la nation devra dans la *république* être exclusivement donné pour base au gouvernement. Mais après même que cette condition aura été établie, cela ne nous donnera toujours aucune indication précise pour déterminer la *forme pratique* à donner à la machine gouvernante et c'est l'objet sur lequel roulent justement aujourd'hui toutes les discussions, toutes les dissidences.

Enfin, cela ne videra pas davantage l'importante question de savoir si l'*intérêt public* doit s'étendre à la totalité des habitants ou s'il peut être limité à une classe restreinte, celle des *citoyens*, qui seront seuls les vrais membres de la société politique.

En effet, nous voyons à Athènes une *république* (et nous rappellerons qu'en grec le mot *république* est inconnu, l'expression consacrée dans cette langue étant *démocratia* qui signifie *souveraineté du peuple);* or, à Athènes, il n'y avait pas à proprement parler de pouvoir exécutif personnel. Toutes les grandes questions politiques se traitaient sur la place publique. Les orateurs (et était orateur qui voulait) faisaient valoir leurs opinions et la foule jugeait, ce que faisait dire à Anacharsis que les sages délibéraient et que les fous décidaient. Lors donc qu'une décision avait été prise par l'assemblée et les plus importantes avaient toujours pour objet les ambassades, les alliances ou la guerre, des députés ou des généraux étaient désignés séance tenante par le suffrage populaire.

A côté de ces assemblées tumultueuses, il y avait un corps permanent nommé *Aréopage* qui était une sorte de tribunal suprême pouvant juger en toutes matières politique, civile, morale et religieuse (1). Plus tard Solon

(1) On peut apprécier la moralité de l'*Aréopage* par le souvenir du jugement de Phryné. Accusée d'impiété, cette célèbre prostituée obtint son absolution en découvrant ses charmes devant ses juges. Moins indulgens, nos substituts d'aujourd'hui la feraient mettre en prison... après avoir regardé.

adjoignit à l'*Aréopage* le Conseil des Quatre cents qui pouvait casser les jugements et remplissait en politique le rôle d'un Sénat.

Outre ces institutions, Athènes avait neuf *archontes*, magistrats dont chacun avait sa spécialité. Le premier s'appelait *archonte-éponyme* parce qu'il donnait son nom à l'année ; le second s'appelait *archonte*-ROI et présidait aux affaires religieuses ; le troisième était le *polémarque*, titre qui indique qu'il était préposé à l'armée.

L'*archontat* fut créé à la mort de Codrus, dernier roi que l'on ne voulut point remplacer, non pas parce qu'il avait été maudit comme Tarquin, mais parce qu'on ne crut pas pouvoir jamais lui donner un digne successeur après l'acte de sublime dévouement qui l'a illustré (1).

L'*archontat* fut d'abord à vie, de 1132 à 754 av. J.-C. En 754, on les nomma pour dix ans.

En 684, cette magistrature devint annuelle, comme le *Consulat* romain et finit par ne plus subsister que de nom.

Au quatrième siècle, Périclès gouverna la république à lui seul pendant près de 40 ans et il n'aurait tenu qu'à lui d'usurper.

Athènes avait donc débuté par avoir des rois et c'est

(1) Au début d'une guerre, l'oracle ayant dit que l'armée dont le général serait tué aurait la victoire, Codrus se déguisa pour être plus sûrement tué et les Athéniens furent en effet victorieux. On comprend fort bien que le seul accomplissement de la condition fixée par l'oracle dut doubler le courage de soldats superstitieux, en les fanatisant.

par excès d'estime qu'elle n'avait point remplacé le dernier. Elle s'érigea en *république* ou *démocratie* et sa constitution gouvernementale se compose pour lors de de l'*archontat*, de l'aréopage et du Conseil des quatre-cents ; le premier corps étant purement administratif, le second représentant l'élément judiciaire, le troisième traitant surtout des questions politiques : or, rien ne se faisait qu'en présence et comme avec le concours permanent de la foule des citoyens qui ratifiait tout et pouvait tout annuler, mais que l'on savait adroitement conduire au moyen de largesses opportunes et d'oracles secrètement préparés. Les vrais magistrats ne dédaignaient point l'approbation du peuple qu'ils savaient toujours s'assurer, parce qu'elle donnait vis-à-vis du dehors plus de poids à leurs décisions et qu'au dedans elle servait à contenir la multitude contre elle-même. Au fond c'étaient toujours les habiles qui gouvernaient et tout alla bien tant qu'il en fut ainsi ; mais notre opinion est qu'un gouvernement, qui ne saurait fonctionner que grâce à une influence perpétuelle et déguisée sur la foule naturellement inquiète et nécessairement peu éclairée en politique, ne saurait être matériellement praticable que dans les limites d'une ville.

Athènes reconnaissait et pratiquait l'*esclavage*. Le peuple admis à la connaissance des affaires s'appelait Dèmos (d'où *démocratia)* mais ce *dêmos* qui ne comprenait que les *citoyens* ne formait relativement qu'une très-petite partie de la population. Un peuple, pris dans son ensem ble par rapport aux autres peuples, s'appelait Laos. Tous les habitants n'étaient point citoyens à Athènes et il en résulte que la *république* y admettait l'*intérêt public restreint*.

Passons à Sparte.

Sparte fut aussi une *république* et une *république* bien autrement rigide que celle d'Athènes. Or, à Sparte, il y avait *deux rois*. Et croira-t-on que cette étrange institution ait été adoptée par suite de considérations de raisonnement ?

Il n'en est point ainsi. De 1516 à 1125 av. J.-C. il n'y eut qu'un seul roi. Mais Aristodème ayant eu deux jumaux, Eurysthènes et Proclès, et leur mère ayant déclaré ne pouvoir dire lequel était né le premier, on prit le parti de les faire rois l'un et l'autre. On eut ainsi deux *dynasties*, celle des *Eurysténides* et celles des *Proclides*. Elles durèrent toutes les deux 9 siècles, jusqu'en 217, stabilité qui ne s'est jamais vue dans les monarchies proprement dites.

Comme Athènes, Sparte pratiquait l'esclavage, mais beaucoup plus durement.

Le peuple des citoyens prenait seul part aux affaires et il formait également la minorité de la population.

Les Hélotes furent réduits à la plus odieuse des conditions pour avoir revendiqué par les armes le titre de citoyens que les premiers rois leur avaient reconnu. Ils furent condamnés *à labourer la terre* et ces premiers ancêtres des paysans étaient impitoyablement décimés lorsque leur nombre devenait inquiétant. On les poussait à l'ivrognerie pour les abrutir et on faisant tirer les enfants sur eux dans la campagne pour les exercer.

Les arts industriels étaient déclarés infamans et interdits aux citoyens. Conformément au précepte de Machiavel (1), la pauvreté était de rigueur à Sparte et, pour ce motif, la monnaie d'or et d'argent y était proscrite ; on n'y faisait usage que de monnaie de fer et il fallait deux bœufs pour traîner la valeur de 100 francs.

Les enfants appartenaient à l'Etat. Ceux qui ne naissaient pas bien conformés étaient condamnés à la mort et exposés dans une caverne du mont Taygète. Les autres étaient enlevés à leurs parents dès l'âge de sept ans pour être livrés à leurs maîtres (2). D'après ce système, tous appartenaient à tous, tandis que nous voyons notre idéal dans celui où personne n'appartient à personne.

La jeunesse des deux sexes était élevée de la façon la plus dure.

Les garçons, tenus sous la discipline jusqu'à 30 ans, combattaient nus sur la place publique. Les filles luttaient de même et les plus belles étaient adjugées aux vainqueurs. On s'étudiait à leur ôter d'avance tous les sentiments de mère, pour les préparer à sacrifier sans regret leurs enfants à ce Moloch dévorant qui devait les leur prendre tous.

Les repas devaient être publics pour prévenir l'introduction de tout luxe chez les particuliers. Chacun devait apporter chaque mois sa provision : un boisseau de farine, huit bouteilles de vin, cinq livres de fromage et deux livres et demie de figues (3).

(1) Dans les *républiques* bien constituées, l'Etat doit être riche et les citoyens pauvres. (*Politique*, L. I, c. XXXVII).
(2) C'était la première application de l'instruction *gratuite et obligatoire* qu'on croit avoir inventée de nos jours.
(3) Le *brouet noir* de Sparte est resté célèbre pour désigner une sauce grossière et mal faite.

Telles étaient les mœurs de Sparte, un repaire de barbares s'imposant entre eux la plus dure des oppressions pour pouvoir opprimer ceux par qui ils se faisaient servir et nourrir.

Outre ses deux rois, Sparte avait un Sénat. Ce Sénat était nommé à vie. Il décidait souverainement de la paix et de la guerre, connaissait judiciairement de presque toutes les questions, avec l'appel au peuple pour seul correctif de ses jugements.

Dans ces conditions, les rois de Sparte n'étaient rien de plus que les *Consuls* de Rome. Ils leur devinrent véritablement inférieurs après la création des *Ephores,* tribunal composé de cinq membres annuels, choisis dans le peuple et qui avaient le droit de les faire mettre en prison sous leur seule responsabilité. Agis IV, soupçonné de méditer des réformes, fut étranglé par eux, l'an 244 avant J.-C. Mais Cléomènes III son collègue les fit massacrer à son tour six ans après.

On voit par ces détails quelle était la constitution gouvernementale de Sparte. Les éléments *civil* et *politique* y sont confondus comme à Athènes. La royauté y est héréditaire, mais réduite chez elle à la représentation publique et pour le dehors au commandement des armées. Le Sénat traite de toutes les matières, ne laissant de place à aucun tribunal spécialement judiciaire, comme l'*Aréopage* d'Athènes. Un siècle après Lycurque, sont établis les *éphores,* sorte de tribunal constitutionnel chargé de surveiller le pouvoir exécutif. On peut les comparer aux *tribuns* de Rome, en observant que ceux-ci, plus puissants encore, assis à la porte du Sénat, pouvaient arrêter par le seul mot *veto*, toutes les décisions de cette assemblée. Ils citaient jusqu'aux consuls et représentant l'*arbitraire* le plus insolent contre toute autorité, ils durent finir comme finit l'*arbitraire* en toutes choses, par son propre excès.

A l'égard de la *république* ou *démocratie* de Sparte, nous émettrons la même opinion qu'à l'égard de celle d'Athènes. Cette forme peut fonctionner dans une ville dont on a les citoyens sous la main ; elle serait impraticable dans un grand pays qui comprendrait des campagnes peuplées et des cités nombreuses dont on voudrait respecter les libertés naturelles.

Après Athènes et Sparte, notre sujet nous conduit directement à Rome.

Rome fut aussi une *république* et l'on peut dire que c'est chez elle que la *république* fut inventée, puisque ce mot est tiré de la langue qu'elle parlait.

Rome eut d'abord des rois comme Athènes, car il est difficile qu'une agglomération se forme autrement que par le concours d'une volonté unique et ce ne furent point les crimes de ces rois qui y firent détruire la royauté, comme on semble généralement le croire. Ses sept monarques eurent tous des qualités différentes et de grandes qualités ; ils furent tous vivement dévoués à la puissance de la ville et l'agrandirent tour-à-tour. Tarquin-le-Superbe avait fait, il est vrai, massacrer son prédécesseur, mais c'est affaire de famille et cela ne l'empêcha point d'être agréé. Lorsqu'il fut renversé plus tard, ce ne fut point pour un crime personnel, mais pour l'attentat de son fils Sextus sur Lucrèce, qui était d'ailleurs sa cousine germaine, étant la femme de Tarquin-le-Collatin, ainsi nommé de la ville de Collatia qu'il habitait. Ajoutons que Brutus était lui-même petit-fils de Tarquin l'ancien par sa mère et que, lui seul excepté, tous ses compagnons ne voulaient nullement abolir la royauté. Plusieurs furent même exilés dans la suite sur le soupçon de vouloir la rétablir (1). C'étaient affaires de princes.

Toujours est-il que la *république* fut proclamée l'an 509 av. J.-C. Les rois furent remplacés par deux consuls annuels qui devaient seulement exécuter les ordres du sénat. Or, le sénat maintenu avait été institué par Romulus. Le peuple était en apparence consulté en toutes choses ; mais il y avait une certaine manière de faire voter, que l'on savait employer à propos et qui assurait toujours la victoire aux principaux (2).

Plus tard, un corps particulier fut institué pour protéger le peuple: le *tribunat* du peuple, composé de cinq membres. Nous avons déjà dit que les *tribuns du peuple* pouvaient faire échec à toutes les autorités, arrêter les décrets du Sénat et citer devant leur juridiction les digni-

(1) C'est à cette occasion qu'une conspiration fut signalée par Vindicius. Les deux fils de Brutus et les deux neveux de Collatin en faisaient partie. Brutus et Collatin étant consuls, ces quatre jeunes gens, dans deux desquels le premier voyait ses enfants, furent exécutés sous leurs yeux. Brutus ne broncha pas ; Collatin fut destitué et banni pour avoir montré quelque émotion.

(2) Servius-Tullius avait divisé la population en 193 centuries dont les 98 premières contenaient exclusivement les gens de moyen. Les 95 autres englobaient tout le menu peuple. Les suffrages définitifs devant se compter par centurie, il en résultait que la majorité était toujours assurée au 98 centuries des notables, préservatif jugé nécessaire contre l'ignorance et l'entraînement des masses.

taires de tous ordres. Coriolan l'éprouva dès le début ; pour un discours qu'il avait prononcé au Sénat, ils le firent condamner à un exil perpétuel, après l'avoir menacé de le saisir eux-mêmes.

Nous ne parlerons pas de la *censure* qui n'était pas absolument politique, non plus que de la *dictature* qui n'était qu'une dignité accidentelle. Nous remarquerons seulement que toute la Constitution gouvernementale de la république romaine reposait sur les trois institutions que nous venons de rappeler : le *Consulat*, le *Sénat* et le *Tribunat*. Comme à Athènes et à Sparte, le peuple assemblé au *forum* semblait jouer un grand rôle, mais il est évident pour tout observateur clairvoyant qu'on savait toujours l'amener au point où l'on voulait, au moyen de l'intimidation, de prodiges supposés et d'augures inspirés d'avance. Les Romains étaient superstitieux jusqu'à la sottise.

Enfin, Rome reconnaissait et pratiquait l'*esclavage*. Lucullus jetait des esclaves dans ses réservoirs pour engraisser ses murènes et le peuple admis au *forum* était aussi bien loin de comprendre toute la population.

A propos de la république romaine, nous terminerons toujours par la même réflexion, observant que le concours incessant des citoyens ne rendait son gouvernement possible que dans une ville. L'histoire en donne la preuve. Rome soumit le monde ; elle rendit le monde esclave ; la *république* n'était qu'à *Rome* et que pour *Rome*, qui s'était ainsi faite la *reine* de l'univers, s'étant soustraite à la royauté pour l'exercer sur tous les autres.

Cette *république* donnait donc la *liberté* à quelques-uns en confisquant la *liberté* du reste du monde. C'en est assez pour démontrer qu'elle n'avait point théoriquement la *liberté humaine* pour principe et qu'elle n'y prétendait pas.

Nous condamnerons donc encore cette *république* qui, peut-être moins exclusive que les deux précédentes dans la concession du titre de *citoyen* aux habitants de la métropole, faisait de tous les habitants des terres et des villes soumises les véritables *sujets* de la populace romaine aux débauches de laquelle ils devaient payer tribut.

Dans les temps modernes nous ne voyons qu'une *république* qui ait été florissante, celle de Venise. L'*autoctémisme* y fut-il appliqué, en ce sens que l'indépendance aurait été reconnue également à tous les habitants ?

Machiavel explique fort bien les commencements de Venise (1). Cette cité fut d'abord une *république* véritablement *autoctème*, parce que tous ses habitants purent prendre part au gouvernement. Les plus habiles furent naturellement appelés à l'administration ; ils furent d'abord pris partout et toute la population susceptible d'être classée pouvait concourir à leur élection. Mais dans la suite, de nouvelles familles vinrent, qui furent toujours tenues pour étrangères et qui ne pouvaient être fondées à réclamer le *droit de cité*, si la loi ne le leur concédait pas d'elle-même. D'autre part, les familles éligibles et qui n'étaient réputées *nobles* que pour ce motif, demeurèrent toujours les mêmes. Il résulta de ces deux phénomènes que la République de Venise fut vraiment *aristo-*

(1) *Politique*, l. I, c. VI.

cratique, puisque l'*éligibilité* y était le privilége d'une caste impénétrable et qu'elle n'était comme toujours qu'une *démocratie* exclusive, puisqu'à côté du peuple des *citoyens*, il y avait un second peuple de nouveaux venus deshérité de toute action publique et véritablement *sujet* du premier.

Nous en concluons que Venise non plus ne nous fournit point le modèle d'un gouvernement conforme à l'*autoctémisme*, puisqu'on la voit refuser au moins la *liberté politique* à toute une classe d'habitants égale, *en fait*, à une autre classe favorisée, dont elle aurait dû raisonnablement devenir l'égale, *en droit*, après un séjour infiniment prolongé, pendant lequel elle avait partagé toutes les charges.

Nous comprenons à la rigueur qu'on dénie l'exercice d'une prérogative, qui demande de l'intelligence, à une classe qui ne peut offrir aucune garantie sous ce rapport. Il est de l'intérêt de ceux même qu'on écarte qu'il en soit ainsi. Mais nous estimons l'égalité civile et politique gratuitement froissée lorsque, par exemple, on éliminera pour une distinction futile un certain nombre d'habitants qui seront au fond tout aussi capables que les habitants favorisés comme citoyens fondateurs : on ne devait pas faire de différence entre un armateur instruit, établi à Venise depuis un demi siècle, et un armateur instruit descendant de l'un des premiers habitants.

L'*autoctémisme* commande cette manière d'agir. Cela ne veut pas dire cependant que Venise froissât au fond la justice en agissant autrement. Elle avait été libre de faire sa Constitution comme elle l'entendait ; c'était aux étrangers qui auraient trouvé qu'elle ne leur offrait point assez d'avantages à ne point aller vivre sous son empire.

Toutefois, telle qu'elle était, elle nous ramènera toujours à la même objection, à savoir que son gouvernement n'était point réellement *autoctème* et qu'il ne convenait toujours que pour une ville, dont le peuple-citoyen se faisait *roi* de tout ce qui pouvait entrer dans sa dépendance.

Toutes les anciennes *républiques* ne sont donc, à proprement parler, que des *républiques urbaines*. Appliqué en France, leur système mettrait inévitablement le pays tout entier à la merci de la population de Paris, ce qui n'est pas admissible, si éclairée qu'on la suppose.

— L'époque présente ne nous permet point d'oublier les Etats-Unis dont l'immense et rapide développement semble offrir un argument irréfutable en faveur du mérite de la *république* pour un grand pays, malgré les conclusions contraires que nous avons tirées de l'examen des *républiques anciennes*.

Pour bien apprécier la destinée des Etats-Unis, il faut tenir compte de leur situation. Cet Etat est quarante-deux fois plus grand que la France et n'a dans son voisinage aucun autre Etat dont il puisse craindre le mauvais vouloir. Il ne peut pas même supposer une attaque possible. Cette situation qui le délivre d'une des plus grandes préoccupations des autres empires, ôte déjà beaucoup d'importance au genre de gouvernement qu'il pourra choisir, puisqu'il n'aura plus à compter qu'avec l'intérieur. Si les Etats-Unis étaient entourés d'Etats monarchiques qui seraient jaloux ou gênés de leur prospérité et qui pussent à tout instant jeter sur eux une armée puissante, quelquefois une armée coalisée, ils auraient lieu d'avoir beaucoup de soucis qu'ils n'ont pas et seraient peut-être forcés d'apporter dans leur Constitution politique quelque modification qui en changerait complètement l'esprit et le caractère.

Du reste, nous y avons vu tout récemment une guerre civile formidable qui, en deux ans, a coûté aux deux parties, en argent, onze milliards et demi et en hommes 800,000 individus. Or, il est reconnu que le Sud avait l'intention presque avouée de s'ériger en monarchie, éventualité qui est toujours le fléau des *républiques* et qui prouve qu'en résumé la plus florissante ne peut pas encore convaincre tous ses citoyens, non plus que la *monarchie*.

Ajoutons que dans un pays où l'immensité du territoire rend la propriété foncière quarante fois plus facilement accessible qu'en France, les habitants ne sont pas encore arrivés à cette sorte d'inquiétude fébrile qu'engendre le souci de l'existence, souci qui devient d'autant plus ardent que le cercle réservé à chacun se rétrécit davantage. Les États-Unis ne pourront exactement se comparer aux vieux États d'Europe que quand ils regorgeront de population comme eux.

Mais ces questions ne sont pas celles qui doivent nous occuper ici. Nous avons seulement à rechercher quelle forme la *république* présume, s'il en est une qu'elle présume spécialement, puis à considérer si cette forme, en supposant qu'elle existe, est non-seulement compatible avec l'*autoctémisme,* mais encore le présume nécessairement.

Les quatre *républiques* examinées ne nous ont jamais présenté cette condition. Elles se sont toutes trouvées réduites à n'être que des *démocraties* privilégiées admettant l'*esclavage*, ne donnant la *liberté politique* qu'à une portion du peuple d'une ville et faisant *sujettes* de cette ville toutes les autres localités qui pouvaient lui être annexées.

Or, jusqu'à ces derniers temps les Etats-Unis n'ont vécu que par l'*esclavage*. Ils n'y ont renoncé, à la suite de leur grande guerre, que contre le gré de toutes les provinces confédérées. Cela prouve que, dans ce pays, on n'a pas un amour bien profond pour la théorie de l'indépendance foncière, donnée à tous les membres d'un groupe comme une prérogative résultant irrésistiblement du titre et de la qualité d'homme. Cette indifférence évidente pour les spéculations humanitaires nous porte à croire que l'adoption de la *république* aux Etats-Unis n'a tenu absolument qu'à Washington qui aurait pu tout aussi bien établir la royauté s'il en avait eu le goût.

Quant à l'organisation politique des Etats-Unis, peut-elle plus ressembler, qu'elle ne le fait, à celle d'une monarchie? Il y a un *Président* qui est un chef unique et n'est autre chose qu'un roi électif. Cette *présidence* passée en usage aujourd'hui s'éloigne complètement des formes d'autrefois qui nous montrent à Athènes, neuf archontes ; à Sparte, deux rois ; à Rome, deux consuls ; à Venise, le Conseil des Dix ; à Florence des variations continuelles, depuis la création du Capitaine et du Podestat assistant le Conseil des Douze *anciens*, jusqu'à celle du Conseil des *Bons-Hommes*, de celui de la *Crédence*, de celui des Cent quatre-vingt, le tout couronné de celui des Cent-vingt.

Nous nous croyons dès-lors fondé à dire :

1° Que la *république* n'est point nécessairement liée à l'*autoctémisme*, c'est-à-dire à la reconnaissance de l'indépendance réciproque de tous les membres d'une nation, puisque de tout temps, nous avons vu dans les systèmes soi-disant *républicains* et l'*esclavage*, qui est la pire négation de la liberté humaine et une *démocratie* exclusive se caractérisant par l'octroi du titre de *citoyen* seulement à certaine partie de la population et presque toujours l'*omnipotence vraiment royale* d'une ville s'établissant arbitrairement, violemment sur tout le reste du territoire ;

2° Que la *république* n'implique par sa nature même aucune forme spéciale, puisqu'elle les a bientôt toutes reçues.

C'était là tout ce que nous voulions démontrer d'abord contre ceux qui prétendent que la *république* est nécessairement compatible et le seul état compatible avec la *liberté de tous* dans une nation et ensuite contre ceux qui prétendent qu'elle a une forme absolument déterminée.

Après avoir examiné la valeur des *républiques* expérimentées, il ne sera pas hors de propos de jeter un coup d'œil sur les systèmes encore à l'état de théorie que l'on nous propose aujourd'hui.

On nous parle de *république démocratique*, de *république démocratique radicale*, de *république démocratique* et *sociale*.

Voyons un peu ce que ces *républiques* devraient être d'après le sens raisonnable des abondants qualificatifs dont on les affuble.

1° La *république démocratique* ne saurait nous arrêter longtemps. Le régime que la *république* entend désigner s'appelant en latin *Res publica* et en grec *Democratia*, il en résulte que quand on dit *république démocratique*, c'est comme si l'on disait, suivant le latin, *République républicaine* ou, suivant le grec, *Démocratie démocratique*. Ce sont tout simplement deux mots qui se répètent, sans que le dernier ajoute rien au premier : il a été prouvé que l'on peut employer indifféremment les deux mots *république* ou *démocratie*.

2° Qu'elle signification donne-t-on à la *république* ou à la *démocratie* en la qualifiant de *radicale*. Il y a vingt ans, les mots *radical*, *égalitaire* et *humanitaire* étaient des adjectifs de convention pour remplacer celui de *républicain* là où il était dangereux de l'écrire ou de le prononcer. Le mot *radical* n'ajouterait donc rien non plus au mot *république*, si tout récemment il n'avait reçu pour spécialité de signifier en politique l'*absence de la monarchie* telle qu'on la comprend vulgairement, c'est-à-dire, de la souveraineté individuelle reposant sur l'*hérédité*. Au *démocrate radical* il ne faut ni roi, ni empereur, parce que ces deux titres impliquent généralement l'*hérédité*. Un *démocrate radical* voudra donc tout d'abord renverser la souveraineté héréditaire là où il aura l'intention d'établir ses doctrines : *radical* est le mot d'ordre pour cet objet. Au *démocrate radical* s'oppose le *démocrate libéral* qui, lui, accepte la *monarchie* en lui demandant les libertés nécessaires, qu'il la croit capable de contenir.

Cette distinction était d'ailleurs utile : car les *monarchies* emploient volontiers aujourd'hui l'expression *démocratique* pour qualifier les institutions qui sont favorables au plus grand nombre ou qui tendent à faire jouir les classes inférieures d'avantages réservés jusqu'alors aux classes plus aisées. D'où il résulte qu'on ne serait point choqué de voir la *monarchie* s'intituler *démocratique*, ce qui, comme nous le savons maintenant, serait synonime de *monarchie républicaine*. C'est à ce point qu'en est venue la confusion dans ces matières, où chacun cherche à se recommander par la proposition de sa petite variante et où chaque système cherche à se couvrir des qualifications mises en bonne odeur par la popularité du jour.

Reste la *république démocratique* et *sociale*.

Nous éliminerons tout de suite la qualification de *démocratique*, étant entendu que *république* et *démocratie* sont une même chose pour quiconque est en état de saisir l'étymologie de ces deux mots. Que sera donc la *république* ou *démocratie sociale* ? ou pour appeler la chose par son nom particulier, puisqu'elle en a un, que sera, que doit être le *socialisme* ?

Disons d'abord qu'il y a deux *socialismes* : le *socialisme communiste* et le *socialisme autoritaire*.

Autant que nous pouvons deviner, le sens du mot *socialisme* lui-même, nous croyons comprendre qu'il signifie que, dans une société donnée, la *solidarité* des intérêts s'étendrait à la totalité des choses possessibles, de manière à ce que l'association toute entière répondît en toute matière pour tout individu (1) ; et ce résultat peut s'obtenir de deux manières : — soit en ce que *tout soit à tous (communisme sans chef)*, — soit en ce que *rien ne soit à personne,* la fortune commune devant être placée dans son intégrité sous la gérance d'une délégation supérieure *(système autoritaire).*

— Le premier *socialisme* est, comme il est aisé de le voir, la négation de toute *propriété privée :* là où *tout sera à tous*, en réalité *rien ne sera à personne*, et l'on se demande combien un tel état de choses pourrait durer. Il ne pourrait y avoir dans ce système ni industrie, ni métiers, ni professions : à tous il faudrait le pain quotidien, tous devraient donc faire leur petit coin de labour pour avoir le droit de manger (2). La France, par exemple, contient 40 millions d'habitants, sa consommation en céréales s'élève à 120 millions d'hectolitres, ce qui donne trois hectolitres par personne ; or, trois hectolitres peuvent se récolter en moyenne par douze ares, ce qui donnerait une culture de 1,200 mètres carrés par individu, soit un tiers de ce qu'un homme peut charruer dans un jour. Ainsi, il n'y aurait pas de quoi s'occuper la valeur de plus d'une semaine par année pour ensemencer sa petite parcelle. Mais que de choses il faut à l'homme après le morceau de pain de chaque jour, sans compter ce qu'il lui faut avec ! Et les viandes, et les assaisonnements

(1) C'est-à-dire que la société en corps devrait payer les dettes et fournir aux besoins de chacun.

(2) « Il n'y aura de bien-être pour tous que lorsque chacun « pourra par son travail satisfaire à ses besoins et *lorsque personne ne pourra consommer sans avoir produit.* » (Circulaire du citoyen Briosne, candidat se disant *socialiste ;* mai 1869). Ainsi chez ces *socialistes*, quand un malheureux n'aura pu ou ne pourra plus travailler, il faudra qu'il meure de faim.

et les vêtements et les maladies et les habitations et les meubles et les ustensiles de cent espèces ! Il n'y aurait pas de viandes, puisqu'on ne ferait que des blés ; on n'aurait ni assaisonnements, ni vêtements, ni remèdes, ni médecins, puisqu'il faut payer tout cela et que, n'ayant que sa consommation strictement nécessaire, on n'aurait rien à vendre, par conséquent nul moyen de payer aucun service extraordinaire.

Quant aux pays qui ne conviennent pas à la culture des blés, ils seraient cause des plus grandes complications s'ils n'étaient tout à fait abandonnés : le vigneron devrait donner tant de vin aux laboureurs pour avoir ses trois boisseaux ; l'herbager donnerait tant de viande aux uns et aux autres pour avoir aussi ses trois boisseaux. D'autre part, les pays à cidre qui n'ont pas besoin de vin pourraient ne pas accepter la transaction et celui qui ne mangerait pas de viande serait condamné à la payer comme les autres. En somme, ce système sans gouvernement nécessiterait une administration des plus détaillées et lorsque toutes les usurpations individuelles seraient possibles, on n'aurait ni administration ni force répressive ; car dans cette vaste fourmilière où chaque individu passerait le temps à grignoter ses trois boisseaux, il n'appartiendrait à personne ni de faire des lois, ni de les appliquer, ni d'appeler d'autorité les autres à les soutenir. Ce *socialisme*, né de la convoitise malade, va complètement contre son but : chacun ne cultivant son lopin que pour le compte commun, il arrive qu'il *ôte la propriété à tout le monde, sans la donner à personne* et, au fond, la *propriété* est ce que chacun veut. On peut croire d'ailleurs que les hommes instruits qui le prêchent savent fort bien qu'il n'y a là pour un grand pays qu'une utopie impraticable, absurde. Seulement ils sont assez mauvais citoyens pour s'en servir comme d'un levier capable d'exciter les mauvaises passions et de porter des malheureux à quelque coup de main dont ils espérent exploiter les résultats. N'a-t-on pas vu, en 1848, un rhéteur habile (1) promettre aux commerçants l'*abolition de la concurrence* et des imbéciles se laisser persuader. Or, comment abolir la concurrence dans une partie, autrement qu'en y remettant tout le commerce aux mains d'un seul marchand ! Les autres seraient bien avancés! (2).

Le *socialisme communiste* opèrerait son inauguration au moyen de ce qu'il appelle la *liquidation sociale* : cela veut dire évidemment que tous ceux qui possèdent apporteraient à la communauté ce qu'ils ont, après quoi on préparerait le fonctionnement du système. Il y a lieu de douter que *ce rapport à la communauté* pour effectuer la *liquidation sociale* satisfît beaucoup les huit millions de petits propriétaires qui couvrent la France, sans compter les commerçants, producteurs et industriels qui, eux aussi, sont propriétaires de leur fonds. Or, le con-

(1) Louis Blanc, dans les conférences du Luxembourg.

(2) Les *sociétés coopératives* dont nous voyons aujourd'hui quelques échantillons sont regardées comme une création du *socialisme*. Elles sont, il est vrai, la négation non-seulement de la concurrence, mais encore du commerce. Elles consistent en une association, formée pour se procurer certains objets à prix coûtant, comme des épiceries, et gérée par chaque membre à tour de rôle. Or, il est à remarquer qu'une telle association n'est pas plus *socialiste* qu'autre chose, qu'elle peut s'établir en toute espèce de régime que, licite partout pour les particuliers, elle ne doit cependant pas être encouragée par les gouvernements, parce qu'elle est nuisible aux patentés à qui ils n'épargnent pas les impositions de toute sorte.

tentement de cette masse mérite quelque considération en face du contentement, d'ailleurs hypothétique, de quelques cerveaux brûlés, brouillés avec le sens commun.

— Le *socialisme autoritaire* conduit, avons-nous dit, au même but que le *socialisme communiste* par une voie différente.

En effet, moins exigeant en apparence, il laisserait volontiers les choses dans l'état où elles sont et demanderait seulement qu'on en fît un usage plus équitable et mieux raisonné. Aujourd'hui quelques-uns ont tout et le plus grand nombre n'a rien (1): c'est à cette grande iniquité qu'il faut apporter un remède en mettant un terme à l'*exploitation de l'homme par l'homme* : or, le remède consisterait en ce que tous les revenus, tant immobiliers que mobiliers, tant fonciers qu'industriels, fussent remis aux mains d'une autorité supérieure (qui ne pourrait être que le gouvernement), afin que la répartition pût en être *justement* faite entre le propriétaire et le colon, entre le patron et l'employé, entre le maître et l'ouvrier. Ainsi, en résumé, *tout serait à tous* dans le vaste giron de l'*Etat* ; doctrine qui ne saurait être agréable à ceux qui trouvent que l'ingérance de l'Etat est déjà trop développée et qu'elle est, par sa nature, contraire à la *liberté individuelle ;* vraie république des Jésuites du Paraguay, conduisant à l'anéantissement de l'individu par la destruction de l'intérêt direct, qui est le seul stimulant possible de toutes les industries et de tous les travaux.

Quant à la manière de faire *justement* la répartition

(1) On le dit du moins et cela est faux en France.

des déniers communs dans cette autre *liquidation sociale* en permanence, là serait évidemment le point délicat ; mais les socialistes décidés ne s'en embarrassent point : la plus grande portion des fermages devrait être laissée au colon, puisque c'est lui qui met la terre en valeur et la plus grande portion des profits devrait être également remise à l'employé ainsi qu'à l'ouvrier, puisque ce sont eux qui font le travail d'où se tirent les produits.

Nous doutons fort que de tels arrangements parussent *justes* aux propriétaires, aux patrons et aux maîtres, dont les premiers fournissent le capital-terre, dont les autres engagent tout le patrimoine de leur famille, en courant mille risques, en supportant mille charges et en ayant à déployer une activité de tous les instants pour faire face aux tracasseries de l'atelier et aux exigences de la clientèle.

Du reste, les divers *socialismes* savent fort bien d'avance qu'ils ne convaincront pas tout le monde ; aussi ne s'adressent-ils pas à la nation, au public, au peuple tout entier. Ils ont un *peuple* à eux dans lequel ils espèrent recueillir leurs adeptes ; et leurs apôtres se font les courtisans de ce *peuple* avec une ardeur et une souplesse qui feraient honte aux courtisans des princes (1).

(1) On lui dit, par exemple, la veille d'une élection :
« Allons, debout, Titan de l'avenir !
« S'il y a des pygmées pour les cours, il y a des hommes pour « les champs et l'atelier, pour la lutte sainte qui donne la pro- « priété par le travail et la liberté par le combat.
« En attendant, vote, Jacques (Jacques Bonhomme, nom que « l'on donne familièrement au *peuple* des manants) et *vote con-* « *tre tout ce qui n'est pas toi*. Les Jacques ont fait la France ; « à eux de la défendre et de la *sauver*. »
Encore des sauveurs ! Et ce n'est pas un *prolétaire* qui écrit ces lignes, c'est un général, (le général Cluseret).

Le *peuple* du *socialisme* est exclusivement celui des *prolétaires*, classe purement hypothétique qu'on oppose à tout ce qui est réputé *bourgeois* et à laquelle on s'évertue de souffler la haine pour s'y créer des adhérens. Au fond, les prédicants sont bien loin de croire appartenir à ce *peuple* qu'ils choyent et caressent (1), et ils croyent bien appartenir à cette autre classe maudite sur laquelle ils le lancent, en l'abusant par des mots : car qu'on prenne au hasard le premier soi-disant *prolétaire* et l'on verra bientôt, si on le transporte dans le monde des réalités, qu'il a la passion de *posséder* sous toutes ses formes et qu'il la professe avec autant d'énergie que le *bourgeois* le plus endurci.

Il est reconnu que le rêve du paysan, c'est d'avoir un champ, puis, quand il en a un, d'en avoir deux.

Or, toi, jeune *prolétaire* que je vois limer à ton étau, prétends-tu que les petites économies que tu pourras faire sur ta journée seront à toi et ne seront qu'à toi ? — Oui ! — Eh bien, tu veux la *propriété mobilière* et tu répudies le *socialisme*.

Si un jour ces économies font un certain pécule, prétends-tu pouvoir les employer à te faire un établissement dont tu sois seul le maître ? — Oui ! — Eh bien, tu veux la *propriété commerciale et industrielle* et, te proposant d'avoir des ouvriers, tu proclames toi-même le maintien de la condition dans laquelle tu es aujourd'hui.

(1) En langage populaire, les *socialistes* sont appelés *rouges* et l'on est d'autant plus *rouge* qu'on est plus exalté, c'est-à-dire, plus absurde. On leur donne aussi le nom de *révolutionnaires*, mais à tort, comme nous le prouverons bientôt.

Si encore plus tard tu amasses un capital en travaillant, prétends-tu pouvoir un jour le placer en achetant quelque bien pour vivre de tes rentes? — Oui! — Eh bien, tu veux la *propriété immobilière*, tu répudies encore le *socialisme* et tu glorifies la *bourgeoisie* dans laquelle tu seras désormais entré.

Enfin, si tu laisses une honnête fortune, prétends-tu qu'elle aille à tes enfants et non pas au trésor public? — Oui! — Eh bien, après avoir voulu la *propriété* sous toutes ses formes, tu la veux avec ses plus graves conséquences, condamnant d'un même coup tous les *socialismes* présents et futurs.

Reconnaissons d'ailleurs que, même dans son *prétendu peuple*, le *socialisme* fait généralement peu de recrues. Il ne faut qu'un grain de raison pour comprendre que cette secte excessive n'aboutirait pratiquement qu'à ôter l'aisance à ceux qui l'ont sans l'apporter à ceux qui ne l'ont pas et en leur enlevant l'espoir de se la procurer jamais. Il n'y a à donner dans ces idées que des rebuts d'atelier, victimes impatientes du travail, qui, ne pouvant espérer de se mettre bien, grâce à leurs dérèglements (1), se consoleraient en s'assurant que nul ne pourrait être mieux qu'ils ne sont eux-mêmes.

Le fondement matériel d'une grande société est nécessai-

(1) Jamais un ouvrier malheureux par suite d'infortunes respectables ne s'embrigadera dans les sectes subversives. Il n'accusera que le sort et ne fera appel qu'à son courage pour se remettre à flot. — Nous croyons conseiller sagement les ouvriers en les détournant des théories politiques auxquelles ils n'entendent rien et qui ne leur offrent jamais en perspective que la prison ou la déportation.

rement la *propriété* et nous savons que la *propriété* s'entend de tous les modes de posséder en propre, s'appliquant à tous les objets possessibles. Un des plus francs et des plus rudes joûteurs du *socialisme*, Proudhon, l'a définie par ce fameux aphorisme : *la propriété, c'est le vol.* Nous définirons comme lui le *socialisme* par un seul mot : *le socialisme, c'est la république impossible des envieux et des désespérés.*

Et nous ajouterons qu'il n'est jamais prêché que par des intrigans et des faux-frères.

Nous croyons qu'il serait oiseux de discuter le *socialisme* au point de vue de sa valeur politique. Acceptant la *propriété privée* comme la base positive des sociétés actuelles et n'estimant nullement *juste* que chacun dût rapporter à la communauté, à l'Etat, si l'on veut, ce qu'il a reçu de l'industrie de ses pères ou gagné par la sienne propre, nous rompons en visière avec toute espèce de *socialisme.* Nous observerons seulement que l'idée du *prolétariat* sur laquelle il s'appuie et que toutes les *républiques* de fantaisie lui empruntent volontiers pour se donner hypocritement des airs d'humanité, ne peut en aucune manière s'appliquer à l'état de la France de nos jours.

Quoi qu'en puissent dire les déclamateurs intéressés, en France il n'y a plus de *prolétariat*, pas plus qu'il n'y a légalement de *bourgeoisie,* ni de *noblesse.*

Que devrait être le *prolétariat* pour mériter ce nom, avec le sens qu'on lui donne? Il faudrait qu'il représentât une classe *légalement déshéritée*, c'est-à-dire, inférieure et constitutionnellement condamnée à demeurer inférieure, parce qu'il ne serait pas permis à ceux qui y seraient nés d'en sortirpar leur propre initiative. Le *prolétariat* existait dans la *république romaine* qui excluait le *plébéien* de la plupart des charges, où le *plébéien* ne pouvait agir en justice que sous la tutelle du *patricien* dont il était le client (1). Il n'existe pas en France où il n'y a aucune classe légalement favorisée ni sacrifiée, où le moindre manœuvre peut devenir demain chef de la plus importante usine, où le plus humble fermier peut hériter aujourd'hui d'un château et de plusieurs domaines, où le dernier des mendiants pourrait plaider contre le chef de l'Etat, sans qu'il lui en coûtât même un centime, grâce à l'*assistance judiciaire* (2).

(1) *Prolétaire* et *plébéien* sont devenus synonimes. La vraie origine du *prolétariat* est trop ignorée la voici : La dernière centurie seule (la 193e), la plus nombreuse de toutes, *n'eut à soutenir aucune charge*; ceux qui la composaient furent appelés *exempts* ou *prolétaires*,—*exempts* pour dire qu'ils *ne payaient pas d'impôts* et *prolétaires* pour dire qu'ils ne devaient à l'Etat que leurs enfants (*proles*, enfants).

(2) Nous savons que nous aurons ici pour contradicteurs ceux qui prétendent que le chef de l'Etat est *inviolable* et que cette *inviolabilité* a pour effet de le placer au-dessus de la loi, de manière qu'il ne puisse être ni *poursuivi* ni *puni*. Mais nous n'en persistons pas moins à croire que cette interprétation de l'*inviolabilité* est fausse et surannée. Celui qui est chargé d'appliquer la loi doit le premier y être soumis et n'avoir pas à invoquer devant elle le privilége des mineurs et des interdits ; il n'y aurait nulle majesté à cela. S'il ne veut pas encourir les rigueurs de la loi, c'est à lui de ne pas s'y exposer. Si le chef de l'État me cassait une jambe en conduisant son équipage, j'estime qu'il devrait s'honorer de pouvoir être poursuivi civilement et correctionnellement. Suivant nous, l'*inviolabilité* doit seulement signifier pour lui que nul ne peut de sa propre autorité l'atteindre dans sa situation publique, lorsqu'il y a été régulièrement confirmé ou établi par la loi.

La prétendue *inviolabilité* des députés est également un

En un mot, il n'y a point de *prolétariat* dans un pays où tout *citoyen* peut s'élever à toutes les classes, prétendre à toutes les charges et où *tous les habitants* sont citoyens pour cet objet. Il n'y a plus alors que deux degrés résultant naturellement de la diversité des intelligences et des destinées, degrés dont le plus élevé reçoit tout ce qui monte et dont l'inférieur garde tout ce qui ne monte pas ou reprend tout ce qui redescend, sans qu'il soit tenu compte d'aucune individualité. Le millionnaire d'aujourd'hui peut être valet demain et il rentrera dans le *peuple*, tel qu'il faut le voir ; de même le valet d'aujourd'hui peut devenir millionnaire demain et il sera *bourgeois*, suivant le vrai sens de ce mot. Or, sous le rapport de cette *égalité pratique*, il n'est aucun régime, *monarchie* ou *république*, qui puisse faire plus que ce qui existe en France à l'époque même où nous sommes.

Nos conclusions définitives à l'égard de la *république* par rapport à l'*autoctémisme* seront donc celles-ci : toutes les *républiques* dont l'organisation nous a été transmise ont été plus ou moins exclusives et avares du titre de

abus; elle tombera devant le bon-sens pratique. Toute exception est funeste et diminue ceux-là mêmes qui en profitent.

Un député ne doit être *inviolable* que pour ce qu'il dit et fait comme député ; il doit être soumis à la loi commune en toute autre circonstance. Quant au chef de l'Etat, l'art. 5 du Titre II de la Constitution non abrogée de 1851 porte en toutes lettres : « *Le Président de la République est* responsable *devant le peuple français.* » — Or, il serait étrange qu'étant *responsable*, on ne pût être actionné et qu'étant soumis à la *responsabilité politique*, on fût déchargé de la *responsabilité civile.*

citoyen. Se renfermant pour l'ordinaire dans une ville principale, elles y refoulèrent toujours une nombreuse multitude dans une infériorité d'où elle ne pouvait guère sortir et consacrèrent toutes l'*esclavage* d'où l'on ne pouvait sortir que par la volonté d'autrui. En outre, ces *républiques* ne tinrent aucun compte de la *liberté* de toutes les autres villes de leur territoire et elles se firent constamment un titre de gloire d'asservir autant de villes et de nations étrangères qu'elles le purent, afin de les charger de tributs qu'elles jetaient en pâture à leur propre populace.

Par ces considérations, nous repoussons au nom de l'*autoctémisme* toutes les *républiques antiques*, parce qu'au nom de l'*autoctémisme*, nous voulons dans un Etat la *liberté* et la même *liberté* pour tout le monde, condition qu'elles n'ont jamais réalisée.

Nous n'aurons pas plus d'enthousiasme pour les *républiques modernes*, que l'on peut qualifier de *présidentielles*, parce que la *présidence temporaire* et *élective* est en effet leur caractère le plus important. La Suisse nous en offre un exemple satisfaisant ; mais l'indépendance individuelle n'y est pas mieux reconnue ni mieux garantie qu'en Belgique et en Angleterre. D'autre part, les Etats-Unis qui sont la plus puissante *république* de ce système qui se soit jamais vue, nous ont donné la preuve, en pratiquant l'*esclavage* pendant plus de soixante ans, que le *système présidentiel* n'est pas plus nécessairement lié que tous les autres à la doctrine de l'indépendance pour tous, qui est celle de l'*autoctémisme*.

Sans revenir davantage aux utopies malsaines que nous venons d'examiner, nous dirons donc en fin de compte que la *république* semble aujourd'hui se borner à désigner un Etat où la souveraineté héréditaire n'est pas admise, qu'elle ne signifie politiquement rien de plus et que si elle n'autorise par sa nature aucun mal, il n'en est cependant point de si grand qu'il n'ait été possible en elle, tant dans l'antiquité qu'aux époques plus récentes. On se plaît à lui faire un monopole du respect de la *liberté* et nous l'avons vue dans tous les temps, sous toutes les formes, la dénier tout-à-fait aux uns, la mesurer parcimonieusement aux autres et ne jamais guère l'accorder en entier qu'à quelque classe arbitrairement restreinte.

C'est ici le lieu de donner brièvement les explications promises ci-devant sur le mot *révolutionnaire*. Cette épithète, généralement acceptée par les *républicains*, est donnée tantôt comme un compliment, tantôt comme une injure et il convient de fixer sa vraie signification. Pour prouver la confusion qui règne encore à son sujet, nous n'avons qu'à ouvrir le compte-rendu du Corps législatif dans la semaine même où nous écrivons ces lignes.

(Séance du 8 juillet 1869).

M. Rouher, *ministre d'Etat*... Il s'agit de la digue à élever contre la *révolution*. (Vifs applaudissements à droite).

M. Jules Ferry, *montrant la droite.* — *La révolution* ! elle est de ce côté. (Bruit à droite).

(Séance du 9 juillet 1869).

M. Guyot-Montpayroux, *membre de la gauche*... Je ne reconnais à personne le droit de me qualifier de *révolutionnaire;* nous ne sommes pas des *révolutionnaires ;* cette imputation est un moyen oratoire familier à M. le ministre d'Etat et je viens dire en mon nom personnel que nous ne la tolérerons pas...

M. Garnier-Pagès, *membre de la gauche.* — Je respecte l'opinion de M. Guyot-Montpayroux, comme je respecte toutes les opinions conciencieuses; mais moi qui ai toujours glorifié les *révolutions* de 1789, 1830 et 1848, *je m'honore du titre de révolutionnaire*, loin de le répudier.

Est-ce assez inintelligible? La *droite* reproche à la *gauche* d'être *révolutionnaire;* la *gauche* accuse la *droite* de l'être. Une portion de la *gauche* est froissée de ce titre; une autre portion s'en fait honneur.

Le désacord en tout ceci vient de ce que l'on confond la *Révolution* prise dans un sens général pour désigner ce grand mouvement, fruit inévitable du développement des lumières, qui tend à substituer en politique la *justice rationnelle* à l'*arbitraire individuel*, en d'autres termes, le *droit* à la *force*, avec les émeutes ou insurrections accidentelles qui n'ont aucune portée philosophique ou ne sont inspirées que par une haine condamnable de certaines classes entre elles. Le partisan de ces *révolutions* très improprement nommées ainsi, n'est point véritablement un *révolutionnaire* comme il faut l'entendre de ce mot; ce n'est qu'un anarchiste et un démolisseur quand même. Les vrais *révolutionnaires*, ceux pour qui ce mot a été inventé, sont les partisans de la grande *Révolution* dont il est parlé cidessus et qui, comme nous l'avons dit précédemment *(p 143 et 144)*, ne réclame nullement les moyens de violence. Cette *Révolution* toute de raison s'est montrée en France en 1789 et elle apparaît successivement partout où ses principes se font jour.

La Constitution de 1851 la reconnaît positivement dans son premier article, ainsi conçu :

Titre I, Art. I. — *La Constitution reconnaît, confirme et garantit les grands principes proclamés en 1789 et qui sont la base du droit public français.*

Le gouvernement actuel est donc lui-même réellement *révolutionnaire*, puisque 1789 est la date de la *Révolution* philosophique en France et le ministre d'Etat disait une sottise en reprochant à la *gauche* d'être *révolutionnaire*. M. Ferry en disait presque une aussi en disant que la *Révolution* était dans la *droite*, car il donnait comme une découverte une vérité plus claire que le jour. M. Guyot-Montpayroux se fâchait à tort, puisqu'il reconnaît, comme il le disait plus loin, l'utilité de la transformation de nos institutions par le moyen du suffrage universel, ce qui prouve qu'il est *révolutionnaire* comme la Constitution et enfin M. Garnier-Pagès n'avait pas raison de se dire *révolutionnaire* pour glorifier les renversements de 1830 et de 1848, attendu qu'un renversement n'est point une œuvre *révolutionnaire* pour cela seulement qu'il est un renversement, et rien n'est moins *révolutionnaire* que de renverser un roi pour le remplacer par son cousin, comme cela se fit en 1830.

Nous en concluons qu'on est un *révolutionnaire*, quand on veut l'application des principes de 1789, quand on veut la reconnaissance du *droit des nations* et la priorité en cette matière du *droit* sur la violence; nous ajouterons qu'il ne peut qu'être honorable d'être *révolutionnaire* ainsi et nous croyons en outre que pour l'être ainsi, il n'y a pas besoin d'être *Républicain*. Nous allons le prouver tout-à-l'heure en démontrant qu'on peut être *monarchiste* et partisan de l'*autoctémisme*, lequel n'est, comme nous le savons, qu'un mot nouveau pour exprimer le *droit des nations*, que nous appelons autrement *la prérogative nationale*.

II. — Passons donc à la forme monarchique.

La forme *monarchique* représentée par le pouvoir exécutif héréditaire est-elle compatible avec l'*autoctémisme*, c'est-à-dire, avec l'indépendance réciproque des individus qui se traduit par celle de la nation elle-même ?

Tel est le problème qui nous reste à résoudre et nous voulons bien avouer d'avance que notre intention est de le résoudre dans le sens de l'affirmative ; car notre but, on doit l'avoir deviné, est d'écarter définitivement tous les systèmes qui valent moins que la *monarchie* ou qui ne peuvent donner plus qu'elle, afin que, toutes les divisions cessant au sujet de telle ou telle forme préférée par pur caprice ou dans des vues exclusivement égoïstes, on puisse une bonne fois s'accorder à se contenter de celle que les circonstances auront établies, lorsqu'il aura été prouvé qu'elle vaut, sinon mieux, du moins autant que toute autre. Et nous avons lieu de croire que quand, sous l'empire de cette conviction, on voudra bien dépenser pour l'amélioration de cette forme tous les efforts que l'on dépense aujourd'hui pour amener des renversements irréfléchis ou intéressés, on pourra obtenir en matière de gouvernement le plus haut degré de perfection auquel il soit permis à l'homme d'atteindre (1).

La forme *monarchique*, tout le monde le sait, est celle où un seul *(monou archê)* a le maniement des affaires publiques, mais différant de la *Présidence républicaine* qui peut être annuelle, biennale, triennale ou décennale, et même à vie, en ce qu'elle a pour caractère essentiel d'impliquer l'*hérédité*.

Nous savons et nous avons déjà dit qu'il pouvait y avoir, qu'il y avait eu des *monarchies électives* et nous avons donné pour exemples l'ancien royaume de Pologne (2),

(1) On peut observer que, parmi tous ceux qui cherchent à renverser la forme du gouvernement de leur pays, il serait difficile d'en trouver un seul qui fût exclusivement poussé par l'amour du bien public. L'un souffre dans son orgueil de ce qu'on ne lui a point offert le poste auquel il se croit appelé par ses talents. L'autre satisfait des rancunes personnelles qui sont la suite de quelque refus désagréable ou de quelque disgrâce plus ou moins méritée. Celui-ci veut des troubles seulement par esprit d'envie et pour compromettre la prospérité des autres, n'eût-il rien à y gagner : briser pour briser. Celui-ci veut un changement général, parce qu'il croit ne pouvoir arriver qu'à ce prix à la situation qu'il convoite. Chacun de ces intrigants s'attache par ses déclamations un certain nombre de niais qui suivent sans comprendre, uniquement pour se classer et se donner l'air d'avoir des idées; tous s'égosillent à flatter le *peuple*, c'est-à-dire, la partie ignorante de la population, la seule accessible aux vains sophismes, espérant s'en faire un belier pour renverser l'obstacle. Qu'ils arrivent au pouvoir, ils feront tout comme leur devanciers : les *monarchistes* qui voulaient la *monarchie* sous la *république* ne songeront d'abord qu'à se partager les bonnes places ; les *républicains* qui voulaient la *république* sous la *monarchie* seront trop heureux d'en continuer tous les abus sous des noms différents; et pour les uns et les autres, la *liberté* signifie *assez de liberté* pour pouvoir saper et jeter à terre le système établi.

(2) Tous les historiens conviennent que l'électivité des rois

ainsi que la royauté temporelle des Papes, qui peut être considérée comme une exception. Mais nous devons constater qu'à cette exception près, l'Europe ne contient aujourd'hui absolument aucune *monarchie élective*, et nous croyons du reste que ces deux mots ne vont pas bien ensemble. Non pas que la *monarchie élective* ne fût la plus belle des institutions, si elle pouvait être régulièrement praticable; mais pour qui connaît la nature humaine, qui pourrait douter que tôt ou tard le prince élu ne cherchât à perpétuer le pouvoir dans sa famille, ayant matériellement tous les moyens de le faire et tant de conseillers intéressés lui représentant chaque jour cet acte comme le plus sûr gage de la sécurité publique? Le mot même de *monarchie* emporte l'idée d'un prince, roi ou empereur, et il semble en effet admis dans l'opinion commune que ces deux titres impliquent l'*hérédité*.

Nous ne verrions donc pas dans la *monarchie élective* une véritable *monarchie* d'après le sens vulgaire de cette expression; nous y verrions plutôt une *Présidence à vie* et nous croyons que ce titre serait beaucoup moins

de Pologne fut la principale cause de la ruine de ce pays. On y préférait les princes étrangers. Qui ne connaît les aventures du duc d'Anjou devenu Henri III, élu en 1575 et abandonnant furtivement son trône. trois mois après y être monté, quand il apprit la mort de Charles IX, son frère? En 1697 le prince François de Conti fut aussi élu roi de Pologne par un parti; mai un autre parti nomma l'électeur de Saxe qui l'évinça et régna sous le nom de Frédéric-Auguste II. Déposé en 1704, ce prince eut pour successeur Stanislas Leczinski, appuyé par Charles XII, roi de Suède. Stanislas ne put régner; Frédéric-Auguste fut rétabli en 1709. Elu pour la seconde fois en 1733, Stanislas manqua encore la couronne et finit ses jours en Lorraine. Tels furent les signes avant-coureurs d'un démembrement inévitable.

dangereux que l'autre, en ce que, contrairement à la *royauté* dont on ne peut descendre sans décheoir, la *Présidence* n'est qu'une fonction publique qu'il est honorable de savoir résigner à son terme.

Admettons donc que le nom de *monarchie élective* est synonyme de *république à présidence viagère* et que cette dernière appellation serait même plus convenable, en même temps que plus exacte. Or, il n'y aura pas à douter que, sous cette forme, la *monarchie* ne fût parfaitement compatible avec l'*autoctémisme* : car un peuple ne saurait se donner à lui-même et donner aux autres une meilleure preuve de son indépendance qu'en nommant à chaque vacance le prince qui devra le gouverner et en assignant d'avance un terme au mandat conféré, de manière que l'occasion d'user de sa prérogative doive constamment se renouveler soit à période fixe, soit à période indéterminée.

Ainsi, la question devient facile à vider entre la *monarchie* et l'*autoctémisme*, du moment que l'*élection* intervient, l'*élection* étant un signe certain de la *possession de soi-même*, en faveur de tout élément qui l'exerce et il demeure évident que la *monarchie élective* sera parfaitement compatible avec la complète *possession d'un peuple par lui-même*, ne conférant au prince qu'un mandat personnel et limité, tout comme l'est celui du *Président républicain*.

Le problème devient beaucoup plus délicat lorsqu'il s'agit de la *monarchie* proprement dite, c'est-à-dire, de de cette espèce de forme politique où la possession du pouvoir gouvernemental doit se transmettre par l'*héré-*

dité. C'est en effet sur l'*hérédité* en cette matière que repose en son entier cet immense procès qui se poursuit en ce moment dans tous les pays du monde, entre peuples et princes.

D'un côté, les peuples veulent être *libres*, c'est-à-dire être remis ou maintenus dans la *possession d'eux-mêmes ;* c'est-à-dire, être remis ou maintenus en pleine jouissance de leur *autoctémonie.*

D'autre part, les princes ne se croient *dignement* installés et en passe de faire de grandes entreprises de bien public que quand ils sont assurés par l'*hérédité* que la mort, si elle peut rompre le fil de leur existence, ne rompra pas du moins les traditions de leur gouvernement, lesquelles pourront être aisément continuées par un enfant élevé dans leur secret.

Or, l'*hérédité politique,* inhérente à la *monarchie* et réclamée par les princes comme une indispensable condition de dignité, peut-elle s'accorder avec la liberté intérieure d'une nation, liberté se traduisant pour cette nation par la *pleine possession d'elle-même ?* Car, nous l'avons vu, il semble que l'*hérédité* ne puisse se justifier que par la *propriété*, et qu'en héritant du *droit* de gouverner un peuple, un prince doive être fondé à se regarder comme en étant le *propriétaire.*

Telle est la source de tous les malentendus qui aigrissent les rapports entre peuples et princes ; telle est aussi la source de tous les arguments dirigés contre la *forme monarchique* en faveur de cette soi-disant *forme républicaine,* forme pourtant à ce point indécise et variable u'elle a changé dans tous les temps, qu'elle change dans tous les pays et qu'on ne peut presque la définir que par ce qu'elle n'est pas.

Nous croyons cependant cette difficulté susceptible d'être résolue. Procédons par analogie.

D'abord, on peut parfaitement assimiler une société politique à une société industrielle qui aura besoin d'un gérant supérieur pour conduire et protéger les intérêts communs, ainsi que pour mettre en œuvre les statuts déterminant le mode d'exploitation. Ce gérant, une fois élu, aura le *droit* d'administrer et celui de diriger envers et contre chacun, et il aura dû être établi une première fois soit par une élection préalable si la place était à créer, soit par une élection confirmative si le poste était déjà occupé par le fondateur de l'affaire.

Jusqu'ici nous côtoyons exactement la *Présidence temporaire* et la *monarchie élective*, et personne n'aura la fantaisie de supposer que le gérant ainsi confirmé ou élevé par l'assentiment de l'association soit *propriétaire* du fonds social : il sera tout simplement possesseur d'un mandat contre toute réclamation isolée et jusqu'à concurrence d'une révocation unanime, laquelle, en tout cas, ne pourrait être légitime qu'autant qu'il serait prouvé que le mandat n'aurait pas été rempli ou l'aurait été incomplètement : car, au fond, il n'est jamais *légitime* de destituer, sans cause valable, un mandataire régulièrement investi, et bien qu'au fond il ne puisse jamais être conforme au *droit naturel* de gouverner une société malgré elle, il est évident cependant qu'une société ne pourra, sans violer le *droit conventionnel*, ôter arbitrairement à quelqu'un tel mandat qu'elle lui aura librement confié et dont les conditions auront été convenablement observées : la logique humaine a ses lois que la politique ne saurait changer et ce qui est devenu *légitime* par le *droit conventionnel* ne saurait plus être rationnellement repris ni contesté au nom du *droit naturel.* S'il en était autrement, toutes les dispositions *conventionnelles* seraient d'avance entachées de caducité, et l'on ne pourrait jamais avoir en elles une confiance absolue.

Le gérant d'une société industrielle n'est donc nullement *propriétaire* de l'association, bien que chargé de conduire ses destinées et il n'est pas même *propriétaire* de la prérogative qui les met dans sa main, bien qu'il soit rigoureusement inviolable pour chaque membre pris en particulier, parce qu'il représente l'assentiment de tous ou du plus grand nombre dans un élément où ce procédé est accepté pour base de toutes les décisions d'intérêt commun. Il est même devenu inviolable pour la société entière, tant qu'elle n'a rien à lui reprocher, parce qu'il représente vis-à-vis d'elle un contrat dont il est partie et que tout contrat librement consenti est absolument respectable pour chacune des parties, tant que l'une n'y a point manqué : et cette réserve en faveur du gérant s'appuie elle-même non pas sur un *droit de propriété,* mais sur la loi de logique qui préside à l'économie des conventions.

Or, tout le monde sentira que l'assimilation entre une société industrielle et une société politique formant nation ne saurait se poursuivre jusqu'à l'extrémité. Dans une société industrielle, les intérêts sont importants sans doute, mais ils ne touchent qu'un petit nombre d'individus. et ils sont presque toujours susceptibles d'être connus et définis, parce qu'ils sont nécessairement tous d'une nature identique, suivant l'espèce d'industrie dont il s'agit. Dans une société politique, au contraire, les intérêts peuvent englober un nombre illimité d'individus et comme ils peuvent en outre avoir trait à toutes les conditions, à tous les âges, à toutes les matières, à toutes les innovations ou découvertes, il s'ensuit qu'il est impossible d'y prévoir tous les conflits, toutes les complications et d'y régler à l'avance toute chose en quelque sorte nominativement, comme on le fait dans les statuts d'une société commerciale. De plus, la plupart des membres d'une société industrielle comprennent l'utilité des mesures protectrices et sont animés de l'esprit de conservation commune, parce qu'ils sentent jusqu'à quel point leur perte résulterait de la perte des autres. Tout au contraire une société politique renferme une immense quantité de membres qui ne saisissent nullement le rapport des lois avec l'ordre et la sécurité générale que cependant ils désirent presque tous, non plus que le rapport de leur intérêt propre avec l'intérêt collectif. Dans leur ignorance, ces membres sont souvent portés à dénigrer des mesures indispensables à la paix publique, dont la majorité profite, dont ils bénéficient eux-mêmes sans le savoir; et souvent, par un amour de la nouveauté naturel à l'homme, ils se joindront imprudemment aux déshérités qui sont malheureusement trop nombreux partout et qui veulent sciemment le désordre, parce qu'ils pourraient y gagner et n'ont rien à y perdre.

En même temps que les intérêts sont beaucoup plus variés et beaucoup plus considérables dans une société politique, ils sont donc, par une fatalité bien regrettable, beaucoup plus exposés, beaucoup plus menacés et bien plus constamment que ceux d'une société industrielle. Cela résulte de ce qu'une société politique porte dans son sein des ennemis de toute espèce, ennemis de l'organisation établie, ennemis de toute organisation, ennemis qui savent ce qu'ils veulent, ennemis qui frappent sans savoir ce qu'ils font. Il faut aussi observer que, dans l'état présent, les sociétés politiques ont la triste folie de s'attaquer mutuellement pour s'entre-détruire et que cela constitue pour elles un danger de plus qui n'est pas le moindre.

En outre, elles contiennent toutes un certain nombre d'ambitieux qui s'imposeraient volontiers à elles par tous les moyens possibles, honnêtes ou déshonnêtes. D'un côté, livrées à tant de périls, lorsque d'autre part elles ne peuvent prospérer que dans la tranquillité et trouver la tranquillité que dans la stabilité des institutions, on comprend que, pour garantir ceux qui les dirigent, elles aient eu besoin de recourir à des mesures exceptionnelles et l'*hérédité dynastique* est incontestablement la plus singulière dont on ait pu avoir l'idée.

Si l'on veut connaître le vrai motif inspirateur de l'*hérédité dynastique*, il faut donc le chercher uniquement 1° dans le désir de prévenir toute interruption dans l'exercice du pouvoir exécutif, interruption qui ne pourrait manquer de causer quelque secousse funeste ; 2° dans le désir non moins sage d'éviter les compétitions et les lenteurs (1) qu'amènerait l'électivité d'un trône et les

(1) Grégoire X (1274) ordonna d'enfermer les cardinaux pour hâter l'élection des Papes ; aux élections de Pologne, les nobles et les lvêques délibérant à cheval et tout armés, se cassaient la tête en pleine assemblée.

guerres civiles qui pourraient être provoquées par les candidatures évincées : car les familles dont un membre aurait occupé le trône resteraient évidemment toujours puissantes.

En effet, lorsque le prince meurt, son successeur se trouvant tout désigné dans sa famille, le pouvoir exécutif ne cesse jamais d'être tenu, car il ne tombe de la main du décédé que pour entrer dans celle de son héritier prédestiné. De cette façon tout interrègne est évité et la transmission se fait sans que les affaires publiques en ressentent le moindre contrecoup.

Il est vrai que l'*hérédité dynastique* a un inconvénient, c'est d'exposer l'autorité suprême à tomber dans des mains incapables ou indignes, éventualité que nous repoussons pour les plus modestes charges. Mais il faut considérer que le cas d'incapacité se présente encore bien moins fréquemment qu'on ne pourrait le craindre, que le cas d'indignité doit se présenter très-rarement à une époque où l'instruction, rendue nécessaire par les exigences mêmes de l'emploi, doit préserver le caractère de l'homme d'une dégradation prématurée et enfin que, dans les pays éclairés, le trône sera toujours entouré de corps importans qui pourront ou créer et diriger une tutelle jugée opportune, ou, s'il le faut, prononcer une substitution reconnue indispensable : toutes garanties qui ne sauraient exister autour d'une modeste fonction.

Ajoutons que l'*hérédité dynastique* impose au vulgaire qui, tout en déblatérant constamment contre les grands honneurs décernés à certains hommes, se sent toujours saisi d'un respect irrésistible envers les individualités marquées pour une haute destinée et jusqu'à ce que les peuples sachent respecter la loi pour elle-même, il sera toujours bon qu'ils aient pour celui qui en représente l'application ce culte instinctif qui, au fond ne s'adresse réellement qu'à elle, à moins qu'on ne vénère le prince que comme une machine à faveur, ce qui ne peut arriver qu'aux courtisans du premier plan (1).

Quoi qu'il en soit, nous tenons les argumens en faveur de l'*hérédité dynastique* pour aussi bons que ceux que l'on pourrait apporter contre elle et ils nous semblent assez sérieusement décisifs pour avoir pu raisonnablement lui procurer des partisans convaincus. Nous estimons donc suffisamment démontrée l'utilité de cette institution.

Mais c'est ici que nous arrivons au point capital : étant admis comme démontré que l'*hérédité dynastique* peut avoir une incontestable raison d'être, voyons maintenant si l'*hérédité dynastique* est conforme à l'*autoctémisme* ou à la *possession d'un peuple par lui-même?* C'est là en effet le critérium en dehors duquel rien ne peut être admissible pour nous.

Il est évident que si une Constitution attribuait à une famille le *droit quand même* ou mieux la *faculté quand*

(1) Race détestable qui est la peste de tous les trônes, car en prenant d'assaut par ses importunités tout ce qui devrait appartenir au vrai mérite, elle retourne contre le souverain toutes les organisations fortement douées. Nous nous rappelons avoir vu littéralement danser une vieille marquise en face de l'Empereur au bas de la terrasse des Feuillants ; c'était à donner des nausées.

même (car il n'y a de *droit* que ce qui est justifiable) de gouverner un peuple bon gré mal gré, quel que fût d'ailleurs l'usage qu'il fit de sa prérogative, ce peuple serait véritablement en état de servitude, car dans le fait il serait livré pieds et poings liés à un despote dont il ne pourrait se débarrasser en aucun cas.

Or, cet inconvénient peut être évité par deux dispositions qui répondront aux deux périls qu'engendrerait naturellement cette situation.

— Par la première de ces dispositions l'exercice de l'autorité souveraine serait soumis à la surveillance continuelle d'un corps investi du pouvoir de le censurer, comme il a été dit précédemment (1), ce qui serait une satisfaction certaine, perpétuelle, donnée à la *prérogative nationale* (2); — par la seconde, à chaque transmission de la prérogative suprême, le successeur désigné serait présenté à l'acceptation générale du corps électoral le plus étendu et cette sanction, qui ne pourrait jamais être refusée en masse sans un motif assez sérieux pour être juste, aurait le double effet et de consacrer une fois de plus la

(1) Page 130 et suiv.

(2) Et il va sans dire que la faculté de censurer implique celle de prononcer la déchéance, s'il y a lieu. Toutes les garanties possibles deviennent inutiles vis-à-vis de celui qui peut-être condamné et ne peut pas être exécuté.

L'irresponsabilité politique n'est nulle part plus carrément proclamée que dans la Constitution du Brésil, du 25 mars 1824. On y lit ·

« *La personne de l'Empereur est inviolable et sacrée. Elle* « *n'est soumise à aucune responsabilité.* » (T V, C. I, art 99).

Que ne déclare-t-on tout de suite que l'Empereur est invulnérable et immortel ! On verrait si la nature tiendrait compte de ces excentricités.

prérogative nationale et de rappeler au nouveau prince qu'il reçoit l'autorité souveraine comme un dépôt continué par la nation, non comme un bien patrimonial lui échéant par voie privée et, par conséquent, échappant à tout contrôle.

Sans doute, un prince déjà, *de fait*, en possession de de tous les élémens de pouvoir, de toutes les forces résultant de la délégation publique pourra toujours sans peine se dispenser de réclamer, lors de son avénement, la sanction que nous indiquons,de même qu'après son élévation, il pourra presque toujours manquer impunément à la *Constitution* (1). Mais quel fruit recueillera-t-il d'une première indélicatesse ?

(2) Une question fort importante pour la matière, c'est le mariage des rois. Les souverains aiment à prendre des filles de souverains étrangers. Ces alliances leur font espérer un utile appui dans les cas difficiles. Elles sont une garantie contre les voisins. Quant à nous, nous trouvons qu'elles sont plus souvent encore un danger pour la liberté de la nation, parce qu'elles peuvent amener chez elle l'étranger, pour maintenir malgré elle un tyran qu'elle aura condamné. D'autre part, les mariages à l'intérieur auraient aussi un inconvénient : ce serait d'éveiller une ambition effrénée chez toutes les familles qui désireraient s'allier au trône. Pour trancher la difficulté, nous proposerions que la personne devenue l'épouse du souverain perdît civilement son nom de famille et que le mariage ne concédât légalement aux siens aucune parenté avec le prince. Son nom de famille serait judiciairement rayé du contrat, si l'union était antérieure au couronnement.

« ... L'alliance du sang entre souverains, dit Napoléon, ne « tient pas contre les intérêts de la politique, et, sous ce rap- « port même, ne prépare que trop souvent des scandales en « morale aux yeux des peuples, — (lui-même abandonné sur son roc par l'empereur d'Autriche, son beau-père, » — avant lui, le roi d'Angleterre, Jacques II, détrôné par Guillaume de Nassau, son gendre) ; — « puis, c'est admettre une étrangère au « secret de l'Etat: elle peut en abuser; et si l'on compte soi-même « sur les siens au dehors, on peut se trouver n'avoir posé le pied

Son audace aura pour effet de rendre sa possession *illégitime*, au lieu de *légitime* qu'elle aurait pû être et de faire de lui un *usurpateur* véritable, au lieu d'un possesseur régulier qu'il fût devenu par l'accomplissement d'une simple formalité. Lorsque mon voisin ne me voit pas, ne me serait-il pas facile de prendre ceux de ses fruits qui sont à portée de ma main ? Mais comme j'ai de l'honneur et de la probité, je demande à mon voisin le prix de ses fruits pour ne les recevoir qu'en les payant, grâce à quoi j'en deviendrai le *détenteur légitime*, au lieu d'être un voleur méprisable. C'est ainsi qu'une prise de possession n'est *légitime* qu'autant qu'elle est accomplie suivant les voies qui lui sont légalement tracées; et un prince éclairé, qui comprendra que l'on n'est jamais réellement fort que dans le *droit*, saura toujours résister aux suggestions d'un orgeuil insensé, pour se tenir et demeurer consciencieusement dans le chemin du devoir et de la loyauté.

Il paraît donc évident que, grâce aux tempéraments dont nous l'accompagnons, l'*hérédité dynastique* peut se concilier sans aucune difficulté avec l'*autoctémisme* ou indépendance foncière d'une nation.

Il est d'usage que les peuples d'aujourd'hui appellent simplement *liberté* cette indépendance et que les publicistes qui se qualifient de *libéraux*, en donnant surtout pour preuve de leur *libéralisme* leur antipathie contre la forme *monarchique*, prétendent que la *monarchie* est incompatible avec la *liberté* d'une nation.

« que sur un abîme recouvert de fleurs. En tout, c'est une « chimère que de croire que ces alliances assurent ou garantis- « sent jamais rien. » — *Mémorial de Sainte-Hélène, 13 novembre 1816*.

Nous voyons dès-lors combien est grande l'erreur de tous ceux qui émettent une telle doctrine. Sans avoir à nier que l'idée *républicaine* ne soit par sa nature exclusivement conforme à l'*autoctémisme*, que toutefois elle ne sait jamais respecter dans la pratique, nous pouvons désormais avancer sur preuves certaines que, même avec l'*hérédité dynastique* qui est une institution caractéristique pour elle, la *monarchie* peut parfaitement être organisée de manière à devenir compatible avec ce qu'on est convenu d'appeler la *liberté* pour désigner l'indépendance intérieure d'une nation (1).

Il n'y aura plus d'objections à faire que contre les abus qui peuvent être pratiqués même dans la *monarchie* la mieux constituée pour donner à la *prérogative nationale* toutes les garanties nécessaires. Nous répondrons à ce reproche que celui qui a la force en main peut et pourra toujours en faire un usage contraire à celui qui aura été indiqué, que ce défaut n'est point particulier à la forme *monarchique*, qu'il est une suite de l'imperfection naturelle de toutes les choses humaines.

Ainsi, nous admettons de prime abord que l'idée *républicaine* soit conforme à l'*autoctémisme* ou à la *liberté* intérieure d'une nation, bien qu'elle ne présume par elle-même aucune forme positive et ne s'accuse guère que par la proscription du nom de la *monarchie* et de l'*hérédité dynastique*. Et cependant nous savons par l'histoire que les

(1) Nous donnerons dans un second volume qui apportera la *Théorie* même *du droit* la classification et la définition de toutes les *libertés*, ou mieux, de toutes les formes possibles de la *liberté*. Nous espérons que ce travail mettra fin à bien des malentendus.

républiques finissent presque toujours par être victimes de l'*usurpation*, fléau qu'elles craignent constamment et qui est pour elles une éternelle cause de faiblesse. Nous savons qu'elles ont pratiqué l'*esclavage* jusqu'à ces derniers temps. Nous savons enfin, que, dans celles où l'*esclavage* n'existait pas, la *liberté politique* était loin d'être accordée à tous les habitants et que la *liberté civile* elle-même n'était pas toujours égale pour toutes les classes.

Pourquoi donc la *monarchie constitutionnelle dynastique* n'aurait-elle pas aussi ses périls, produit funeste de la sottise ou de l'ambition des hommes ?

Une puissante *armée permanente* existe. Du moment qu'il sera loisible au prince de la concentrer sur un point, il lui sera toujours facile de faire, avec son aide, violence à la *Constitution* et à la volonté de la nation. Si cette armée doit être éparpillée aux termes du statut fondamental, il pourra corrompre les chefs et opérer illégalement la même concentration, grâce à la rapidité des voies ferrées.

Un Sénat est institué pour exercer le contrôle constitutionnel. Mais le prince peut ôter, par un prompt coup de main, l'indépendance à cette assemblée, la dominer par la force, récuser ses décisions, lui en imposer de contraires à sa volonté. Ce résultat s'obtiendra toujours par le concours vénal ou inconscient des hommes de sabre et le Sénat, qui ne peut nécessairement se défendre dans son sanctuaire, comme une poignée de braves assiégés dans une place tout ouverte, n'aura d'autre ressource que de prononcer sa dissolution aussitôt que sa liberté lui aura été ravie (1). Il pourrait y avoir aussi un remède préventif, qui consisterait à ce que la prescription ne pût jamais couvrir un attentat commis par un officier quelconque contre un corps constitué.

Il pourra y avoir une *chambre des impôts et répartitions* pour établir les taxes et dispenser les deniers publics; il pourra également y avoir une *chambre législative* pour faire périodiquement les lois dont le besoin se fera sentir. Pour assurer l'indépendanre de ces deux corps, il pourra être établi qu'ils soient recrutés par l'*élection*. Or, le prince qui aura naturellement en main tous les ressorts administratifs et surtout l'argent, dont la vertu devient de plus en plus irrésistible, pourra sans peine fausser l'*élection* au moyen de cette monstruosité d'invention moderne, que l'on appelle *candidature officielle*. Par la *candidature officielle*, on impose un candidat aux élec-

(1) Au lendemain de Waterloo, on vit le Sénat du premier empire prononcer la déchéance de Napoléon dans les termes les plus énergiques, l'accusant d'avoir été le fléau de l'Europe entière, d'avoir épuisé la France en hommes et en argent, d'avoir foulé aux pieds toutes les lois, de s'être joué de toutes les institutions.

C'était le coup de pied de l'âne. Ce malheureux Sénat se vengeait par ses injures tardives d'avoir préféré de modestes appointements et la gloriole d'un titre au courage de se retirer noblement. Il oubliait que, grâce à son avarice et à sa mollesse, il avait sanctionné par ses votes tous les excès qu'il reprochait à son ancien maître et qu'il s'en était ainsi rendu moralement et matériellement le complice. Une assemblée qui n'avait vécu que par la lâcheté ne pouvait finir qu'en faisant un trait de lâcheté, car c'en est toujours une que de frapper celui qui est abattu, surtout quand on a partagé ses torts.

Napoléon juge sainement quand il dit :

« Je ne sache pas de corps qui doive s'inscrire dans l'histoire avec plus d'ignominie que le Sénat. » — *Mémorial de Sainte-Hélène, 4 novembre 1815).*

Seulement il eut le tort de se montrer surpris de trouver dans ce corps les sentiments qu'il y rencontra.

teurs en payant de leur propre argent les frais de la violence qu'on leur fait subir et les choses se passent de telle façon que l'on ne sait trop de quoi on doit le plus s'étonner ou de ce qu'un gouvernement puisse violer avec une aussi scandaleuse impudeur la condition première du suffrage, qui est la liberté, ou de ce qu'il puisse trouver comme candidats des hommes assez couards et assez lâches pour entrer dans l'arène tout chargés de cuirasses et de plastrons, vis-à-vis de rivaux qui n'usent que de leurs propres ressources et ne se couvrent que de leur seule honorabilité. A ce mal il n'est qu'un remède : le mépris public qui, dans un temps donné, doit accepter le titre de *candidat officiel* comme le mot d'ordre d'une proscription sans appel.

En outre, nous l'avons déjà dit, mis tout de suite par sa situation en possession de toutes les forces réelles résultant de la disposition effective d'une armée puissante et d'un budget énorme, l'héritier de la couronne pourra toujours, s'il le veut, fouler aux pieds la sanction destinée à légitimer la transmission *dynastique* et à rendre en cette matière l'*hérédité* elle-même compatible avec l'*autoctémisme* ou indépendance foncière de la nation. Mais nous avons également observé que, par cette faute, un prince se nuirait surtout à lui-même, parce qu'en se privant des bénéfices d'une formalité qui ne peut jamais guère lui être contraire, il fausse sa position par la base et se prive de l'immense force morale qu'il tirerait inévitablement d'un vote général, confirmatif de son élévation.

Enfin, pour satisfaire au précepte de Montesquieu qui, au nom de la *division des pouvoirs*, veut un corps judiciaire libre et qui ne fasse que de juger, il pourra y avoir une magistrature entourée de toutes les garanties appaparentes de l'indépendance. Mais le prince qui tiendra en main l'avancement et les récompenses pourra toujours, s'il ne tient pas à avoir des juges intègres, agir sur eux soit par la menace d'une disgrâce, soit par l'appât d'une faveur et transformer ainsi toute la magistrature en une cohorte d'agens du ministère de l'intérieur chargés de trier dans leurs arrêts entre les bien-pensants et les mal-pensants (1).

Comme on a pu le voir, la source éternelle des abus susceptibles de compromettre la *monarchie constitutionnelle* couronnée de l'*hérédité dynastique à élection confirmative*, est l'existence d'une forte armée permanente

(1) Une démission loyale est le seul remède en pareil cas et à ce propos, nous devons signaler au respect des contemporains quatre honorables magistrats qui, comme Métellus le Numidique, *de loco decedere maluerunt quàm de sententiâ*, « aimèrent mieux quitter leur place que manquer à leur conscience. » Ce sont MM. Séguier, procureur impérial à Toulouse, Turquet, procureur impérial à Nevers, Thibaut, procureur impérial à Saint Marcellin (Isère), Genreau, avocat général près la cour impériale de Paris. Ce dernier n'avait pas montré assez de zèle dans le procès dit des *Treize*, où treize individus furent condamnés pour délit d'association sous prétexte qu'ils étaient 21. Le sieur M..... qui, dans cette occasion, représentait le ministère public, a eu un sort bien différent : il a eu de l'avancement et il fut décoré à la plus prochaine promotion de la *Légion-d'honneur* pour *services particuliers*, disait le *Moniteur*. Un jour, Berryer eut la malice de dire devant le Corps législatif ce qu'on faisait au bout d'un an des présidents de la 6e chambre spécialement chargée de juger les journaux, lesquels étaient toujours condamnés.

Nous ne pouvons pas non plus oublier les juges de paix. Nous avons remarqué depuis environ quatre ans que, sur six nominations, il y a toujours au moins un *démissionnaire*. La charge de juge de paix est modeste, mais elle a constamment été honorée. On ne doit point y renoncer volontairement sans un motif grave et nous avons lieu de croire que le démissionnaire doit être plus susceptible que celui qui le remplace. Une administration est jugée, lorsque le sentiment de la dignité personnelle peut y être une cause d'incompatibilité.

qui, *en fait*, peut toujours être détournée de son objet naturel par un prince animé d'une ambition vicieuse.

Nous ne contesterons pas que ces sortes d'armées ont quelque raison d'être, pour chaque Etat, à une époque où tous ses voisins en possèdent une et qu'il leur est possible de la lancer sur le premier venu, en n'ayant de compte à rendre qu'au succès. Mais il sera bon de remarquer ici que l'état des choses changerait complètement le jour où s'établirait entre les peuples cette *solidarité* que nous avons recommandée précédemment, solidarité qui, en mettant chaque nation sous la protection de la fédération toute entière, comme chaque individu est dans une société sous celle de la totalité des citoyens, rendrait enfin tout-à-fait inutile cet instrument dangereux qui, créé pour la défense extérieure d'un peuple, peut à tout instant être employé à son asservissement intérieur.

Il suffirait alors, comme il a été également observé, d'avoir une milice respectable pour le service ordinaire de la sécurité publique, laquelle ne saurait jamais être bien sérieusement menacée dans un pays laborieux et honnêtement administré. On pourrait d'ailleurs préparer à cette milice le concours efficace des citoyens en faisant dresser dès le bas-âge et chez l'instituteur les enfants aux principales évolutions, ce qui les amuserait à coup-sûr et leur donnerait l'esprit d'ensemble. Plus tard, on n'aurait qu'à faire un signe à cette jeunesse pour qu'elle accourût autour du drapeau, lorsqu'elle serait sûre d'être employée à la défense de l'ordre ou de l'indépendance nationale et non pas à celle d'abus détestés ou même d'une tyrannie odieuse dans toute son organisation.

— Quoi qu'il en soit, nous croyons avoir victorieuse

ment démontré la parfaite compatibilité de la *monarchie* avec l'*autoctémisme* ou avec la liberté intérieure d'une nation, en lui imposant les diverses conditions que nous avons fait connaître et nous proclamons sincèrement que ces conditions sont faites pour lui donner de la force, bien loin de l'affaiblir. Elles ne peuvent que rendre les abus plus difficiles en elle. A ce propos, nous émettrons hautement cette opinion : que les abus ne profitent qu'aux subalternes, devant toujours être en fin de compte nuisibles au prince, sur le nom de qui toutes les haines s'accumulent ; et nous nous ferions fort de prouver la vérité de celle-ci : qu'il est réellement de l'intérêt du prince que tous les intérêts de la nation soient aussi bien respectés que possible. L'orgueil du potentat peut ne pas y trouver toutes ses satisfactions ; mais l'estime de tous les honnêtes gens est pour un cœur haut placé une récompense bien plus désirable, bien plus solide que toutes ces jouissances de la vanité qui ne laissent après elles que le dégoût de soi-même et le mépris des autres.

Rappelons par un dernier mot que ces conditions sont:

1° Pour la *monarchie* elle-même, de reposer sur une *constitution* qui reconnaisse et garantisse dans la pratique les facultés conséquentes de la liberté native des individus ;

2° Pour l'*hérédité dynastique*, ordinairement liée à la *monarchie*, d'être soumise à chaque changement de prince à la formalité du *vote confiramtif* de la part du corps électoral le plus nombreux, ce vote suffisant pour reconnaître à la nation son indépendance vis-à-vis d'elle-même, en même temps qu'il sera un heureux moyen de de rappeler au prince que son autorité résulte d'un mandat et non d'une possession de *droit* supérieur.

Ainsi organisée la *monarchie* sera devenue *constitutionelle* et *héréditaire*, pour remplacer par ce dernier mot celui de *dynastique* auquel l'usage l'a préféré. Seulement, pour éviter toute confusion, on fera bien de compléter cette désignation par les mots *à vote confirmatif*, puisque c'est en effet la seule sanction résultant de ce vote qui peut en cette matière concilier l'*hérédité* avec l'*autoctémisme* ou la *liberté* d'une nation vis-à-vis d'elle-même.

V.

Nous touchons à la fin de cette étude et ce n'est pas sans efforts que nous l'avons conduite à son terme.

La question posée d'abord était celle-ci :

Quels sont les principes de gouvernement conformes au *droit*, conformes au *juste* ; tous le sont-ils ; en est-il un qui le soit plus exclusivement ?

Nous avons rappelé en quelques mots les classifications établies par les auteurs les plus autorisés et montré que ces classifications étaient inexactes en ce qu'elles s'appuyaient sur des principes de forme plutôt que sur des principes de fond et que les dénominations adoptées ne distinguaient même pas suffisamment les différents systèmes qu'elles ont la prétention de représenter. Ainsi, la *monarchie* réduite à sa valeur étymologique, peut être le *despotisme* et le *despotisme* est toujours ou presque toujours une *monarchie ;* de même les mots *démocratique* ou *républicain* ont le tort de ne p.s être assez précis et de ne pas dire assez quelle forme ils impliquent, s'ils impliquent seulement une forme, puisqu'on voit journellement des institutions qui se qualifient de *démocratiques* dans des *monarchies* et que l'on a vu des *républiques* où il y avait des *rois*, lorsque la *royauté* est une institution reconnue caractéristique de la *monarehie*.

Pour sortir de toutes ces inexactitudes ou incertitudes, nons avons cru convenable de proposer une division nouvelle reposant sur les deux seules situations absolument contradictoires ou un peuple pusse être, de sorte qu'il ne puisse point ne pas être dans l'une sans entrer forcément dans l'autre. Ces deux situations sont celle dans laquelle un peuple a un *maître* et celle dans laquelle il n'en a pas, où il est conséquenment son seul maître à lui-même.

A la première situation nous avons donné le nom d'*hérétoctémisme* et à la seconde, celui d'*autoctémisme*.

Nous avons remarqué que l'*hétéroctémisme* se confondait avec ce qu'on appelle vulgairement l'*absolutisme* et qu'en somme les deux principes de l'*hétéroctémisme* ou *absolutisme* et de l'*autoctémisme* pouvaient embrasser à eux seuls tous les systèmes expérimentés et à expérimenter.

Nous avons ensuite passé en revue les différents systèmes rentrant dans la nature de l'*hétéroctémisme* et nous avons observé que, sous toutes ses formes, ce principe n'admettait jamais que l'intérêt du *maître*, qu'il ne laissait jamais aucune place à l'intérêt de la nation et que, comme le *droit*, en matière d'organisation sociale et politique, représentait précisément la limite qui devait justement exister entre l'intérêt du gouverné, pour que ses prérogatives naturelles soient respectées et l'intérêt du gouvernant, pour que l'accomplissement de sa mission soit possible, il en résultait que, pour ce seul fait qu'il ne reconnaît pas l'intérêt de la nation, l'*hétéroctémisme* est sous toutes ses formes positivement exclusif du *droit*.

Ce qui est négatif du *droit* ne saurait être *juste*.

L'*hétéroctémisme* est donc définitivement proscrit comme contraire au *droit* politique et à la justice supérieure qui, pour les peuples, précède l'heure de l'organisation.

Il nous reste l'*autoctémisme*.

Nous constatons tout de suite que l'*autoctémisme* s'accorde parfaitement avec les exigences du *droit* en matière d'organisation politique et sociale.

En effet, il reconnaît d'abord l'*intérêt de la nation* et lui donne la primauté sur tous les autres. Cela est tout naturel dans une situation qui a pour caractère que la nation *s'appartienne à elle-même;* une nation ne saurait alors connaître d'intérêt antérieur au sien, et l'antériorité est dans ce cas la seule condition possible de supériorité.

Toutefois, quelque voie qu'adopte une nation, il lui faudra toujours un gouvernement et, à ce gouvernement il faudra un chef. Un nouvel intérêt sera né qui sera représenté par la délégation collective de toutes les forces et actions communes pour sauvegarder la sécurité de tous et le bon droit de chacun.

On voit d'ici naître la cause du gouvernement, et la nature du besoin indique l'objet qui doit lui être donné, de même qu'à son tour la nature de l'objet devra indiquer les limites où l'action publique aura lieu d'être renfermée.

On trouve donc bien dans l'*autoctémisme* ce respect de la *prérogative nationale* qui doit être pour les peuples la première condition du *juste* dans l'appréciation de leurs destinées et il est impossible de nier que le *droit* de la nation n'y soit reconnu, puisqu'il y occupe la première place et se subordonne à lui-même tous les autres *droits* qui peuvent ou pourront y survenir.

Dans ces termes, nous admettons l'*autoctémisme* comme *juste* et, en conséquence comme conforme au *droit*.

Or, quelle sera la forme du gouvernement à préférer pour l'*autoctémisme* ?

Nous avons à choisir entre deux qui résument en elles toutes les nuances inférieures : la *république* ou la *monarchie*.

Dans la *république*, l'intérêt de la nation est certainement sur la première ligne, puisque le mot *république* signifie proprement lui-même *intérêt de tous ;* mais nous avons dû remarquer que cette simple appellation de la chose qui doit servir de base au gouvernement ne donne aucune indication sur la forme pratique qu'il conviendra d'adopter. A cette occasion, nous avons constaté que la forme des *républiques* avait varié dans tous les temps et dans tous les pays, nous montrant *deux rois* à Sparte, neuf archontes à Athènes, deux consuls à Rome, des assemblées de toute sorte dans l'Italie de la Renaissance et aujourd'hui des *présidents* partout. Pour ce qui est de l'*intérêt public*, nous avons dû constater aussi qu'il n'a jamais consisté réellement dans l'*intérêt de tous*, excluant partout le plus grand nombre comme *esclaves* et presque partout excluant plus ou moins les classes dites *populaires*. Florence rejetait tous les nouveau-venus.

D'après les idées modernes, la *république* semblerait assez devoir consister en tout ce qui n'est pas *monarchie*, c'est-à-dire en toute forme qui n'admette pas la *royauté*, surtout la *royauté héréditaire* qui est considérée comme l'attribut spécial et obligé de la *monarchie*, bien qu'il y eût à Sparte *deux rois héréditaires*.

Donc pour la *république* point de contestation. Elle est par elle-même conforme à l'*autoclémisme ;* elle le proclame dans son nom même. Seulement, elle ne l'a jamais respecté nulle part et on ne lui connaît pas encore de forme sous laquelle elle dût le respecter nécessairement et forcément.

Nous passons à la *monarchie* et, en ce qui la regarde, nous avons à prouver qu'elle soit ou puisse devenir conforme à l'*autoclémisme*, attendu que son nom, qui signifie seulement que le gouvernement aura *un chef unique*, ne présume rien quant à la reconnaissance ni à l'étendue de l'*intérêt public*.

Nous passons condamnation facilement sur la *monarchie* qui consisterait tout simplement à ce qu'un individu gouvernât une nation comme il lui plairait et pût transmettre sans formalité son pouvoir à son fils ou à tout autre qu'il lui conviendrait de désigner.

Ce serait là le *despotisme* dans toute sa nudité.

Mais la *monarchie* peut être *élective*.

Théoriquement l'*élection* suffira pour rendre la *monarchie* compatible avec l'*autoctémisme*, parce qu'elle implique par sa nature même la reconnaissance de la *prérogative nationale*, du *droit supérieur* de la nation.

Toutefois la *monarchie*, même *élective*, aura besoin d'avoir pour la pratique une *constitution* qui définisse l'exercice du pouvoir, comme la *république présidentielle* en a une : autrement elle retomberait en réalité dans cette espèce de *despotisme* qui se traduit aujourd'hui par ce que nous appelons *gouvernement personnel*. Au fond, cette *monarchie élective constitutionnelle* ne serait autre chose qu'une *république présidentielle ;* il y aurait pour toute différence que, dans les premiers systèmes, l'exercice du pouvoir serait égal à la vie de l'homme et que, dans l'autre, il y aurait un terme fixé, lequel ne dépasse ordinairement pas dix ans.

Mais la *monarchie élective*, *constitutionnelle* ou *non*, n'est pas adoptée par la pratique. De même que l'idée de *royauté* s'attache à la *monarchie*, de même l'idée d'*hérédité* s'attache à la *royauté* (1). Or, sur tous les points du globe, on préfère à tort où à raison la *monarchie héréditaire* ou *dynastique* et il semble que l'hérédité dynastique soit pour le coup absolument incompatible avec l'*autoctémisme*, parce que d'après toutes les appa-

(1) *Royauté* ou *empire* sont pour nous même chose, du moment qu'il s'agit d'un prince couronné.

rences, on ne doit pouvoir *hériter* qu'en vertu de la *propriété*.

L'*hérédité dynastique* a été ou a pu être instituée par les peuples pour des raisons tirées de leur intérêt propre. Or, cette institution peut, dans la matière, être entourée de certaines formalités qui la rendront inévitablement compatible avec l'*autoctémisme*. Ces formalités consisteront d'abord dans l'examen préalable d'un corps élevé, d'un sénat, qui jugera la question de capacité et de dignité personnelles, conditions dont on ne s'occupe pas pour investir un héritier civil ; ensuite dans une *élection confirmative* demandée au corps électoral le plus étendu, *élection* qui, en impliquant la faculté d'*accepter* le nouveau souverain, impliquera nécessairement la faculté de le *refuser*, condition qui représente à elle seule et amplement la reconnaissance de l'*indépendance nationale* que nous appelons *autoctémisme*.

La *monarchie héréditaire à vote confirmatif* est donc conforme à l'*autoctémisme*. Pour qu'elle le demeure dans la pratique, on n'aura qu'à lui donner une *constitution* organique, comme nous recommandions de le faire à l'égard de la *monarchie* simplement *élective*. Nous aurons alors la *monarchie constitutionnelle héréditaire, à vote confirmatif* et il ne peut plus rester aucun doute que la *monarchie* ainsi réglementée ne soit aussi conforme à l'*autoctémisme* que la *république* elle-même qui, tout en proclamant hautement le principe, n'a encore reçu aucune forme qui l'oblige absolument à le respecter.

Nous dirons donc pour conclure que, dans les conditions où nous la proposons, la *monarchie* peut être un gouvernement tout aussi conforme au *droit*, tout aussi conforme au *juste*, que la *république*, dont les soi-disant *libéraux purs* prétendent seulement pouvoir s'accommoder.

Cette conclusion n'est pas indifférente dans l'état présent. Beaucoup nient que la *monarchie* puisse être, au point de vue de la *liberté*, acceptable à aucune condition et ils s'autorisent de cette prétention pour dogmatiser contre elle, en prêchant la *république* à tue-tête comme si son nom seul devait être le remède à tous les maux politiques et sociaux. Sous la *monarchie* elle-même, ils crient que la *monarchie* est négative de toute *liberté* et, sans sentir la contradiction, ils s'évertuent à lui demander toutes les *libertés* (1). Or, qui ne sait que l'usage qu'ils

(1) La *liberté* que l'on demande avec le plus d'ensemble et d'insistance est la *liberté de la presse*. Nous sommes pour la *liberté de la presse*, et nous la voyons : 1° en ce que la création ni l'existence d'un journal ne soient point soumises à l'arbitraire ; 2° en ce que la *presse* ne soit l'objet d'aucune loi d'exception. Par exemple, nous n'avons que dégoût pour cette disposition de la loi de 1867, qui permet de poursuivre un article *deux ans* après sa publication. On l'a justifiée par l'éloignement possible de l'individu attaqué. Il fallait alors spécifier le cas, en admettant seulement que la preuve du fait d'ignorance pourrait être acceptée. La vraie raison se devine aisément.

La meilleure manière de condamner un mauvais article sera toujours d'y répondre victorieusement quand on sera en mesure de le faire.

Toutefois, nous reconnaissons qu'une franche *liberté de la presse* ne peut être donnée qu'aux journaux *monarchistes* sous la *monarchie*, qu'aux journaux *républicains* sous la *république*. Les intéressés se récrieront, mais la logique le veut ainsi. Le chef d'un gouvernement a non-seulement le *droit*, il a pour *devoir* de ne pas se faire le colporteur d'écrits quotidiens qui prêchent ouvertement la ruine de la forme établie. Le chef

feraient de toutes celles qu'ils pourraient obtenir serait de les employer au renversement de la *monarchie* et quel gouvernement serait assez fou pour donner volontairement des armes contre lui ?

Qu'arrive-t-il de ceci ?

Il arrive que toute *monarchie* qui voit son principe contesté dans son sein est obligée de refuser à tout le monde des *libertés* qui seraient véritablement utiles, mais que quelques-uns se proposent de retourner et retourneraient inévitablement contre elle.

Il arrive enfin que le plus grand obstacle à ce qu'une *monarchie* devienne bonne, parfaite, c'est qu'elle porte en elle des *républicains* et il en résulte en dernier lieu que, *sous la monarchie*, les *républicains* sont des ennemis publics, tout comme des *monarchistes* seraient des ennemis publics dans l'*état républicain*. (1)

La France a la *monarchie;* c'est la forme traditionnelle de ce pays et l'on ne peut nier que cette forme n'y ait des racines indestructibles, qu'elle n'y ait produit de

d'une *dynastie* a non-seulement le *droit*, il a pour *devoir* de ne pas se faire journellement l'entremetteur de diatribes qui appellent un rival à la destruction du mandat dont la nation entière l'a investi lui-même, dans les formes exigées par la *liberté* générale.

La *presse périodique* se donne la mission de contrôler les actes du gouvernement institué. Qu'elle se renferme dans cette voie, ne travaillant qu'à dénoncer ou à prévenir les abus, qu'à rechercher et à imposer les améliorations désirables. Le gouvernement lui-même aura dès-lors intérêt à ce qu'elle soit aussi libre que possible.

(1) On a beaucoup loué dernièrement les Etats-Unis de n'avoir pas empêché la création d'un journal nommé *le Monarchiste*. Nous les blâmerions plutôt.

grands biens. S'il nous était permis de formuler ici un vœu que nous ne craindrons pas de qualifier de patriotique, nous ferions donc un appel sincère à tous les partis pour les engager à accepter loyalement la *monarchie*, si l'on veut la mettre d'accord avec la *liberté*, ce dont nous avons donné les moyens pratiques. Peu de chose reste à faire : nous sommes habitués aux *Constitutions ;* nous n'avons plus qu'à en rédiger une qui soit convenable et à l'observer ; — nous avons l'*hérédité dynastique*, nous n'avons plus qu'à la soumettre à la formalité qui doit la rendre compatible avec la *liberté*. Qu'y aura-t-il ensuite besoin de changer de forme, lorsque nous en aurons une qui sera susceptible de se prêter pacifiquement à tous les progrès rationnels et qui, par sa nature, présentera la plus grande somme de stabilité possible pour une organisation politique ?

Dans le cours de cette étude, on aura pu s'étonner plusieurs fois que, préférant hautement la *monarchie*, nous ayons relevé si vertement les excès des princes et dévoilé si hardiment l'insuffisance de la plupart des investitures souveraines. La rudesse de nos observations prouve d'autant mieux notre foi dans l'institution ; nous n'avions pas à craindre de dénoncer les vices qui ont pu y demeurer jusqu'à ce jour, puisque nous avons apporté à chaque inconvénient signalé un remède qui doit consolider au lieu d'affaiblir ; quant aux abus, qu'ils viennent des hommes ou des choses, nous n'avons pas hésité et nous n'hésiterons jamais à les poursuivre impitoyablement, parce que ce sont toujours eux qui compromettent ce qu'il y a de bon et qu'un second abus plus grave ne manque jamais de s'implanter à l'ombre d'un abus imprudemment excusé. C'est donc bien servir la *monarchie*, comme ce serait bien servir la *république*, que de faire une guerre sans merci à tout ce qui peut violer ou pervertir l'esprit de celle de ces formes qui aura été adopté dans un pays.

Cette guerre perpétuelle aux abus, aux partialités, aux négligences représente le vrai rôle de l'*Opposition* et en cela une *opposition* est indispensable aux gouvernements qui veulent demeurer. Elle seule peut signaler honorablement les méfaits d'en bas et elle les préviendra souvent par la crainte de ses clameurs. Elle sera donc un élément de sécurité pour un prince qui saura profiter de ses révélations et ne point la provoquer à des excès contre lui-même. Et plus une société sera près de son apogée, plus l'opposition y sera utile. Il ne faut pas se le dissimuler, l'homme est toujours sollicité au mal par sa propre nature et la rouille qui s'attache à toutes choses envahit d'autant plus vite les surfaces qui sont les plus polies. L'homme a donc besoin d'être constamment rappelé au souvenir de son devoir et les institutions ont également besoin d'être constamment entourées de sentinelles impatientes. Il est bien vrai que ces sentinelles ne sont pas toujours désintéressées ; mais il n'en faut pas moins accepter leur concours dans la mesure où il est utile. Car que de gens ne travaillent au bien public que pour tromper les yeux et arriver où ils puissent travailler à leur propre bien. Ce n'est même guère que de cette façon que l'on travaille au bien public et c'est pour cela qu'il ne faut pas s'attendre à ce que l'*opposition* soit toujours modérée, ni même sincère.

RÉSUMÉ.

(Comme nous avons fait un résumé pour les deux autres parties, nous en ferons un pour celle-ci, quoique cela nous expose à des redites inévitables).

---

§ I.

— Cherchant pour l'homme en état de société, la première manifestation possible du *droit*, c'est-à-dire du *juste* et trouvant que cette première manifestation doit apparaître dans la situation qui pourra lui être faite par rapport à son gouvernement, parce que c'est de sa condition politique que l'homme tire toute sa manière d'être, (1) nous sommes conduit à examiner dans quelle mesure les différentes formes connues peuvent le mieux et se prê-

---

(1) « Supposons qu'un français accoutumé à rencontrer ça « et là des hommes vraiment citoyens, débarque à Constanti- « nople, quelle idée se formera-t-il des pays soumis au despo- « tisme. (l'auteur confond ici le *despotisme* avec l'*absolutisme*) « lorsqu'il considèrera l'avilissement où l'humanité se trouve? « Il se croira d'une nature bien supérieure au turc et il ne « comprendra pas que *c'est de la forme plus ou moins heu-* « *reuse des gouvernements* que dépend la supériorité d'un « peuple sur un autre et qu'enfin le turc pourrait lui faire la « même réponse qu'un perse fit à un soldat lacédémonien qui « lui reprochait la lâcheté de sa nation : « ... Donne-nous « les lois de Sparte et prends Xerxès pour maître, tu seras le « lâche et moi le héros. »

(Helvétius, de l'Esprit, Disc. II, C. XXII).

ter aux exigences techniques du *droit* social et respecter dans l'homme les prérogatives que la raison semble recommander à son profit.

I. — Nous donnons les classemens en usage jusqu'à présent et nous taxons de vagues et de superficielles les dénominations adoptées par Montesquieu et J.-J. Rousseau. Ces dénominations sont vagues, parce qu'elles peuvent se confondre les unes dans les autres et elles sont superficielles, parce qu'elles distinguent les gouvernements plutôt par leur forme extérieure que par le principe qui devrait leur être donné pour base.

II. — C'est ainsi que les deux mots *despotisme* et *monarchie* ne disent pas plus l'un que l'autre, le *despotisme* étant toujours *monarchie* et une *monarchie* pouvant toujours être *despotisme*. La *monarchie* ne cesse forcément d'être *despotisme* qu'en devenant *constitutionnelle*, c'est-à-dire en recevant des lois d'action auxquelles elle devra se conformer. Elle se rapproche alors complètede la forme dite *démocratique* ou *républicaine* et ne s'en distingue que par l'*hérédité* du pouvoir attribuée à la famille du souverain. Et encore y a-t-il des exemples de *monarchies électives*, ce qui efface presque toute différence entre les deux systèmes.

Restent la *démocratie* et la *république* qui désignent une même chose sous deux noms différents et en changeant seulement le point de vue de l'appréciation. *Démocratie* signifie *souveraineté nationale* et indique que c'est la population elle-même qui dirige ses affaires en employant pour cela tels procédés pratiques qu'elle jugera convenables ; *république* signifie *chose publique* et indique

que le mobile du gouvernement doit être l'*intérêt général* et l'exécution de ce programme devant nécessairement avoir lieu sous le contrôle de la collectivité, on voit qu'en effet l'on retombe bien réellement dans la *démocratie.* Du reste, *république* et *démocratie* sont les deux mots qui se servent mutuellement de traduction dans les deux langues latine et grecque, ce qui prouve une fois de plus qu'ils rendent la même idée et nous avons vu que cette idée peut se rapprocher beaucoup de celle de la *monarchie constitutionnelle*, surtout avec le système tout moderne des *républiques présidentielles.*

- -

Suit un examen des *républiques* pour prouver qu'elles ne tiennent pas nécessairement ce qu'elles promettent; que tous les excès sont possibles en elles, tout aussi bien que dans les *monarchies;* qu'elles ne donnent pas forcément la *liberté;* qu'elles n'assurent nullement la sécurité; que le mérite leur est suspect, parce qu'elles craignent constamment l'*usurpation* et que cette perpétuelle peur de l'*usurpation* les condamne à devenir des tyrannies aussi ombrageuses qu'impitoyables.

Condamnant les classements en usage, nous donnons le nôtre et nous le faisons reposer sur deux principes absolument contraires, en ce qu'ils représentent deux conditions qui s'excluent radicalement et qui caractérisent cependant d'une manière assez étroite les deux seules situations où un peuple puisse se tenir, pour qu'il ne lui soit pas possible de ne point être dans l'une sans être forcément dans l'autre.

Par ces deux situations : — Ou *un peuple a un maître et il ne s'appartient pas*, — ou *un peuple s'appartient à lui-même et alors il est son propre maître :* dans le premier cas, *hétéroctémisme* ou *absolutisme* ; dans le second, *autoctémisme* ou *possession de soi-même.*

Toutes les formes connues de gouvernement seront rattachées à l'un ou à l'autre de ces deux principes et ils vont d'abord être examinés eux-mêmes dans leurs conséquences logiques, pour que leur plus ou moins de compatibilité avec le *juste* et avec le *droit* puisse être apprécié.

---

§ II.

HÉTÉROCTÉMISME OU ABSOLUTISME.

I. — Quand un peuple a un *maître*, ce qui a lieu dans l'*hétéroctémisme*, ce mot ne signifiant pas autre chose, tout ce qui constitue ce peuple, hommes et territoire, appartient au maître comme une vraie propriété, plus même qu'une propriété dont l'usage est réglé par la loi.

Les conséquences de cet état de choses sont :

1° La non-existence de la *propriété privée,* autrement que sous le *bon plaisir* du *maître* et la *confiscation* toujours possible, sans aucune espèce de contrôle.

2° Les impôts établis sans base ni mesure et n'ayant d'autre loi que le caprice du maître ou de ses délégués.

3° Les individus livrés comme *sujets* à toutes les

antaisies du maître et comme *esclaves* à toutes ses débauches ; par conséquent, nulle liberté pour l'individu et négation complète de la famille.

4° L'absence de toute loi régulière pouvant être invoquée contre les abus de l'autorité, puisque c'est cette autorité elle-même qui fait la loi et qu'elle ne la fait que pour elle.

5° Responsabilité des fonctionnaires vis-à-vis du maître seulement, puisqu'ils sont ses agents et ne doivent rien au public.

- -

6° Existence d'une *force publique* au seul profit du maître pour maintenir son pouvoir ou agrandir ses possessions, le *sujet* n'étant qu'un instrument qui doit gratuitement le service à l'armée comme partout ailleurs.

II. — Observations expliquant comment l'*hétéroctémisme* ou *absolutisme* peut être accepté par un peuple, sous l'influence d'une apathie excessive et comment certains peuples lui semblent voués par la nature énervante de leur climat.

III. — La forme gouvernementale de l'*hétéroctémisme* est nécessairement la *monarchie*. Puisque tout est à un seul, il est naturel que tout soit gouverné *par un seul* ou *pour un seul*, ce qui revient au même résultat. Cependant plusieurs tyrans locaux peuvent s'unir en se garantissant mutuellement leur situation sous la haute tutelle d'un chef. Si ces tyrans locaux se sont institués d'abord eux-mêmes, l'*hétéroctémisme* est alors *aristocratique* ; s'ils sont institués par le chef pour le représenter chacun dans sa circonscription, c'est alors que l'*hétéroctémisme* devient proprement *féodal*.

Cependant il arrive que l'*hétéroctémisme* peut se fatiguer de son propre poids et se retirer du domaine civil pour reconnaître véritablement aux individus la possession intime d'eux-mêmes et admettre franchement des lois qui consacrent la *propriété privée*, désormais soustraite aux envahissements capricieux et aux spoliations injustifiables du souverain. L'*arbitraire* demeurera seulement dans le *domaine politique* où, en s'autorisant de l'*intérêt public* qui sera toujours le sien même, le souverain pourra tout ; et cela lui permettra encore d'atteindre à l'occasion tous les intérêts privés, parce qu'à côté d'une *constitution civile* imparfaite et ne reposant parfois que sur des coutumes, il n'y aura point de *Constitution politique* qui mesure l'action du prince et donne le moyen de l'arrêter en face de ce qu'il ne doit pas toucher. — Cet *hétéroctémisme*, réduit au *domaine politique*, est représenté par le *despotisme*.

La différence caractéristique entre l'*absolutisme* vrai et le *despotisme* est que l'*absolutisme* ne viole pas la *propriété privée*, parce qu'elle n'existe pas en lui et que le *despotisme* qui ne devrait point la violer, parce qu'il la reconnaît, a tous les moyens de la violer quand il lui plaît et la viole sans scrupule partout où son intérêt l'y engage.

Nous avons défini le *despotisme* un gouvernement sans *constitution politique*, observant que tout gouvernement y tombe par le fait, quand, ayant une *constitution politique*, il ne l'observe pas.

IV. — Cherchant le *juste* dans l'*hétéroctémisme* sans décider si l'*hétéroctémisme* est *juste* en lui-même, nous concluons en ce que, si l'*hétéroctémisme* est *juste*, toutes ses conséquences logiques, telles que nous les avons développées, seront nécessairement *justes*.

Là où l'on trouvera *juste* qu'un individu possède une *nation*, on devra également trouver *juste* qu'il y dispose de tous et de toute chose, comme on le fait de ce que l'on possède d'une manière absolue.

Pour ce qui est du *droit*, la question doit être serrée de plus près. Sans doute, le *droit* peut exister sous la forme d'une prérogative exclusive en toute matière où il y a un intérêt susceptible d'être affirmé. C'est le *droit par absence de droit contraire* (1) ; or, ce *droit* est le seul qui pût exister dans l'*hétéroctémisme*, puisque la nation n'y compte pour rien et ne peut y être admise à aucune plainte ni à aucune revendication : le maître peut la laisser dépérir, comme tout propriétaire pourra laisser dépérir son champ et son troupeau. Mais ce n'est pas ce *droit exclusif*, *absolu*, du *maître* que nous poursuivons dans l'étude des systèmes politiques ; nous y cherchons au contraire, le *droit* de l'*individu*, tant privément que collectivement et nous sommes forcés de reconnaître que l'*hétéroctémisme* ne laisse aucune place au *droit* de l'individu, ni du citoyen, ni de la collectivité prise dans son ensemble, *droit* que, dans cette matière, nous appelons *politique* parce qu'il aura pour objet de donner le compte et la mesure des *prérogatives* imprescriptibles de l'individu et de la nation, par rapport aux prérogatives nécessaires à l'élément gouvernant.

---

(1) Voir p. 14.

Cette conclusion nous fait condamner l'*hétéroctémisme* comme non productif du *droit politique* dont la reconnaissance est pour nous le critérium de tout système et nous repoussons le *despotisme* pour le même motif, parce que s'il reconnaît des prérogatives à l'individu et à la nation, il ne leur accorde aucune garantie et peut, *en fait,* les fouler aux pieds, quand il le veut.

---

§ III.

AUTOCTÉMISME.

I. — L'*Autoctémisme* exprime l'idée de s'*appartenir à soi-même ;* s'appliquant à une nation, ce principe indique qu'elle n'a pas de *maître,* comme étant la *propriété absolue* d'un de ses membres et qu'en conséquence elle est sa propre maîtresse, comme s'appartenant sans réserve à elle-même.

Comme tout principe une fois posé, l'*autoctémisme* produit des conséquences logiques et nous relevons celles qui nous paraissent les plus caractéristiques :

1° L'*inviolabilité individuelle,* parce que quelqu'un qui s'appartient ne doit rendre compte de sa personne à quiconque, et que nul ne peut *justement* porter la main sur la liberté de quelqu'un qui ne lui appartient pas.

2° L'*inviolabilité de la famille,* parce que la famille d'un homme *inviolable* est nécessairement inviolable elle-même par les mêmes motifs que son auteur, de la personne de qui elle est en quelque sorte réputée faire partie intégrante ;

3° La possession directe du territoire par la collectivité, phénomène qui implique l'impossibilité pour le gouvernement d'en distraire arbitrairement aucune portion et permet aux individus la création de la *propriété privée*, dite *immobilière ;*

4° L'*Egalité légale* qui résulte de l'existence d'une seule et même loi pour tous les citoyens et ne doit pas être confondue avec l'*égalité sociale* qui n'est point réalisable à cause de la différence des aptitudes et des caprices du succès ;

5° La *responsabilité administrative* vis-à-vis du public, responsabilité par laquelle le fonctionnaire devra compte aux particuliers des abus que ceux-ci pourront juridiquement prouver à sa charge, sauf recours de l'inculpé contre les supérieurs qui l'auraient fait indûment agir ;

6° La *non-hérédité* des emplois qui créerait l'*inégalité civile* et produirait des effets contraires à l'*égalité légale ;*

7° Et enfin la *nationalisation* de l'armée, si l'on peut s'exprimer ainsi (1) pour dire que, cessant d'être l'instru-

---

(1) D'autres diraient *démocratisation*, pour parler la langue du jour ; mais nous répudions ce mot précisément à cause du sens exclusivement populaire qu'on lui a donné. Nous raisonnons ici pour toutes les classes et non point pour une seule ; nous ne connaissons pas le *peuple*, nous ne connaissons que le *public*.

ment docile et aveugle du pouvoir, elle ne serait plus qu'un instrument de sécurité publique vis-à-vis de l'extérieur, ayant ainsi sa tâche fixée et son *devoir* parfaitement déterminé.

II. — Incidemment, nous cherchons à établir d'après la nature de l'*autoctémisme* quelle devra être la nature du gouvernement propre à s'y adapter et nous trouvons que ce gouvernement aura pour devoir, vis-à-vis de l'*intérieur*, de faire respecter et de respecter l'inviolabilité des individus, — vis-à-vis de l'*extérieur*, de sauvegarder l'inviolabilité collective des personnes et d'assurer en même temps celle du territoire.

III. — Rentrant ensuite dans la voie adoptée à l'égard de l'*autoctémisme,* nous recherchons si l'*autoctémisme* peut produire le *juste* et le *droit.*

1° L'*hétéroctémisme* ne pouvait produire qu'un *juste* hypothétique, résultant de la supposition qu'il serait lui-même *juste.* Or, nous prouvons que l'*hétéroctémisme* ne peut jamais être *juste* à l'égard d'une nation et il en advient que ce qui pouvait être *juste* par rapport à lui, comme représentant ses conséquences logiques, cesse d'être *juste,* lorsqu'on le considère à un point de vue général.

Il n'en est pas de même pour l'*autoctémisme.* Ce principe est *juste* en lui-même, parce qu'il ne peut exister rationnellement aucune prérogative susceptible de préjuger contre lui : d'où il suit qu'il s'établit, non, comme l'*hétéroctémisme*, par la *négation*, mais bien réellement par l'*absence de droit contraire*. Il peut donc produire non pas seulement un *juste* conditionnel comme lui, mais bien positivement le *vrai juste* qui est celui qui émane d'un principe véritablement *juste*.

2° Quant au *droit*, il le produira également sous la forme que nous voulons lui voir en cette matière, c'est-à-dire, sous la forme *relative* : car la nécessité d'un gouvernement étant reconnue et la justice de l'indépendance intime d'une nation étant proclamée, la place du *droit politique* se trouvera naturellement entre la nation et son gouvernement, puisque ces deux éléments auront l'un envers l'autre chacun sa prérogative déterminée, — pour l'un d'après sa condition naturelle, — pour l'autre d'après la mission qui lui sera assignée.

Entre l'*hétéroctémisme* et l'*autoctémisme*, nous concluons donc pour l'*autoctémisme*, parce qu'il satisfait à l'application de notre doctrine sur le *droit*.

§ IV.

Reste à vider une question qui aurait pû être réservée, mais dont la solution peut être intéressante au milieu des préoccupations actuelles.

Il a été dit quelle devait être la mission d'un gouvernement dans l'*autoctémisme* ; il s'agit de savoir quelle sera la forme qui devra être préférée comme la meilleure ou la seule bonne pour arriver à la réalisation des vues proposées.

Absolutisme et *despotisme* étant repoussés, non pas seulement comme formes gouvernementales, mais encore comme principes de situation, la question demeure posée entre la *république* et la *monarchie*.

1° *République.*

Reconnu tout d'abord que la *république* n'est point contraire à l'*autoctémisme;* mais il est difficile de décider si la *république* a elle-même une forme spéciale, tout son rôle semblant se borner à présumer l'exclusion de la *monarchie*.

Dans les *républiques* anciennes, (Athènes, Sparte, Rome) on donnait à la vérité de grandes prérogatives aux *citoyens*, lesquels étaient parfaitement réputés libre. Mais la classe des *citoyens* était partout fort restreinte. Il y avait au-dessous d'elle la classe des *esclaves* et entre ces deux classes, il y en avait une troisième qui n'avait que des prérogatives apparentes, et dans laquelle on demeurait généralement exclu des charges publiques. En outre, la *république* n'existait que dans la métropole, vis-à-vis de laquelle les terres ou villes annexées étaient dans un véritable état de *sujétion*.

Venise nous présente les mêmes particularités, moins l'*esclavage*. Elle contenait une classe de *nobles* qui avaient ce titre, parce qu'ils étaient seuls aptes aux charges publiques. Les familles inscrites à la fondation du système étaient toujours demeurées les mêmes, et le privilége s'était perpétué en elles, à l'exclusion de toutes les familles plébéiennes qui s'étaient multipliées et des étrangers qui avaient afflué. Là donc, point encore de véritable *autoctémisme* et la *république* s'y tenait toujours exclusivement dans la ville.

Ce qui concentrait ainsi les *anciennes républiques* dans la ville principale, c'était l'intervention de la foule qui était admise à délibérer et à prononcer sur la place publique.

Voilà donc déjà deux griefs contre la *république*, consistant le premier en ce que, si elle n'exclut pas l'*autoctémisme*, elle ne le présume pas nécessairement, puisqu'elle ne l'a jamais respecté; le second en ce qu'elle concentre et doit concentrer, pour avoir l'intervention de la foule, l'action politique dans la ville capitale, ce qui la rend impropre à régir un grand pays dont tous les habitants réclameraient des prérogatives égales.

Quant à la forme pratique, diversité partout : à Athènes, neuf archontes ; à Sparte, deux rois ; à Rome deux consuls et, par intervalle, la *dictature* qui dominait tous les pouvoirs pendant le temps pour lequel elle était décernée.

L'époque présente a donné à la *république* une nouvelle forme. Elle a imaginé la *république présidentielle*, véritable *monarchie*, moins l'*hérédité* du pouvoir exécutif. Ce système est celui de toute l'Amérique, le Brésil excepté. Les Etats-Unis nous en offrent le plus puissant exemple qui se soit vu. Mais les États-Unis eux-mêmes sortent à peine de renoncer à l'*esclavage* qu'ils ont pratiqué de la manière la plus odieuse. Leur situation est d'ailleurs exceptionnelle, parce qu'ils n'ont point d'ennemis à craindre et que leur immense territoire encore peu habité offre des ressources faciles à tous les déshérités.

La grande ressemblance de la *république présidentielle* avec la *monarchie*, surtout avec la *monarchie constitutionnelle*, et sa presque-identité avec la *monarchie élective* nous portent à ne voir en elle qu'une *forme de transaction ;* et sa facilité vis-à-vis de l'*esclavage* nous prouve que, comme les autres républiques, elle ne présume point indispensablement la *liberté de tous :* d'où nous concluons qu'elle n'est pas plus qu'elles nécessaire, indispensable à la réalisation de l'*autoctémisme*.

Notre jugement définitif sur la *république* sera donc qu'elle est parfaitement capable de ne point respecter l'*autoctémisme* dans une nation, qu'elle n'a point de forme arrêtée ; que la plus récente qu'elle ait eue se rapproche complètement de la *monarchie* et qu'en effet, elle semble n'avoir plus aujourd'hui d'autre objet que d'en bannir le nom, tout en proscrivant l'*hérédité politique*, caractère ordinaire et distinctif de la forme *monarchique*.

2° *Monarchie*.

La forme *monarchique* a pour caractère distinctif l'*hérédité* du pouvoir suprême.

De même que le titre de *Président* se lie à l'idée de *république*, de même ceux de *roi* ou d'*empereur* se lient à l'idée de *monarchie* et les deux titres d'*empereur* ou de *roi* présument l'*hérédité du pouvoir* d'après l'opinion commune elle-même.

Toutefois, on a aussi vu des *monarchies électives*.

Or, la *monarchie élective* revient exactement à la *présidence républicaine*. Il n'y a de changé que le nom du magistrat exécutif. Il est vrai qu'un *roi élu* l'est ordinairement *à vie*, mais, dans le système de la *présidence*, rien ne s'oppose à ce que cette dignité fût également conférée *à vie*, ce qui rendrait l'identité complète.

Ce qu'il faut remarquer en cette circonstance, c'est que la *monarchie* se traduisant par l'*empire* ou par la *royauté* ne se refuse point à l'*élection*. C'est là un point important, parce que l'*élection* présume toujours la *possession de soi-même* en faveur de l'élément qui l'exerce : une nation qui doit être à certaines époques inévitablement appelée à choisir son prince est évidemment *en possession d'elle-même* et nous tirons de ce fait la preuve que la *monarchie élective* au moins est compatible avec l'*autoctémisme*. Cette *monarchie* n'est autre chose que la *présidence à vie ;* le titre seul est changé et la seule différence qu'il y ait pour l'extérieur est qu'un *président* n'a pas de *cour*, tandis qu'un prince se croit obligé d'en avoir une (1).

---

(1) Mais une *cour* d'aujourd'hui n'est qu'une plate et pâle copie de celles d'autrefois, comme il arrive de tout ce qui veut se perpétuer après avoir perdu sa raison d'être. Par les cours d'autrefois les princes attiraient près d'eux la noblesse et se créaient ainsi un utile moyen d'influence sur elle. Dans celles d'aujourd'hui, on ne voit que de prétendus grands dignitaires qui singent leurs dévanciers sans autre résultat que de satisfaire la vanité du maître par leur propre abaissement moral. A une époque où l'esprit et l'intelligence font tout l'homme, la grande habileté d'un prince serait de savoir s'entourer de toutes

Il semble plus difficile de justifier la *monarchie héréditaire*, parce que l'*hérédité* présume la *propriété* et que quand on *héritera* de la faculté de gouverner un peuple, cela doit faire supposer contre lui l'existence d'une prérogative qui lui est supérieure.

Il est cependant possible de concilier l'*hérédité politique* avec l'*autoctémonie* d'une nation.

L'*hérédité* est en effet un procédé qui a été imaginé pour prévenir les dangers particuliers auxquels une nation est exposée et dont les plus nombreux viennent de l'intérieur. Ainsi, sous l'empire de l'*électivité* pure, — les familles qui auraient été sur le trône se tiendraient avec peine dans la vie privée, et devraient chercher à se relever par des intrigues ou par des violences ; — lors d'une élection, les anciennes familles couronnées pourraient organiser la guerre civile avec les partisans qu'elles se seraient créés pendant leur élévation ; — l'élection pourrait produire des interrègnes qui se prolongeraient et permettraient à quelque faction d'altérer ou de changer sans utilité réelle la forme du gouvernement ; — des personnalités ambitieuses pourraient s'imposer par la force et jeter par l'*usurpation* une division funeste entre leurs adhérens et les citoyens restés fidèles au principe de l'*élection*.

C'est le sentiment de toutes ces éventualités qui a fait

---

les capacités réelles en les honorant d'une manière acceptable, ce qui n'arrivera point tant qu'on n'aura de préférence que pour les médiocrités serviles.

adopter l'*hérédité politique* par le moyen de laquelle le successeur au pouvoir suprême est désigné d'avance et doit toujours, sous certaines conditions, se trouver pris dans la même famille une fois élevée au trône.

L'*hérédité dynastique* étant justifiée comme institution capable de rendre des services, nons avions ensuite à la justifier comme compatible avec l'*autoctémisme* ou avec la *liberté* d'un peuple.

Ce nouveau problème, qui est enfin le dernier, se trouve résolu par le procédé que nous appelons *élection confirmative* et qui consiste, une fois la capacité légale et personnelle du prince authentiquement constatée, à faire ratifier son élévation par le suffrage du corps électoral le plus étendu.

Nous estimons que la faculté de *confirmer* implique la faculté de *récuser* et que, pour sauvegarder le principe de la liberté d'un peuple vis-à-vis du prince, il suffit que, lors de l'avénement du prince, la nation soit appelée à l'*accepter* ou à le *refuser*.

Il a été établi d'autre part que, pour être acceptable elle-même comme conforme à l'*autoctémisme*, et ne pas tomber dans le *despotisme* (1), la *monarchie* devrait être entourée d'une *Constitution* dite *politique* qui fixât les limites de l'action gouvernante et offrît des garanties certaines qu'il ne pourrait être impunément empiété sur les prérogatives rationnelles de la nation : condition qui

---

(1) Que l'on appelle aujourd'hui *gouvernement personnel*.

serait d'ailleurs suffisante à elle seule pour justifier la *monarchie* purement *élective*.

Étant donc entendu qu'une *Constitution* organique doit être, en tout état, donnée à la *monarchie* pour la faire rentrer dans l'*autoctémisme*, nous concluons que le *vote confirmatif*, seule sanction possible avec la *monarchie héréditaire*, aura la vertu de concilier l'*hérédité dynastique* avec le principe de la *possession d'un peuple par lui-même*.

---

§ V.

Ainsi la question posée entre la *république* et la *monarchie*, telle qu'elle se pratique, se trouve définitivement résolue.

Nous avons reconnu et nous reconnaissons que la *république*, qui proclame l'*intérêt public* pour base de gouvernement, est d'elle-même compatible avec l'*autoctémisme*, parce qu'il ne peut-être contesté que la première condition de l'*intérêt public* soit le respect de la liberté de tous et que d'ailleurs la première place donnée à l'*intérêt public* implique l'aveu qu'aucun autre ne peut lui être préféré.

Théoriquement, il n'y a donc pas lieu d'avoir aucune antipathie contre la *république*.

Elle a seulement le tort, au point de vue de la pratique, de ne pas offrir une organisation certaine conduisant sûrement et inévitablement au résultat que son principe donne lieu d'attendre d'elle.

Elle n'a point de forme proprement dite et elle laisse continuellement craindre l'*usurpation*, ce qui la condamne souvent à prendre des mesures plus ou moins contraires à la *liberté* et lui ôte la force contre les ennemis de l'ordre, en ce qu'elle n'ose jamais guère concentrer tous ses moyens de défense aux mains d'un seul individu, de peur qu'il ne les retourne contre elle. Elle se voit ainsi constamment dans l'alternative ou d'être éventuellement asservie par celui qu'elle charge de sa défense, si elle lui confie tous les pouvoirs nécessaires ou de l'être sûrement par son ennemi déclaré, si elle n'arme pas suffisamment son défenseur.

Cette situation n'est pas bonne et nous estimons qu'elle n'est point faite pour rendre l'*état républicain* désirable aux peuples que leur destinée n'y a point conduits.

Nous n'hésitons point à présenter la *monarchie* comme préférable aux peuples qui auront à choisir ou qui posséderont déjà cette forme de gouvernement.

Nous avouons que la *monarchie* pure et simple ne dit pas autre chose que le *despotisme*, puisque le *despotisme* est invariablement *monarchique*. Mais nous observons aussitôt que le principe du gouvernement d'un seul ne s'oppose nullement à ce que des voies fixes soient tracées à l'élément gouvernant et des garanties convenables offertes à l'élément gouverné. Nous formons ainsi la *monarchie constitutionnelle* sans rien préjuger à l'égard de l'*élection*. Or, nous prétendons que, couronnée de l'*électivité* du prince, la *monarchie constitutionnelle* sera tout aussi compatible avec la *liberté* que la *république* elle-même : de sorte que l'*autoctémisme*, ou la *possession de soi-même*, ou la *liberté*, étant pour un peuple la première condition de la *justice* et du *droit*, il arrive que la *monarchie constitutionnelle, héréditaire, à vote confimatif*, s'accorde avec l'*autoctémisme* ou la *possession d'elle-même* par une nation tout aussi naturellement que n'importe quelle *république*.

Quant à la préférence que nous donnons hautement à cette *monarchie*, nous l'appuyons sur ces motifs que l'*hérédité* prévient les interruptions dans l'exercice du pouvoir, prévient les compétitions dangereuses, ôte toute crainte d'*usurpation*, puisque la place est prise et offre ainsi d'un seul coup plus de sécurité et de stabilité.

Nous conseillons en fin de compte à ceux qui ont la *république* de la garder comme pouvant être bonne, si on l'accepte sincèrement, et à ceux qui ont la *monarchie* de la conserver également comme pouvant être tout aussi excellente là où elle aura été organisée de la façon que nous indiquons.

Nous n'ajouterons plus qu'un mot qui expliquera par une cause toute morale les grandes divergences d'opinion dont ces deux formes ont été l'objet dans presque tous les temps de la part des hommes passionnés : la *république* convient mieux au tempéramens remuants et ambitieux, parce que des orages plus fréquents leur donnent plus de chances de montrer leurs talents politiques et de se créer une situation dans le gouvernement ; la *monarchie* convient trop à d'autres tempéramens ambitieux, mais mous, qui espèrent pouvoir y remplacer dans le même but l'absence de mérite par le servilisme vis-à-vis d'un homme à qui il peut toujours être facile d'abuser ou de mésuser de ses prérogatives.

Mais en dehors de ces esprits intéressés, de ces hypocrites de patriotisme, il y a la grande masse du public qui n'attend la fortune que de son labeur, qui ne demande au gouvernement que la sécurité dans la dignité et nous estimons que, pour juger sainement les choses en matière politique, c'est au point de vue de ses aspirations qu'il convient de se placer.

OPINION POLITIQUE,

FORMULÉE D'APRÈS LES PRINCIPES CI-CONTRE.

— 1. Théoriquement nulle mésestime pour la *république*; acceptation complète de tous les principes qu'elle proclame.

— 2. Préférence loyale pour la *république* partout où elle est de tradition, sous la réserve de lui trouver une forme qui réponde convenablement à ses fins.

— 3. Là où le choix sera possible et surtout là où elle existera de tradition, préférence rationnelle donnée à la *monarchie*. rendue conforme à la *liberté* par les procédés sus-indiqués, parce que cette forme offre pratiquement plus de stabilité.

— Dans la *monarchie* :

— 1. Si le trône est vacant, que la *nation* y appelle un prince par le fait de sa volonté qui est souveraine et représente tout le *droit* en cette matière.

— 2. Si le prince est d'abord investi par suite des circonstances, qu'il fasse ratifier son élévation par le suffrage *national* et il sera ***légitime.***

— 3. Si la *dynastie* est fondée, l'*héritier constitutionnel* sera *légitime* par le seul fait de sa situation: mais son acceptation par un *vote confirmatif* sera nécessaire pour rendre son investiture conforme à la *liberté*, qualité essentielle pour la légitimation de la *monarchie* elle-même.

— 4. Enfin, si une *dynastie* est déchue par suite d'événements quelconques, il résulte de la souveraineté même de la volonté nationale que la *légitimité* de cette *dynastie* aura cessé par le seul fait de la concession régulière du pouvoir à une autre *dynastie*.

- -

Il serait temps que la France se pénétrât de la vérité de ces procédés et qu'après un siècle de cahots en tous sens, une transmission normale du pouvoir vînt y affirmer enfin des principes qu'on ne saurait méconnaître indéfiniment sans péril.

CONCLUSIONS GÉNÉRALES.

I.

Le *droit* n'existe point par lui-même et il n'a point une origine surnaturelle.

Il est la règle des intérêts dans leurs rapports logiques, donnant entre eux la stricte mesure du *juste*, c'est-à-dire, celle dans laquelle ils peuvent rationnellement se mêler ou se repousser.

Le *droit* n'est que la mesure parfaite du *juste*; un *droit* ne peut être fondé que sur le juste.

Le *droit* forme une prérogative au profit de l'intérêt qu'il favorise ; mais aucun *droit* onéreux pour un intérêt ne peut exister au profit d'un autre intérêt sans être justifié par un équivalent quelconque.

Le sentiment du *droit* se puise dans la nature même et ressort de la faculté d'appréciation innée chez l'homme.

La création des sociétés ne doit avoir d'autre but que

de mettre les hommes dans une situation où le *droit* puisse être consacré et assuré dans la teneur la plus parfaite où il leur soit donné de le concevoir.

C'est seulement dans l'*état de société* que le *droit* peut être utilement *défini* et *garanti ;* grâce à ces conditions il est CONSTITUÉ et il n'est jamais ni matériellement praticable, ni moralement obligatoire tant qu'une de ces deux conditions lui manque et surtout si elles lui manquent toutes les deux : d'où il résulte qu'il n'y a que le *droit* CONSTITUÉ qui soit moralement *inviolable.*

Le droit n'est donc moralement *inviolable* qu'autant qu'il est matériellement *garanti.*

Là où la *garantie* doit rationnellement être *réciproque,* elle est nulle si elle n'existe que d'un seul côté.

Avant d'être entré dans une formule fixe et garantie, le *droit* est dit *idéal ;* on l'appellera *naturel,* quand on voudra exprimer qu'il repose sur les conséquences *justes* d'un principe *naturel.*

Dans l'*état de société* le *droit* est de deux sortes : *civil* ou *privé* et *politique* ou *collectif.*

Le *droit civil* représente le *juste* entre les intérêts purement privés.

Le *droit politique* représente le *juste* entre le gouvernement institué pour donner au *droit civil* la *garantie* nécessaire à la *constitution* et les membres de la société dont les prérogatives naturelles ne doivent être altérés que dans la mesure indispensable.

La *constitution* représentant l'ensemble du *droit civil*

et celle représentant l'ensemble du *droit politique* doivent être absolument distinctes dans une société.

La *constitution civile* devrait être faite la première, puisqu'elle représente le premier élément à respecter, élément auquel la *constitution politique* a pour objet spécial d'assurer l'inviolabilité.

Cependant il résulte du concours ordinaire des événements que la *constitution politique* s'établit tout d'abord, d'où il advient ou qu'elle empiète sur l'élément civil, ou qu'elle l'opprime, ou qu'elle présente la *constitution* du *droit* lui-même dans des conditions qui ne satisfont point aux exigences logiques de la théorie.

Toutes les constitutions politiques, quelles qu'elles soient, prétendent donner comme des *droits* en leur faveur toutes les *lois* qu'elles créent : il n'y a de *droit* que ce qui est *juste* et une *loi* n'est point un *droit*, pour cela seulement qu'elle est une *loi*.

FORMULES { *Jus* jussum non est *rectum*, quia jussum.
Lex non *jus*, quia *lex*.

Le but des sociétés étant d'assurer l'observation du *juste* et du *droit*, ce qu'elles admettent toutes, et le *juste* et le *droit* ne pouvant varier dans des groupes de même espèce, il en résulte qu'une organisation sociale, purement théorique, peut être créée d'avance; et cette organisation modèle aura l'avantage de fournir un moyen de dominer l'influence des événements, en montrant tout de suite les voies à préférer. Acceptée par toutes les nations, elle doit conduire à l'*unité du droit*.

§. II.

La *diversité* des *Constitutions politiques*, *diversité* résultant de leur mode d'apparition, qui ne leur permet pas d'observer le *juste* ou de *constituer* convenablement le *droit*, est la source de toutes les haines de voisinage et elle est un obstacle absolu à la *constitution* du *Droit international* qui, seule, amènerait la paix universelle par la *fédération rationnelle* des peuples.

Le *Droit international* n'est pas CONSTITUÉ et il ne peut l'être dans l'état des choses. Il ne peut l'être, parce qu'il n'y a pas d'alliance sincère possible entre des sociétés qui ont du *juste* et du *droit* intérieurs une idée toute contraire et que, dans cette situation, il est impossible d'établir entre les sociétés l'entente et le concours nécessaires pour la création et le fonctionnement d'un contingent de garantie réciproque.

Ce qui manque au *Droit international*, ce n'est donc pas d'être facile à comprendre ; ce n'est pas non plus d'être facile à *définir :* c'est de ne pouvoir être *garanti* dans les conditions actuelles, d'où il résulte qu'il ne peut être théoriquement CONSTITUÉ, ni, par conséquent, être investi de l'*inviolabilité rationnelle*.

Pour que le *Droit international* puisse être CONSTITUÉ, il faut qu'il soit d'abord *défini* dans une convention librement acceptée ; il faut ensuite qu'il soit *garanti* au moyen d'une force permanente mise à sa disposition par toutes les nations au profit de la nation froissée.

Dans l'état actuel la guerre est *légitime* : chacun peut la faire, parce que chacun peut la craindre ; chacun peut attaquer et traiter autrui à discrétion, parce qu'il peut être attaqué et traité de même. La guerre ne deviendra *illégitime* que quand le *Droit international* sera CONSTITUÉ, parce qu'alors la conservation de chaque société étant confiée à la garde de toutes les autres, aucune n'aura plus *droit* à la *défense directe*, non plus qu'à l'*attaque arbitraire*, son inviolabilité à elle-même lui étant assurée d'une manière certaine.

— Dans l'état actuel, les nations ne sont point *propriétaires* de leur territoire.

Les nations elles-mêmes reconnaissent la vérité de cette assertion en pratiquant et en approuvant la *conquête*.

La *possession nationale* n'est qu'une simple possession de fait et elle est sans *droit*, parce que le *droit* n'y est point CONSTITUÉ, n'y étant en effet ni *défini* ni *garanti*.

C'est seulement le fait d'être *définie* et *garantie* qui transforme la *possession* en *propriété*, la *propriété* n'étant qu'une création de *droit conventionnel* (1).

La *possession privée* a pu ainsi devenir *propriété*, dans l'intérieur de chaque société, parce que le mode

---

(1) Sunt autem privata nulla naturâ.
— *Il n'y a aucune propriété par droit de nature.* (Cic. *De officiis*, L. I, VII).

d'acquisition y est fixé, d'où il suit qu'elle est *définie* et que sa conservation est assurée d'une manière certaine aux mains du détenteur, d'où il suit qu'elle est *garantie* : double phénomène par où le *droit* se trouve CONSTITUÉ en elle.

Le même mécanisme est nécessaire et doit suffire pour transformer la *possession collective* en *propriété.*

Il faut que chaque territoire soit *défini* aux mains de chaque société et que la jouissance paisible en soit assurée d'une manière certaine à chaque société sous la sauvegarde de toutes les autres, par quoi elle sera *garantie.* Ainsi *définie* et *garantie*, entre plusieurs sociétés, par une convention semblable à celle qui existe entre les individus dans chaque société, la *possession collective* deviendra véritablement *propriété,* mais elle ne sera *propriété* que pour les nations adhérant à la convention.

Dès-lors la *conquête* qui était *légitime* avant la convention de *Reconnaissance territoriale,* cessera immédiatement de l'être entre les sociétés fédérées, puisqu'elle serait en effet entre elles un attentat au *droit* CONSTITUÉ, c'est-à-dire, établi dans les conditions qui le rendent rationellement *inviolable.*

— Des observations toutes semblables s'appliquent à la *possession politique*, c'est-à-dire, à la possession de la souveraineté par les princes.

Cette *possession* ne peut jamais devenir une *propriété* dans le sens absolu du mot, parce qu'elle ne repose que sur l'hypothèse d'une délégation ; mais bien qu'elle ne représente qu'un mandat, comme elle représente un mandat délégué à un seul par tous, il n'en est pas moins vrai que la possession de ce mandat peut constituer une sorte de *propriété relative* en faveur de celui qui l'a reçue et par rapport à chacun de ceux qui la lui ont conférée.

Un prince institué par une convention satisfaisant aux exigences théoriques du *droit* serait donc réellement *inviolable*.

Quoiqu'on dise de tous qu'ils le sont dans l'état actuel, en réalité nul ne le croit et l'on peut en voir la preuve dans l'*usurpation* que les princes eux-mêmes pratiquent, que tous les peuples acceptent.

— Pour que le *droit* entre dans la *possession politique*, c'est-à-dire, dans la possession relative du mandat de souveraineté, il faut que les conditions de l'investiture soient déterminées par une convention collective et alors le *droit* sera *défini ;* il faut ensuite que l'exercice du mandat soit *garanti,* en observant toutefois que, dans cette matière, il est indispensable que la *garantie* soit *réciproque* pour être valable : ainsi la *garantie* devra être telle que, tout en assurant d'une part l'exercice de sa prérogative au prince, de l'autre elle donne à la nation des assurances certaines qn'il ne pourra en être impunément abusé contre elle.

Cette double garantie résultera de la création d'un corps de contrôle jouissant d'une parfaite indépendance et d'une force réelle pour faire respecter ses arrêts.

Grâce à cette garantie, le prince sera rationnellement *inviolable* pour quiconque, dans la possession comme dans l'exercice de sa prérogative.

L'*usurpation* deviendra un véritable crime parce

qu'elle sera la violation du *droit* CONSTITUÉ et l'*insurrection* ne pourra plus se justifier de la part d'une faction, parce que la nation aura remis le contrôle effectif aux mains d'un corps spécial et que ce corps spécial pourra être régulièrement saisi de toutes les plaintes individuelles.

III.

Quelle est la meilleure forme de gouvernement? Ce sera celle qui sera la plus conforme au *droit*, c'est-à-dire, au *juste*.

Un peuple s'appartient ou ne s'appartient pas.

Le premier article de la *justice sociale* est qu'un peuple s'appartienne.

Si une nation ne s'appartenait pas, il n'y aurait plus de *justice* ni de *droit* pour elle, puisque toute la justice de cette condition consisterait en ce que son maître pût faire d'elle tout ce qu'il lui plairait.

Les deux formes en dehors de l'*absolutisme*, qui nie l'*indépendance nationale*, sont la *république* et la *monarchie*.

La *république* implique d'elle-même la reconnaissance de l'*indépendance* ou *liberté nationale*.

Elle peut être adoptée sans inconvénient, pour peu qu'on sache lui donner une organisation qui réponde à son principe.

Les deux écueils de la *république* sont qu'elle n'implique point de forme proprement dite, quelle semble avoir pour but principal d'exclure la *royauté*, la haïssant par passion plus que par raison et que, pour éviter la *royauté*, elle se trouve réduite à prendre des dispositions qui la rendent souvent oppressive au plus haut degré (1).

La *monarchie* n'implique pas par elle-même la reconnaissance de l'*indépendance* ou *liberté nationale*.

Cette qualité n'appartient qu'à la *monarchie elective*, parce que l'*élection* présume l'aveu de la *prérogative nationale*.

Toutefois la *monarchie* même *élective* devra être *constitutionnelle ;* sans quoi, une nation ne ferait, en se donnant un roi, que choisir un *maître* dont elle deviendrait l'*esclave*.

La *monarchie constitutionnelle élective* serait absolument identique à la *république présidentielle*, imaginée de nos jours.

L'*élection* monarchique n'étant admise que par exception et l'*hérédité* lui étant préférée, il est un moyen de rendre l'*hérédité politique* compatible avec la *liberté*

---

(1) Observons aussi qu'un des grands maux de la *république*, ce sont les *républicains*, qui menacent toujours d'y créer une sorte d'*aristocratie d'opinion*, en vertu de laquelle ils prétendent régenter le vulgaire non pensant; et ce qui ne peut pas non plus contribuer à la mettre en crédit, c'est qu'il n'est pas un seul gredin qui ne se dise *républicain*, comme s'il devait l'être naturellement, en raison de sa moralité.

nationale, c'est de la faire consacrer à l'avénement par un *vote confirmatif*, ce qui donnera la *monarchie constitutionnelle, héréditaire, à vote confirmatif*.

Le fondateur sera d'abord élu, ou confirmé lui-même, suivant qu'il sera appelé au trône ou qu'il sera reconnu, après quoi sa situation sera *légitime*.

Après lui, le seul prince *légitime*, aux termes du contrat existant entre lui et la nation, sera son *héritier constitutionnel*, consacré par un *vote confirmatif*.

Telle est la VRAIE *légitimité*, c'est-à-dire celle qui s'accorde avec la *liberté nationale*, celle qui, par conséquent, s'accorde seule avec le véritable *droit humain*.

Ces dernières conclusions ne manquent point d'importance à l'égard de la *monarchie*. Ses partisans ne contestent point la conformité du principe républicain avec la *liberté nationale* et quand on leur dit qu'elle-même n'est pas, ne peut être compatible avec cette *liberté*, ce qui serait une preuve de son incompatibilité avec le *droit*, ils semblent disposés à courber la tête et à répondre : — « Tant pis; si nous ne la voulons *par droit*, nous la voulons du moins *par goût*. » Nous le répétons, *on n'est fort que dans le droit*; or, nous espérons avoir fourni aux amis de la *monarchie* des arguments suffisans pour qu'ils puissent désormais soutenir que, bien que cette forme ne soit pas à tous ses degrés conforme à la *liberté*, elle peut sûrement se concilier avec elle, même compliquée de l'*hérédité*, grâce à des procédés très simples, — et qu'on peut par conséquent la vouloir non-seulement *par goût*, mais également *par droit*, tout aussi bien que la *république*.

PROGRAMME

D'OPPOSITION RATIONNELLE.

La *monarchie* étant admise comme un gouvernement susceptible de se concilier avec la *liberté*, moyennant qu'elle ait une *constitution* qui soit elle-même conforme au *droit* et que l'investiture souveraine soit soumise à l'*élection* dans les cas et conditions où la *liberté* le réclame, — accepter la *monarchie* comme une forme devenue *juste*, et n'en point rechercher une autre, au prix d'un renversement général, lorsqu'il n'est pas prouvé ni prouvable que cette autre fût ni meilleure, ni plus *juste*.

A une nation, il faut une situation définitive, fût-elle imparfaite ; il ne peut convenir aux millions de situations particulières qui s'y épanouissent et y sont liées à la destinée commune, de changer chaque année de régime ou d'être chaque jour menacées d'un pareil changement.

Donc, en pays de *monarchie* régularisée, pas de contestation contre la *monarchie* : la forme est acceptée.

Reste le souverain.

Le souverain pourra se présenter de trois manières :

Ou il sera appelé par la nation elle-même et il entrera par le *vote advocatif ;*

Ou il devancera le vœu de la nation, en s'établissant d'abord sous l'influence des événements, et s'il fait sanctionner son élévation par le suffrage, il entrera par le *vote confirmatif* ou *approbatif ;*

Ou il prendra le sceptre comme successeur constitutionnellement désigné, et, son avénement étant ratifié par le suffrage, il entrera par le *vote* proprement *confirmatif.*

Lorsque le souverain se sera présenté par l'une de ces trois voies, qui sont celles indiquées pour la *monarchie*, rendue conforme à la liberté, — l'accepter sans contestation, sans arrière-pensée, comme étant aussi *légitime* qu'un souverain puisse l'être, d'accord avec la *liberté nationale.*

Il faut bien en effet s'entendre sur une individualité quelconque. La *légitimité* est tout ; elle ressort de l'observation de la loi spéciale à l'investiture souveraine, et ce serait la nier que d'y mêler des questions de personne. Si chacun veut avoir son candidat, il n'y aura plus de loi possible en cette matière.

Donc pas de contestation à l'égard du souverain, s'il se trouve dans l'une des trois conditions indiquées ci-contre.

Mais la *Constitution* peut elle-même n'être pas parfaite, tant sur le terrain *politique* que sur le terrain *civil.*

Là il y aura carrière pour l'*Opposition* qui pourra réclamer des modifications, proposer des perfectionnements, protester contre des nouveautés suspectes.

Dans le *domaine politique*, tout pourra être discuté sans danger chez un peuple sage, à l'exception du principe même du gouvernement et de la personnalité du souverain qui en représente l'application.

Dans le *domaine civil*, les opinions les plus contraires pourront souvent se justifier, suivant les différents points de vue : ce sera toujours un bien que le jour leur soit offert, afin qu'on puisse s'arrêter à la meilleure, en connaissance de cause.

Dans la sphère purement organique, tant au *civil* qu'au *politique*, les avis pourront encore être plus divers; il sera convenable que l'*Opposition* y ait la plus grande latitude et ne ménage point ses observations, non plus que ses réprobations, s'il y a lieu.

Toutes les institutions étant ainsi établies, toutes les lois étant faites, il pourra encore y avoir des divergences sur l'interprétation de ces institutions ou de ces lois, l'esprit des institutions pouvant être faussé et celui des lois mal entendu. Là encore un immense champ de bataille pour l'*Opposition*.

Arrive enfin la question des fonctionnaires eux-mêmes qui pourront forfaire à bon escient, tournant à leur profit les restrictions on prescriptions portées dans l'intérêt public, les uns négligeant ou forçant, les autres abusant ou mésusant, quelques-uns allant même jusqu'à imposer des dispositions arbitraires. Cette matière offrira aussi une vaste carrière à la surveillance des citoyens vigilants; et nous croyons qu'une *opposition* qui voudra être conséquente avec elle-même devra se contenter des facultés que nous réclamons pour elle.

Faute de souscrire aux deux seules réserves que nous lui conseillons d'accepter au nom du bon sens, l'*Opposition* doit s'attendre à ce que tout le reste lui soit enlevé ou disputé et cela, non sans apparence de raison.

— Il est entendu que ces doctrines ne s'appliquent qu'à l'*opposition* de la presse périodique. Nous voulons la liberté pleine, entière, illimitée, pour l'esprit philosophique se traduisant par des ouvrages destinés à rester, qui s'adressent à la raison des lettrés et non point aux passions de l'ignorance.

LETTRE DE M. SAINTE-BEUVE.

Paris, 31 juillet 1869.

Je suis, Monsieur, honteusement en retard pour vous remercier de vos attentions. Vous savez ce que je vous ai dit dès l'origine : mon esprit peu généralisateur a de la peine à entrer dans ces considérations de droit et la méthode historique me va mieux que la théorie. Mais je ne m'en tiens que plus honoré de voir mon nom pris en considération par un esprit aussi apte à aborder ces hauts problèmes.

Veuillez agréer l'assurance de mes sentiments les plus distingués.

SAINTE-BEUVE.

L'hommage de ce travail avait été offert à M. Sainte-Beuve dès sa mise en impression. Les lettrés viennent de perdre en lui l'un de leurs apôtres les plus dévoués et peut-être le plus brillant. Les feuilles lui étaient envoyées à mesure qu'elles sortaient de la presse ; il a ainsi reçu jusqu'à la seizième. Il ne devait pas voir l'ouvrage terminé ; nous n'en laisserons pas moins subsister notre dédicace, puisqu'elle a été acceptée : le tribut d'admiration et de sympathie que nous ne pouvons plus payer à l'homme, nous le paierons à sa mémoire.

NOTE.

Chaque fois que nous avons ouvert un livre, nous avons éprouvé le regret de n'y point voir inscrite la date de sa publication. La considération de l'époque où un ouvrage paraît peut souvent aider à le comprendre et à le mieux apprécier. Nous avons voulu donner nous-même l'exemple de l'innovation désirée, en portant à notre première page l'année 1868 comme étant celle où cet ouvrage paraîtrait. Des retards imprévus nous ont trompé dans notre attente et il arrive que c'est à peine si nous allons pouvoir paraître en 1869.

Nous aurons aussi à faire une observation relativement au titre adopté définitivement. Un second volume donnera la Théorie méthodique du *Droit social* et, à cette occasion, l'analyse de la *liberté* sous toutes ses formes, travail sans précédent. Celui-ci n'aura montré le *Droit* que dans ses aperçus généraux ; nous lui laisserons à cause de cela le titre d'*Introduction* pour titre particulier. Toutefois la couverture portera celui de *Théorie générale du Droit*, qui devra s'appliquer à l'ouvrage entier.

Si nos études font quelque bruit et que la critique daigne s'en occuper, nous croyons devoir réclamer ici quelque indulgence de sa part. Nous avons travaillé tout au fond d'une province, loin de toute bibliothèque digne de ce nom, loin de toute société capable de nous prêter quelques lumières. Nous avons donc pu commettre quelques erreurs sous le rapport historique : ces fautes seront faciles à rectifier. Ce qui nous a été le plus funeste, c'est que la privation d'ouvrages, que nous connaissions d'ailleurs et où nous aurions pu puiser d'utiles ressources, nous a souvent empêché de faire appel à des opinions, dont nous ne pouvions pas placer le texte exact sous les yeux du lecteur.

Quant aux observations dont nos idées pourront être l'objet, nous serons toujours heureux qu'elles nous soient adressées, lors même qu'elles seraient dépourvues de bienveillance. Ecrivant sans parti pris, ne recherchant absolument que la vérité, nous sommes disposé à tenir tout le compte possible de toutes les communications sérieuses, quels qu'en soit d'ailleurs et la forme et l'esprit.

Imprimis hominis est propria veri inquisitio atque investigatio.

A M. PERREAU,

INGÉNIEUR.

La Machine et l'Homme.

ALLÉGORIE.

La Machine marchait grondant comme un tonnerre,
Orgueilleuse du bruit lointain
Dont elle fatiguait la terre.
Dans un plan rigoureux, certain,
Fixé par l'écrou qui l'enserre,
Chaque engin prend sa course et, fidèle à sa loi,
Sans jamais s'écarter accomplit son emploi.
La soupape ouvre son issue.
La vapeur siffle à chaque bond,
Le piston prend son élan furibond ;
La détente impassible attend l'heure prévue :
Du volant qui se rue,
Le mécanisme entier suit l'orbe vagabond.
Esclave dans le tout, mais libre en son orbite,
Chaque rouage en même temps s'agite
Et, d'un côté donnant le mouvement,
Il le reçoit lui-même incessamment
Du rouage voisin qui l'entraîne à sa suite.
De l'ouvrier remplaçant à la fois
Le bras, la main, les doigts,
Le monstre fera tout mieux que les plus adroits.

— Or, ce monstre superbe est-il son propre ouvrage ?
Ces nombreux instruments qui travaillent d'accord
Se sont-ils par leur propre effort
Rangés, placés dans ce vaste assemblage
Et savent-ils dans quel rapport
Chacun d'eux participe à l'action totale,
Ce qu'il donne ou reçoit dans la fin générale ?
— Non, ce foudre est l'œuvre d'autrui :
Chaque organe se meut en lui,
Inconscient du rôle qu'il y joue
Et l'espace d'hier, qu'elle occupe aujourd'hui,
Est l'univers pour chaque roue :
L'Homme, auteur de cet ordre établi, maintenu,
Pour ces milliers d'engins est un être inconnu.

. . . . Dans la grande machine humaine,
Nous pouvons observer le même phénomène.
Des groupes imposants sont sortis du cahos :
Courbés tant bien que mal sous quelque fier héros,
Monstre d'orgueil et d'avarice,
Qui, pour loi, n'a que son caprice,
Entre quelques heureux le peuple entier gémit,
Bientôt brisé dès qu'il frémit.
Arrivent les penseurs : du fond de leurs retraites,
Ils regardent les maux dont souffrent les humains.
Des lois de la nature habiles interprètes,
De l'ordre véritable ils cherchent les chemins.
Aux maîtres d'une part apprenant la justice,
De l'autre aux nations apprenant la raison,
Ils montrent à chacun qu'un adroit sacrifice,
En y mettant la paix peut sauver la maison.
De l'Etat lentement ils refont l'édifice :
Ils mesurent l'espace dû
Au nom du *droit* lui-même à chaque individu
Et, du joug délivrant sa tête,
Ils lui préparent un destin
Qui lui permet enfin
Une existence libre en même temps qu'honnête.

— Or, les individus connaissent-ils les mains
Qui les ont fait rentrer au nombre des humains ?
Jamais : chacun va, vient, monte, descend, remue
Et d'une course continue
Tourne dans la sphère connue,
Sans jamais s'être demandé
Par les travaux de qui son sort s'est amendé.

Le penseur, de sa solitude,
Voit s'agiter la multitude,
Dans les routes qu'il prépara.
Heureux dans sa demeure obscure,
Lorsqu'il ne reçoit pas l'injure
Des foules qu'il régénéra.

Tel est aussi ton sort, Ingénieur illustre !
Comme le philosophe au regard pénétrant,
Mais sur un terrain différent,
Tu traces des chemins au riche comme au rustre.
A travers les ravins et les pics escarpés,
Tu suspends des sentiers savamment découpés.
Tes chemins établis, la foule les encombre,
Les sillonnant dans tous les sens ;
Et pas un dans le nombre
De ces tristes passans
Ne sait peut-être à quel artiste habile
Il doit le grand bienfait d'un voyage facile.

TABLE DES MATIÈRES.

PREMIÈRE PARTIE.

DOCTRINE.

DEUXIÈME PARTIE.

QUESTIONS.

§ I.

De la diversité du Droit.

§ II.

Du Droit international.

§ III.

De la non-constitution du droit dans la possession nationale.

§ IV.

De la non-constitution du droit dans la possession politique.

TROISIÈME PARTIE.

DU JUSTE ET DU DROIT PAR RAPPORT AUX DIFFÉRENTS SYSTÈMES CONNUS.

§ I.

§ II.

De l'hétéroctémisme ou absolutisme.

§ III.

De l'autoctémisme.

LAVAL. — TYPOGRAPHIE MARY-BEAUCHÊNE.

www.ingramcontent.com/pod-product-compliance
Ingram Content Group UK Ltd.
Pitfield, Milton Keynes, MK11 3LW, UK
UKHW020308230726
13925UKWH00001B/296

9 782019 255336